新零售工程系列教材

中国新零售

主　编　白世贞　吴　绒

副主编　魏　胜　王　妍

中国财富出版社有限公司

图书在版编目（CIP）数据

中国新零售/白世贞，吴绒主编．—北京：中国财富出版社有限公司，2025.2

（新零售工程系列教材）

ISBN 978－7－5047－7553－5

Ⅰ．①中…　Ⅱ．①白…②吴…　Ⅲ．①零售业—经济效益—研究—中国

Ⅳ．①F724.2

中国版本图书馆 CIP 数据核字（2021）第 210757 号

| 策划编辑 | 徐　妍 | 责任编辑 | 贾浩然　郑泽叶 | 版权编辑 | 武　玥 |
| 责任印制 | 苟　宁 | 责任校对 | 杨小静 | 责任发行 | 敬　东 |

出版发行	中国财富出版社有限公司		
社　　址	北京市丰台区南四环西路 188 号 5 区 20 楼	**邮政编码**	100070
电　　话	010－52227588 转 2098（发行部）	010－52227588 转 321（总编室）
	010－52227566（24 小时读者服务）	010－52227588 转 305（质检部）
网　　址	http：//www.cfpress.com.cn	**排　版**	宝蕾元
经　　销	新华书店	**印　刷**	北京九州迅驰传媒文化有限公司
书　　号	ISBN 978－7－5047－7553－5/F·3779		
开　　本	787mm×1092mm　1/16	**版　次**	2025 年 3 月第 1 版
印　　张	14.5	**印　次**	2025 年 3 月第 1 次印刷
字　　数	300 千字	**定　价**	48.80 元

内容简介

    "中国新零售"是融入思政教育的专业共享课程,政府支持、龙头企业牵引、商贸企业转型的新零售氛围已经形成。本书围绕"新零售"理念,引入理论基础、消费行为、定价方法、预售模式等前沿理论,探索大数据、区块链等前沿技术应用,通过阿里巴巴、京东、苏宁易购三大新零售平台的模式、业态实践,为零售企业成功转型出谋划策,凸显中国新零售理论本土化、技术场景化和实践前沿化的特点。

    本书可以作为工商管理、管理科学与工程、计算机科学等相关学科,以及市场营销、电子商务、物流与供应链管理等学科方向研究生、本科生的教材,也可以作为新零售趋势下的决策者和从业者战略业务及商业实践落地的参考用书。

前　言

随着线上线下融合及消费升级带动，零售行业的销售模式逐渐从以渠道为主转向以洞察消费者为核心，根据消费者需求进行更为精准的产品研发、行销和规划。要运用好"互联网＋"，推进线上线下更广更深融合，发展新业态新模式，为消费者提供更加便捷舒心的产品和服务。随着数字经济和信息技术的发展，中国新零售逐渐分化出不同的业态，但所有业态的核心都是要通过口碑和渠道将产品更快捷、高效地传递到消费者手中，提高消费者和产品的连接效率。

本书为教育部新文科研究与改革实践项目"数字化赋能现代流通管理新文科人才培养模式创新与实践"、黑龙江省教育科学规划重点课题"基于协同创新中心的新商科人才培养模式探索与实践"（GJB1421443）阶段性研究成果。

《中国新零售》基于课程思政教育大背景，围绕"新零售"这个理念，首先，引入理论基础、消费行为、定价方法、预售模式等前沿理论；其次，探索大数据、区块链等前沿技术应用；最后，阐述阿里巴巴、京东、苏宁易购三大新零售平台的模式、业态实践，为零售企业成功转型出谋划策。

《中国新零售》的特色有以下几点：①从理论本土化、技术场景化、实践前沿化的角度讲述中国新零售；②线上课程《中国新零售》配套教材，实现新零售学科育人和课程育人交融；③思政教育覆盖专业课程，了解中国新零售发展，传播中国新零售理念。

本书主编为哈尔滨商业大学白世贞、吴绒，副主编为魏胜、王妍。撰写任务分工如下：第一章由白世贞负责，第二章由魏胜负责，第三章由鄢章华负责，第四章由姜曼负责，第五章由张鹤冰负责，第六章由王妍负责，第七至八章由吴绒负责，第九章由詹帅负责，第十至十二章由郭砚负责。在本书撰写过程中，得到了中国联通软件研究院、京东、阿里巴巴等企业及相关职能部门讲师团的大力支持，特此表示诚挚的感谢；感谢孝佳骏、贺百艳、冯家欣、刘畅四位研究生为本书做的前期资料收集、书稿整理工作。

目　录

第一章　新零售理论基础

【本章导读】

根据国内外学者的最新研究成果，本章将新零售理论总结归纳为四部分，分别是双边市场与平台经济理论、价值理论、渠道理论和以消费者为中心理论，并分别介绍各部分理论的相关概念与特征，帮助读者了解、学习新零售理论的基础知识。

第一节　双边市场与平台经济理论

一、双边市场理论

1. 双边市场的概念

双边市场也称为双边网络（Two - sided Network），是指有两个互相提供网络收益的独立用户群体的经济网络。

Armstrong（阿姆斯特朗）定义的双边市场是两组参与者需要通过平台进行交易，而且一边参与者加入平台的收益取决于加入该平台的另一边参与者的数量，这样的市场称为双边市场。

双边市场分为交易中介、媒体、软件平台、支付工具四类。例如，天猫作为交易中介类双边平台，其双边参与者分别为消费者和商户，很明显，商户的收益取决于该平台上消费者的数量；腾讯视频作为媒体类双边平台，其双边参与者为个人和广告商，广告商的收益取决于观看腾讯视频的人数；英雄联盟作为软件平台类双边平台，其双边参与者为网民和游戏开发商，游戏开发商的收益取决于网民的数量；支付宝作为支付工具类双边平台也有其双边参与者，其双边参与者分别为消费者和商户，商户的收益取决于消费者的数量，关于双边市场的实例不胜枚举，但应充分理解并掌握双边市场中对双边的不同界定。如表 1 - 1 所示。

表 1-1　　　　　　　　　　　　　　双边市场类型与特征

类型	市场参与方			盈利模式		
	双边平台（举例）	边1	边2	边1	边2	其他来源
交易中介	天猫	消费者	商户	会员费或免费	交易费	广告费、增值服务费
媒体	腾讯视频	个人	广告商	会员费或免费	广告费	增值服务费
平台	英雄联盟	网民	游戏开发商	会员费	交易费	广告费
支付工具	支付宝	消费者	商户	手续费或免费	服务佣金	资金沉淀、广告费

2. 双边市场的特征

（1）交叉网络外部性。交叉网络外部性是指一边的用户数量将影响另一边用户的数量和交易量。交叉网络外部性是双边市场形成的前提条件，也是判断该市场是否为双边市场的一个重要指标。例如，持卡的消费者越多，POS（终端销售）机对于百货商场和餐厅、酒店等商户的价值就越大；反之，安装 POS 机的商户越多，银行卡对于消费者的价值也越大。

（2）价格的非对称性。一笔交易的达成涉及平台企业、买方和卖方三方。平台企业通常采取倾斜式定价，表现为平台企业对一边用户采取低于边际成本定价，甚至是负价格（如提供优惠）；而对另一边用户却采取边际成本定价，甚至高于边际成本定价。

（3）相互依赖性和互补性。双边市场的买方对卖方提供的产品和服务也存在需求，同样，卖方对平台中买方的产品和服务也存在需求。只有双边用户同时对所提供的产品和服务产生需求时，平台企业的产品和服务才具有价值。

3. 双边市场的竞争策略

（1）定价策略。定价策略需要同时考察定价水平和定价结构两个方面。定价水平即从市场双边收取的总费用；定价结构则指总费用在双边的分配。由于双边市场中，某一边用户的效用会受另一边用户的影响，因此，对某一边用户的定价不仅取决于这一边用户的需求和服务的成本，也取决于另一边用户的需求和服务的成本。定价的具体形式分为会员费（固定费用）和使用费（变动费用）。

Rochet（罗歇）和 Tirole（梯诺尔）确定了双边市场定价的基本影响因素，包括弹性、服务提供商的相对市场势力、在另一边创造的剩余、平台竞争与多重通道和捆绑等。但是有关双边市场定价的结论都是建立在不同的假设基础之上，并没有形成一般化的原则，因此需要结合具体情况进一步研究。

一种常见的双边市场定价策略是，通过对弹性较低的一边定更低的价格，甚至低于服务这一边用户的边际成本，来吸引这一边的用户，产生规模效应，从而吸引弹性更高的另一边的用户加入市场，并对另一边用户收取较高费用。例如，基于淘宝网建设的天猫，拥有与淘宝网共享的客户资源以及服务，拥有较高的浏览量，其优惠的价格也让众多淘宝网的忠实消费者对天猫的优质商品和服务更加满意，而天猫则向入驻的商家设定更高门槛和要求。

（2）差异化策略。双边市场的平台企业提供的产品或服务的差异化是影响用户采取多归属和单归属行为的关键因素。在传统市场中，实施规模化战略是增强企业竞争能力并保持市场势力的重要途径，但在用户需求相互依赖的双边市场上，试图通过市场统治地位向某一边用户获取超额利润的做法可行性不大。在这种情况下，为客户提供高质量差异化的产品或服务是平台可持续发展的关键。Armstrong 和 Wright 指出，当平台企业向两边客户提供的产品服务均具有较大差异性时，两边客户都会只选择其中一个平台交易。当平台企业提供的服务仅对一方客户具有差异性时，另一方客户将选择多平台策略，即在多个平台上交易。在现实情况中，即使是针对同边用户，平台提供的服务也可能是有差异的。平台一般通过低端免费的服务来培育消费者基础（Customer Base），提高平台的市场份额并培育消费者的使用习惯，挖掘潜在的消费者，而通过高端的收费服务来获得收入并且实现盈利。

（3）转换成本策略。在双边市场上新平台首先面临的就是建立（用户基础）的问题，当平台建立起来后，平台企业考虑的往往是如何提高消费者的转换成本以增强客户黏性，锁定消费者，从而获取高额利润。转移成本是用户从一个系统转换到另一个系统所必须支付的成本。转移成本包括违约成本、学习成本、资产重置成本、搜索成本等。对于消费者来说，他们一旦适应并习惯了某个平台，就不会轻易转向另一个平台。首先，他们对任何改变现状的新产品的相对优势和劣势都非常敏感，后进入的新平台如果不能说明其产品或服务的明显优势，就难以使消费者产生转换动力。其次，不同消费者有不同的偏好，为不同偏好的用户进行专门的平台设计和运营将付出较大的成本。最后，从心理学的角度，人们宁可错过好产品，也不愿受累于差产品。转移成本对平台企业的定价和利润水平都会产生影响。Rochet 和 Tirole 研究了被俘获（Captive）用户和优质（Marquee）用户的存在对双边市场价格的影响。当一边市场的被俘获用户越多，说明该市场需求弹性越小，那么适当提高该市场的价格不会造成该市场用户的流失。

（4）排他性策略。平台企业可以通过排他性规则驱逐竞争对手，从而实现其在双边市场中的垄断地位。用户通过平台进行交易时，必须在一个平台上交易，不得选择其他平台。平台通常与一方用户签订排他性规则，阻止该方用户选择其他平台，与另外方的用户进行交易。在市场竞争环境中，平台存在着对两边用户进行排他的内在激励，只是对于买方用户进行排他的难度比较大，因此平台往往对卖方进行排他。平台采取排他行为时，用户被强制单归属，平台只要在一边设定一个能使该边用户净收益大于其在竞争平台上注册交易的价格，就能吸引该边的用户到该平台注册交易，同时，由于交叉网络外部性效应，该平台会赢得全部的双边用户，从而形成垄断，限制双边市场平台企业之间的竞争，对社会福利产生影响。在双边市场中，如果多归属的增量成本不是很高，消费者一般不愿意接受排他性交易条款，因为他们担心这一市场会被该平台垄断从而导致将来不合理的高价格。

（5）交叉补贴策略。双边市场中平台企业对双边市场中的某一边用户提供补贴的情形相当普遍。一定条件下，平台企业可能在一个市场上采取低于边际成本的定价。Caillaud（卡约）和 Jullien（于连）发现在用户多归属的情况下，平台企业若采取分而治之（Divide and Conquer）策略，即对一边免费甚至补贴，以吸引用户在平台启动阶段成为会员，而当该边用户量达到使另一边用户愿意付费购买平台服务时，即可通过平台另一边盈利。Weyl（魏尔）认为平台企业对不同用户的价格歧视能够内部化用户间的外部性，增加交易量，提高平台利润，改善社会福利。平台企业实施的交叉补贴策略是一种双边协调机制，目的在于通过让利于某个市场的行为，充分鼓励这个市场上的用户参与平台，从而在另一边获利。受补贴方每增加一个用户则意味着平台收益损失，但由此带来的另一边市场的盈利大大超过了补贴损失。

二、平台经济理论

1. 平台经济的概念

平台经济是一种在虚拟或真实的交易场所中，平台本身不生产产品，但可以促成双方或多方供求之间的交易，并通过收取恰当的费用或赚取差价而获得收益的商业模式。与传统经济中市场简单分为买卖双方的单边市场不同，平台经济以双边市场为载体，双边市场以"平台"为核心。平台经济是以物质生产、物质服务为主的，多对一或一对多的，相对简单、封闭的一种商业模式。

当前国际经济的发展模式，已经从工业经济模式走向平台经济模式，其发展方兴未艾。工业经济模式与平台经济模式对比如图 1-1 所示。

平台的类型有社交平台、电子商务平台、生活服务平台、搜索平台、媒体平台、支付平台和互助平台等，各平台服务内容及实例如表 1-2 所示。

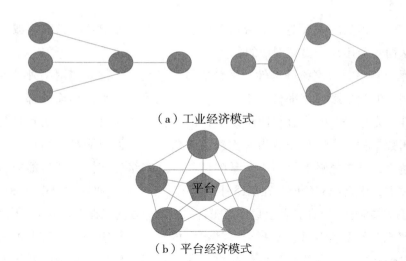

（a）工业经济模式

（b）平台经济模式

图 1-1 工业经济模式与平台经济模式对比

表 1-2 各平台服务内容及实例

平台类型	平台服务内容	平台企业举例
社交平台	人与人建立关系及在线分享与互动的平台	微信、微博、Twitter（推特）、Facebook（脸谱网）等
电子商务平台	买卖双方信息沟通和交易的平台	淘宝网、京东、苏宁易购等
生活服务平台	方便百姓日常生活服务，如提供旅游、交友、出行、家政等服务的平台	携程、途牛、滴滴出行、58 同城等
搜索平台	提供信息搜索、检索服务的平台	百度、谷歌等
媒体平台	提供各类新闻和资讯的平台	新浪、搜狐、头条等
支付平台	提供第三方担保支付服务的平台	支付宝、微信支付、银联等
互助平台	在线互动式分享、外包合作平台	维基百科、数码大方等

2. 平台经济的特征

（1）平台经济是一个双边或多边市场。平台企业一边面对消费者，一边面对商家。平台经济通过双边市场效应和平台的集群效应，形成符合定位的平台分工。在这个平台上有众多的参与者，他们有着明确的分工，都可以做出自己的贡献。每个平台都有一个平台运营商，它负责聚集社会资源和合作伙伴，为客户提供好的产品，通过聚集人气，扩大用户规模，使参与各方受益，达到平台价值、客户价值和服务价值最大化。

（2）平台经济具有增值性。即平台企业要能为消费者和商家提供获得收益的服务。例如，百度一方面为广大用户提供搜索服务，另一方面通过聚集流量，为商家提供更加精准的广告，提高广告效益。平台企业要立足市场，关键是要为双边或多边市场创造价值，从而吸引用户，提高平台的黏性。

（3）平台经济具有网络外部性。平台成员外部性，又称间接网络外部性，是指平台的一类用户的数量影响该平台对于另一类用户的价值；平台用途外部性，又称直接网络外部性，是指平台的价值与使用该平台的消费者的交易相关，尤其是与用户对该产品的使用数量相关。平台企业为买卖双方提供服务，促成交易，而且买卖双方任何一方数量越多，就越能吸引另一方数量的增长，其网络外部性特征就能充分显现，卖家和买家越多，平台越有价值。在网络外部性下，平台型企业往往出现规模收益递增现象，强者可以掌控全局，即赢者通吃，而弱者只能瓜分残羹或在平台竞争中淘汰。

（4）平台经济具有开放性。平台经济最大的特点就是吸引各种资源的加入，这就需要平台对外开放，平台的合作伙伴越多，平台就越有价值。平台的开放性通过多方共赢，从而提高平台的聚焦效应和平台价值。

3. 平台经济的市场结构模式

（1）垄断平台，即只有一个平台且所有市场主体只能参加该平台。

（2）竞争平台，有多个竞争平台可供选择但一个市场主体只能参加一个平台。

（3）竞争阻碍，有多个竞争平台可供选择，一类市场主体选择单一平台，而另一类市场主体选择多个平台。在这种市场结构中，市场均衡时选择单一平台的市场主体福利被最大化而选择多个平台的市场主体福利被忽略。

4. 平台品牌问题

平台中核心企业（又叫平台企业）通过集聚社会各种专业化服务资源为顾客提供多样化服务。平台的品牌对于平台吸引各种专业化服务资源和顾客具有重要作用。但是，平台企业往往处在顾客可见的服务过程之外，顾客可见和直接感知的是平台参与企业直接提供的服务。例如，对于中国银联这一平台企业而言，顾客直接感知的是某一具体发卡行（如中国银行）的信用支付服务，对银联这一平台的服务与作用缺乏直接感知，因而平台企业的品牌建立与一般企业相比有一定的差异与困难。纵然顾客能直接感知平台服务（如面向社区的老年关护服务中"关护通"的定位服务），但平台企业需要借助多个提供互补服务的企业的相对独立运作共同满足顾客的需求，因此平台品牌与参与企业品牌之间的关系与相互影响仍是平台服务重要而基础的问题。

5. 平台经济的时代性

平台经济是以平台企业为支撑演化出的新的经济形态。当前新出现并且快速成长的企业大多属于平台型企业。这些平台企业的成功，演化出了一种新的商业模式，并形成了平台经济。

平台经济的发展以电子信息技术的发展为基础。电子信息技术的发展一方面催生出大量的电子类平台企业，另一方面通过互联网的发展，人们的经济行为在很大程度上突破了空间限制，平台企业可以快速发展壮大，推动平台经济的蓬勃兴起。随着移动通信技术的迅速发展和推广，手机上网速度和便利性大大提高，也促使手机平台成为平台企业发展的另一主要方向。

平台经济实现了制造业与服务业的融合。平台经济通过沟通产业链上下游、生产者与消费者，实现了交易撮合。从展示到下单，再到快递运输，以及其中涉及的电子支付，平台企业直接沟通了生产、消费、物流等从生产到服务的链条。同时，平台企业本身也衍生出了各种服务，包括咨询、营销等，实现了制造业与服务业融合。

平台经济将推动商业模式、经济形态的彻底改变。通过平台经济的发展，不仅产生了更多新的经济概念、经营方式（如预售等），还带动了业态创新（如第三方支付）。第三方支付在解决平台经济发展瓶颈的同时，推动了自身的发展，涌现出一批知名的第三方支付平台，如支付宝、微信支付等。平台经济的发展也使企业组织模式发生了变化，许多企业通过搭建平台，成功开拓了新的增长点。例如，滴滴打车商业模式，有了滴滴打车之后，用户可以便捷、快速地打车。而基于平台，软件嵌入广告、打车抽成、本地生活服务平台佣金、特殊位置追加服务等也构成了滴滴平台的独特商业盈利模式，滴滴出行模式如图 1-2 所示。

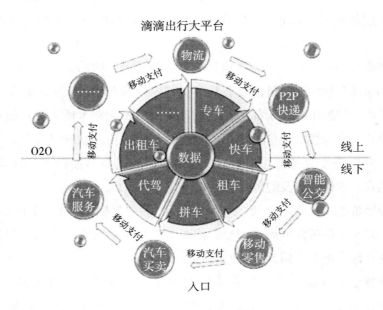

图 1-2　滴滴出行模式

第二节　价值理论

新零售价值理论主要涉及消费者购物价值理论、顾客价值认知理论。价值理论可以帮助企业了解顾客需求和购物体验，同时价值理论也帮助我们了解新零售模式创造的商业价值及社会价值。

一、消费者购物价值理论

1. 消费者购物价值的概念

消费者购物价值是消费者在购物过程中获得、体验、感知到的价值。消费者购物价值具有三个维度，即功能性购物价值、享乐性购物价值、社会性购物价值。

功能性购物价值，是消费者对购物任务完成所产生的效用评价，可以通过消费者购物任务完成的效率和达成两个方面来衡量。功能性购物价值涉及消费者根据购物需求的满足程度评价购物体验的产出是否成功，以任务导向、理性方式寻求功能性价值，它来自有效的（经济的）体验，反映了更多的任务导向、认知和非情感的购物结果，体现了源自信息处理范式的经济概念。功能性购物价值又被定义为功能利益和损失的总体评价，它包括更多的态度认知方面，如经济的货币价值、方便的判断及时间的节省。

当然，消费者的购物并不一定要预先设定购物任务，购物也是一个追求享受与娱乐的过程。享乐性购物价值就是消费者从享受与娱乐的购物过程中所获得和感知到的价值，反映了购物体验中独立于任务相关活动的价值，它在本质上源自消费者行为研究中的体验范式。享乐性购物价值比功能性购物价值更为主观和个人化，其主要来自享受与乐趣，而非任务的完成，反映了在购买产品或服务的过程中，给消费者情感、美感或其他感官上的愉悦以及幻想的感觉和体验。

享乐性购物价值可从奇遇性价值、满足性价值、经济性价值、角色承担性价值、社会性价值、思想性价值六方面来衡量，因此新零售可从这六个方面入手加以完善和发展，为消费者创造更多享乐性购物价值。

社会性购物价值则反映了消费者通过购物体验所感到的自尊满足、社会认同、社会形象和地位的提升等，它是消费者希望得到他人或社会认可的象征价值。新零售采用商业的手段解决公共和社会需求，为消费者创造了更多社会性购物价值。

2. 消费者购物价值理论在新零售中的应用

新零售的发展为消费者创造了更多功能性购物价值。根据消费者购物价值理论，新零售之所以要在传统零售、传统电商基础上加上物流，整合全渠道供货，提供全时段购物等，是为了提升消费者的购物效率，完成购物任务，为消费者创造更多功能性购物价值。

新零售的发展也为消费者创造了更多享乐性购物价值。新零售之所以强调场景化、场景娱乐化、购物餐饮娱乐一体化等实践环节，都是为了提升消费者的享乐性体验，创造更多享乐性购物价值。

新零售的发展还为消费者创造了更多社会性购物价值。解决社会问题的新零售更有价值。例如，天猫旗舰店上的阿里文创产品，是把线下的传统文化在线上激活。包括故宫博物院、中国国家博物馆、陕西历史博物馆、苏州博物馆在内的众多线下"大咖"被搬上天猫旗舰店，线上板块包括门票、文创、出版等方面，不仅可以利用网络渠道进一步拓展这些线下传统"大咖"的影响力，同时也给线上消费者提供了方便。此外，天猫智能母婴室，则是把线上的能力赋予线下，在线下医院、机场、文化馆、行政办事中心和商超百货等公共场所都能找到它，场景化覆盖广，智能化体验好，这些都提升了传统母婴室的社会性价值。

二、顾客价值认知理论

1. 顾客价值认知的概念

Woodruff（伍德拉夫）将顾客价值定义为顾客对特定使用情景下有助于（或有碍于）实现自己目标和目的的产品属性及其实效与使用结果的感知偏好与评价。

顾客对价值的认知是随时间变化的。在购买前，顾客首先对价值进行预评价，然后在预评价的基础上产生购买，购买后又对价值做出评价，同时这一评价成为下次购买前的预评价。在购买过程的不同阶段，顾客对价值的认知可能存在差异，如当对价值的预评价是正向时，顾客就会购买；而若在购买过程中花费了大量金钱，顾客对价值的评价就可能转为负向的。

2. 顾客价值层次模型

根据"手段—目的链"原理，顾客在购买产品和服务时，其出发点是实现一定的价值，为了实现这一价值需要取得一定的利益，为了实现这一利益需要购买一定的产品和服务的属性，将其引入顾客价值分析过程中，构建了由属性到结果再到最终目标的顾客价值层级，如图1-3所示。

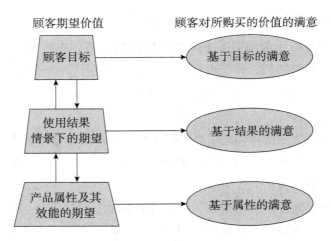

图 1-3 顾客价值层次模型

顾客价值分为三个层次，自下而上分别为属性层、结果层及目标层。其中属性层包括产品的具体形式、产品特征、组成部分等；结果层是顾客使用产品的效果，包括正负两种效果；目标层是顾客价值的最顶层，包括使用者的核心价值、使用目标，是顾客使用产品和服务的最终结果。

顾客在选择产品时，首先，考虑的是产品的具体属性和属性效能。其次，在购买和使用产品过程中，根据产品的这些属性，顾客会对实现预期结果的能力形成期望和偏好，进入顾客价值的第二个层次。最后，顾客就这些结果对顾客目标的实现能力形成期望，达到顾客价值的最高层次。

顾客价值层次模型能够帮助企业更好地分析顾客购买产品和服务的最终目标是什么，指引企业寻找实现顾客价值的努力方向。

3. 顾客价值认知理论在新零售中的应用

新零售的核心是以顾客价值为驱动，顾客价值层次模型可以引导企业寻找实现顾客价值的努力方向。因此，顾客价值认知理论可以很好地应用于新零售。以盒马鲜生和天猫未来厨房为例。盒马鲜生作为一种线上线下一体化的新零售模式，始终以顾客为主线，其运用的线上线下营销方式，都是围绕"找到顾客—建立连接—产生影响—增强黏性—打造终身顾客价值"这一主线进行的。

在天猫未来厨房中，消费者可以现场买菜，现场体验做菜，在体验过程中形成对菜品和所用厨具的预评价，若消费者觉得这个菜品和厨具都不错，就可以现场通过 App（应用程序）购买，等消费者到家，所买的菜和厨具也已送到家。整个购买过程中，消费者形成的顾客价值是在不断变化的。未来厨房作为阿里新零售的又一里程碑项目，全力帮助各个品牌合作伙伴打造好新零售场景，做到线上线下联动，将消费者的认知、兴趣、购买和忠诚有机串联，服务品牌全域营销需求，同时为消费者提供理想的厨房生活场景，最终实现顾客价值升级。

第三节　渠道理论

一、整合营销理论

1. 整合营销的概念

Paustian Chude（保斯蒂安·康德）将整合营销定义为根据目标设计战略，支配资源以达到企业目标。

企业里所有部门都为了顾客利益共同工作，为此，整合营销包括两个层次的内容：一是必须协调销售、广告、产品管理、售后服务、市场调研等不同营销功能；二是营销部门与企业其他部门，如生产、研发等职能部门之间的协同。

2. 整合营销的层次

一般来说，整合营销包含两个层次的整合：一是水平整合；二是垂直整合。

（1）水平整合。

①信息内容整合。企业所有与消费者有接触的活动，无论是媒体传播还是其他的营销活动，都是在向消费者传播一定的信息。企业必须对所有信息内容进行整合，根据企业的传播目标，对消费者传播一致的信息。

②传播工具整合。为达到信息传播效果的最大化，节省企业的传播成本，企业有必要对各种传播工具进行整合。所以企业要根据不同类型顾客接受信息的途径，衡量各个传播工具的传播成本和传播效果，找出最有效的传播组合。

③传播要素资源整合。企业的一举一动、一言一行都是在向消费者传播信息，应该说传播不仅是营销部门的任务，也是整个企业所要担负的责任。所以有必要对企业所有与传播有关联的资源（人力、物力、财力）进行整合。

（2）垂直整合。

①市场定位整合。任何一个产品都有自己的市场定位，这种定位是在市场细分和企业产品特征的基础上制定的。企业营销的任何活动都不能有损企业的市场定位。

②传播目标整合。有了确定的市场定位以后，就应该确定传播目标，即要达到什么样的效果？多高的知名度？传播什么样的信息？这些都要进行整合，有了确定的目标才能更好地开展后续的工作。

③4P整合。4P即产品（Product）、价格（Price）、渠道（Place）、宣传（Promotion）。4P 整合的主要任务是根据产品的市场定位设计统一的产品形象。4P 之间要协调一致，避免互相冲突、矛盾。

④品牌形象整合。品牌形象整合主要是品牌识别的整合和传播媒体的整合。品牌识别的整合就是对品牌名称、标志和基本色的整合，以建立统一的品牌形象；传播媒体的整合主要是对传播信息内容和传播途径的整合，以最小的成本获得最好的效果。

新零售的终极形态是实现线上与线下的整合式营销流程，旨在为顾客提供无缝式的消费体验，使品牌在线下实体运营与线上数字应用的过程中实现收益最大化。

3. 整合营销理论的应用

例如，老字号品牌五芳斋，通过整合互联网营销手段与传统资源打造了品牌新形象。在五芳斋的一段广告视频中，一位五芳斋的裹粽师傅，一分钟可以包七个粽子，其惊人的手速，在视频中被赋予了"用手速拯救世界"的使命。这种整合了无厘头风格和社会化传播套路的创新型互联网营销广告，更符合当代消费者注重个性化、追求新奇有趣事物的消费特征。

再如，国产美妆品牌百雀羚的一则创意广告，通过一镜到底整合了民国风、谍战情节、女特工等信息元素，搭建出一则六分钟的广告，其中不仅有创意，更有电影剧情般的代入感，散落其中的关于老上海的知识点和细节都引起了观众的共鸣，进而博得了受众群体的好感。复盘这场营销事件，其背后体现的正是百雀羚对信息内容整合营销以及互联网思维的灵活运用。整合各种信息元素的创意广告贴近大众生活，这正是百雀羚的新零售思维。

二、新零售之轮理论

1. 新零售之轮理论框架

新零售之轮理论，又称新零售之圈理论。1996 年，日本学者中正西雄在零售之轮理论基础之上，提出了新零售之轮，进一步解释了新型零售业态的产生原因，并从"技术边界""效用无差异化""零售价格"和"零售服务水平"四个维度来阐述零售业态的演化和革新路径，如图 1 - 4 所示。

横坐标为零售服务水平，纵坐标为零售价格，两条向上弯曲的曲线分别为技术边界线 A 和技术边界线 B，三条斜线为等效用线。

核心思想就是当发生供应链创新、信息化创新、商业模式创新之后，"技术边界线"便可以向右下方移动，促使"单位零售价格"实现更高的"零售服务水平"，并在零售业形成新业态——新零售。

当技术革新推动技术边界移动时，总是会有一条等效用线与之相切。此时，消费

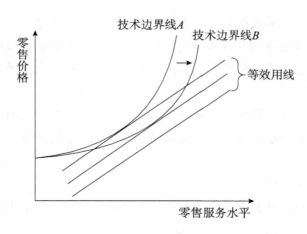

图 1-4　新零售之轮

者的效用虽未发生显著变化，但获得的服务水平或支付的产品价格却发生了实质性变化。对于消费者而言，新的技术边界线意味着可以实现在既定价格下享受更好的服务或者在既定服务水平下支付更低的价格。此时，消费者得到了切实的好处，处于技术边界线左侧的零售企业则会逐渐丢失市场份额，竞争力下降。

2. 新零售面临新零售之轮的循环

当某一零售企业因处于新业态而获得超额利润时，将会带来显著的示范效应和扩散效应，即其他零售企业会因为看到该企业的成功，而在其经营实践中效仿并应用新业态的运营和管理模式，最终使自己的技术边界线也向右移。随着追随企业的增加，原来优势企业的超额利润逐渐消失，由此也形成了类似于新零售之轮的循环，如图 1-5 所示。

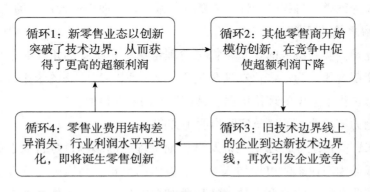

图 1-5　新零售面临的新零售之轮循环

新零售之轮理论较好地解释了新零售出现的基本动因，新零售的出现使零售业呈现出各种业态并存的现象，但并不意味着旧业态将被驱赶或消失。因为，对参与竞争的零售企业来说，最优的价格和服务水平组合仅限定在技术边界线上。受到业态内竞争压力的影响，零售企业如果想凸显竞争优势，仍然需要通过提高服务水平或降低价格实现，并且也仍然在这一曲线上移动，除非再次发生技术上的革新，致使技术边界线的再次移动。

在现实中，技术边界线的移动并非易事，其依托于新技术的发现与应用，而这则需要时间的累积。在下次的技术革新尚未到来之前，新零售企业仍然无法回避未来的竞争。

3. 新零售之轮的应用

以盒马鲜生为例，从新零售之轮理论的四个维度着手，总结出盒马鲜生新零售之轮的应用现状。

①全链路数字化技术系统。盒马鲜生采用大数据、互联网、物联网、自动化等技术设备，并借用算法驱动，实现了人、货、场之间的最优化配置，从而构建起从供应链、仓储、销售到配送的一整套完整物流体系。

②提倡体验式消费。盒马鲜生采用线上线下相结合的模式，在实体店内，有餐饮、水果蔬菜、海鲜、肉制品、粮油零食、酒水饮料、美护日化及乳品烘焙等区域，消费者可以线下直观体验。

③采用无中间环节的产品定价。盒马鲜生在价格上占据一定的优势，这是因为其由蔬菜基地直采直供，全程冷链运输，经精细包装后，直接在盒马鲜生超市冷柜销售，无供应商进场费，也无中间环节消耗，将采购过程中节省出来的费用，直接让利于消费者。

④服务于个性化人群。盒马鲜生善于挖掘消费者的潜在需求，其主要服务中高端消费人群，并为该类人群提供个性化、精准化服务，从而迅速抢占市场先机。

4. 新零售之轮的价值

理论研究是为实践服务的。新零售之轮理论从一个全新的角度总结分析了零售业态的发展与变革规律，为零售业在新环境下正确认识零售业态的未来发展趋势、合理选择零售业态提供了科学的理论依据，具有很强的实践价值。

①该理论为零售业态的变革实践指明了方向。

长期以来，受传统零售之轮理论及真空地带理论的影响，零售业态的变革或者以低价格、低服务为新业态的市场切入点，或者以高价格、高服务为新业态的市场切入点，过分追求业态形式的改变，缺乏实质性和根本性改革，致使新业态常常出现竞争乏力或过早夭折等现象。新零售之轮理论的提出，从根本上改变了零售业态的变革思路，以技术革新为先导的新理念，将促使企业在信息管理、物流配送管理、成本管理等方面有意识地挖掘和培育企业自身优势，力求新业态一进入市场就能推动零售业的技术边界线向右移动，并成为新一轮主导业态。新零售之轮理论的提出无疑使企业在业态发展中的行为更为科学与理智，同时也使未来零售业态的变革有了更为明确的方向。

②该理论要求零售业态的发展与所在地区经济与技术水平相一致。

技术边界线的提出，在一定意义上告诫人们，零售业态的发展水平受所在地区经济与技术发展水平的制约。也就是说，任何一个新业态的出现都将充分体现当时当地的经济与技术水平，只有这样，新业态才有发展所需的技术支撑及经济支援，才有发展的后劲，也才能得以长期发展。因此，零售业态技术革新的水平应立足于不同时代、不同地区的经济发展水平，任何超越地区发展水平的零售业态都是不现实的。同时经济欠发达地区，在引进经济发达地区先进的零售业态时，要立足于本地区实际，切忌一味追求高水平的业态形式，否则将难以取得预期成果。

③该理论要求零售业态之间的竞争应突破价格表象，力求技术革新，使费用大幅削减以赢得竞争。

零售业态的竞争通常表现为价格之战，新零售之轮理论认为，如果价格战仅停留在表层，为了在短期内扩大市场占有率，而在价格上做简单的调整，其效果必然是短期的。长期有效的竞争取决于零售业内部各方面的技术革新与挖潜，只有通过技术挖潜实现成本费用的下降，才能真正达到提高零售业竞争力的目的。新零售之轮理论对有效避免零售业盲目的价格竞争行为，引导企业最大限度地开展技术创新活动具有积极的指导作用。

三、全渠道营销理论

1. 全渠道营销的概念

达雷尔·里格比（Darrell Rigby）在《哈佛商业评论》上发表了《购物的未来》一文，指出：随着形势的演变，数字化零售正在迅速地脱胎换骨，我们有必要赋予它一个新名称"Omni‑channel Retailing"。这意味着零售商将通过多种渠道与顾客互动，包括网站、实体店、服务终端、呼叫中心、社交媒体、移动设备，等等。

具体来说，全渠道营销是指个人或企业为了实现相关利益，满足顾客购物、娱乐和社交等综合体验需求，通过组合和整合线上线下尽可能多的零售渠道类型的一种营销行为。

2. 全渠道营销的特征

全渠道营销具有以下三个主要特征。

①全程。消费者从接触一个品牌到最后购买的过程中往往包含搜寻、比较、下单、

体验与分享等环节，零售企业必须在这些关键节点与消费者保持全程、零距离的接触。

②全面。企业对消费者购物全过程的数据进行跟踪和积累，并在此过程中及时与消费者互动，从而掌握消费者在购买过程中的决策变化并向消费者提供个性化建议。

③全线。全线是线上线下全覆盖，实则是零售企业组合或整合尽可能多的零售渠道类型进行销售，以满足消费者购物、休闲娱乐和社交等复合型体验的需求。此时，包含的渠道形式和类型多种多样，如有形渠道，包括实体店铺、服务网点与体验中心等；无形渠道，包括网店、上门直销、电话与电视购物等；还有移动渠道，包括社交媒体、微博、微信与直播销售等形式。

3. 全渠道理念带给企业的价值

①全渠道是消费领域的革命，具体表现为全渠道消费者的崛起。他们的生活主张和购物方式不同于以往，他们的消费主张是：我的消费我做主。具体的表现是：在任何时候，如早上、下午或晚间；任何地点，如在地铁站、在商业街、在家中、在办公室；采用任何方式，如计算机、电视、手机、Ipad，都可以购买到他们想要的商品或服务。

②全渠道正在掀起企业或商家的革命。其理念从以前的"终端为王"转变为"消费者为王"，企业的定位、渠道建立、终端建设、服务流程、商品规划、物流配送、生产采购、组织结构等全部以消费者的需求和习惯为核心。以渠道建设为例，企业必须由以往的实体渠道向全渠道转型，建立电子商务渠道和移动电子商务渠道，相应地要建立电子商务和移动电子商务的建设、营销、营运、物流配送流程，建立经营电子商务和移动电子商务渠道的团队，储备适应于全渠道系统的人才。

③全渠道给商家拓展了除实体商圈之外的线上虚拟商圈，让企业或商家的商品、服务可以跨地域延伸，甚至开拓国际市场，也可以不受时间的限制，24小时进行交易。实体渠道、电商渠道、移动电商渠道的整合不仅给企业打开了千万条全新的销路，同时也能将企业的资源进行深度优化，让原有的渠道资源不必再投入成本就能承担新的功能，如给实体店增加配送点的功能；又如，通过线上线下会员管理体系的一体化，让会员只使用一个ID号就可以在所有的渠道内通行，享受积分累计、增值优惠、打折、促销、客服咨询等服务。

4. 全渠道营销过程

全渠道强调尽可能多地整合与覆盖各种类型的营销渠道（线下实体、线上电商和移动电商渠道）以服务于销售活动，这也恰恰符合新零售的核心要义。

全渠道营销过程如图1-6所示。

线下和线上渠道主要服务于传统的消费群体，这些客户倾向于体验更好的实体店或者信誉良好的网店购物；线上和移动渠道主要服务于新兴的数字客户消费群体，这些客户往往更乐于通过电商 App、微博、微信与网络直播等途径购买。

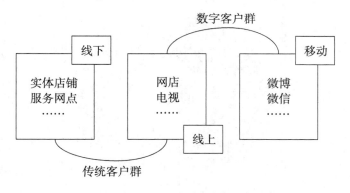

图 1-6　全渠道营销过程

与此同时，信息流和资金流的顺畅是交易达成与客户购买的保障，数据的共享和融合则构成了各渠道持续发展的动力源泉，不断的动态匹配和升级的物流服务为渠道提供了强有力的支撑。此外，云计算、大数据、交易平台、移动支付与信用体系等新商业基础设施的配套建设，也为新零售的发展提供了支持。

第四节　以消费者为中心理论

一、4C 营销理论

1. 基本要素

1990 年，美国营销专家劳特朋教授提出了"4C 营销理论"，与传统营销中的 4P 理论相对应。该理论以消费者需求为导向，重新设定了市场营销组合的四个基本要素：消费者（Consumer）、成本（Cost）、便利（Convenience）和沟通（Communication），如图 1-7 所示。

①消费者，在这里主要指消费者的需求。零售企业直接面向顾客，因而更应该考虑顾客的需要和欲望，建立以顾客为中心的零售观念，将以顾客为中心贯穿于市场营销活动的整个过程。

②努力降低顾客的购买成本。顾客在购买某一商品时，除耗费一定的资金外，还要耗费一定的时间、精力和体力，这些构成了顾客总成本，零售企业必须考虑顾客为满足需求而愿意支付的顾客总成本。

③为顾客提供最大的购物便利。最大限度地为消费者提供便利，是目前处于过度

图 1 – 7　4C 营销理论的基本要素

竞争状态的零售企业应该认真思考的问题。例如，使消费者容易到达商店，在商店的设计和布局上要考虑方便消费者进出、上下、浏览、挑选、付款结算等。

④企业应通过与顾客的沟通，建立基于共同利益的新型企业—顾客关系。在当今竞争激烈的零售市场环境中，零售企业的管理者应该认识到，与消费者沟通比选择适当的商品、价格、地点、促销更为重要，更有利于企业的长期发展。

2. 4C 营销理论的优势

①瞄准消费者需求。只有探究到消费者真正的需求，并据此进行规划设计，才能确保项目的最终成功。由于消费者的生活经历、受教育程度、工作性质、家庭结构、个人审美情趣等各不相同，每个人对商品品质需求的侧重点也不相同，因此要了解并满足消费者的需求并非易事。4C 营销理论认为了解并满足消费者的需求不能仅表现在一时一处的热情，而应始终贯穿产品开发的全过程。

②消费者愿意支付的成本。消费者为满足其需求所愿意支付的成本包括消费者因投资而必须承受的心理压力以及为化解或降低风险而耗费的时间、精力、金钱等方面。

③消费者的便利性。咨询人员、销售人员是与消费者接触、沟通的一线主力。他们的服务心态、知识素养、信息掌握量、言语交流水平等，对消费者的购买决策都有着重要影响，因此这类人员要尽最大的努力为消费者提供方便。

④与消费者沟通。营销大战在很大程度上就是广告大战，广告与沟通的差别不只是说法不同，还有着创作思维基础上的本质区别。各种广告大多面貌相似，模式化、定式化趋势非常明显。众所周知，广告的天职是创新，是树立个性，广告面貌雷同的结果是由于广告质量的低劣。其广告创作的基础仍是对项目的简单认识和创作人员的瞬间灵感，而不是对目标消费者的了解和对消费者心理的深刻洞察。

3. 4C 营销理论与新零售的结合

以消费者为中心是新零售的一大特点，4C 营销理论同样也强调以消费者为中心，因此 4C 营销理论可以看成新零售的重要理论基础。目前，已有不少企业成功地将 4C 营销理论运用到新零售实践过程中，如星巴克、开市客（Costco）和盒马鲜生等。

星巴克近年来不断强化消费场景，将消费场景分为早餐、午餐、下午茶和晚餐，并提出了"消费者在哪，星巴克就去哪儿"的口号。

开市客在受到电商攻击的大背景下，依然在 2006 年到 2016 年十年之间市值上涨了 5 倍之多，主要原因就是开市客不断在思索如何降低差价，让利给消费者，将消费者的忠诚程度视为最重要的指标。

盒马鲜生自 2016 年开设第一家门店就成绩斐然，这是因为消费者在盒马鲜生门店内可以选购新鲜的食材，购买之后可以直接烹饪、加工，增加消费者的体验感，深受消费者欢迎。

无论是星巴克、开市客还是盒马鲜生都实现了以消费者为中心，降低消费者的成本，增加消费者购物体验的便利性，同时也实现了与消费者合理有效的沟通，这些正是 4C 营销理论在新零售领域生动而具体的应用。

二、新零售引力法则

新零售时代是基于"位置"的线上线下大融合的时代。

2017 年，沃顿商学院的大卫贝尔在其著作《不可消失的门店》中创造性地提出了新零售引力法则，即 GRAVITY。GRAVITY 是 7 个英文单词的首字母，包括 Geography（地理）、Resistance（阻力）、Adjacency（相邻）、Vicinity（近区）、Isolation（隔离）、Topography（地形）、You（等你来创造）。

1. 地理（Geography）

地理位置改变了我们的偏好，因为我们会根据新的环境进行迅速的调整，但这一调整是不完全的。"过去的位置"会跟随我们，在很长一段时间里对我们施加影响。以下是地理位置影响偏好的两大作用力。

①所居住的地理位置会影响使用互联网或相关技术购买商品和服务的行为以及与他人联系的方式，这是通过所拥有的线下选择产生的。

就是说如果在线下的选择太少或者太多，都可能影响到在线上的购买行为。例如，楼下有超市或有便利店的地方，这个位置的人们在网上超市及便利店购买的行为就会少一些。当然，线下没有想要的品牌或品类时仍然可以选择网上购物。但仍比周围没有超市和便利店的居民的线上购物行为少得多。

②对个别品牌所产生的喜爱、购买和消费的偏好同样受到居住位置的影响甚至会被位置改变。

例如，当从一个"哈尔滨啤酒占优"的市场（如哈尔滨）移动到一个"青岛啤酒占优"的市场（如青岛）时，人们的偏好就会朝新的市场方向改变。这种改变约有60%是立刻发生的，剩下40%的改变则会花很长一段时间。

2. 阻力（Resistance）

在现实世界中，我们在获取所需之物的过程中都会面对一些阻力，这种阻力主要有：搜索阻力和位置阻力。互联网可以减少搜索阻力和位置阻力。

搜索阻力是我们需要努力找到各方面的信息。20 世纪 90 年代，我们要买一台电视，需要一家商店一家商店地去比对价格。如果这家商店的售价是 1000 元，那么我们就要决定是购买它，还是去下一个商店看看是否会更便宜点。所以消费者需要去搜索信息，直到在搜索上付出的代价超过了在商品上所获得的收益，才会去购买。互联网、App 在很大程度上减少了这种搜索阻力。

位置阻力使我们的购物选择非常有限。因为位置偏远的地方线下门店非常少，通常只有 1 ~ 2 个小店，消费者的购买可能性就会被限制。有了互联网之后，可以网上下单，并快递到家，所以互联网在很大程度上减少了搜索阻力，也减少了位置阻力。

互联网减少了位置阻力、搜索阻力，但是同样制造了新的阻力。例如，消费者需要等待快递以及网上有很多商品可供选择，但消费者不能触摸、感受到真正的产品，以至于不知道该如何选择。

3. 相邻（Adjacency）

网上购物先看评论再下单已经是一个很常见的现象，其实网络评论产生的效力也取决于位置。通过观察我们会发现，大多数网站的评论都是积极的，不过消极的信息作用相对来说比较强大。耶鲁大学的研究人员发现，不管被评论的是什么商品，消极的评论不仅会减慢其销售，而且会减慢积极评论的出现，从而减少消费者购买的倾向。

相比距离遥远的人，我们更关注地理位置相近的人所写的评论。这是因为受到趋同性的影响。在现实世界中，物以类聚，人以群分，所以我们认为那些住得离我们近的人会跟我们有相似的口味和偏好。当我们通过现实世界观察他们时，就会相信他们的选择。

4. 近区（Vicinity）

近区主要关注接近性和相似性。两个人住得很远，却拥有相同且联系紧密的文化背景，可以通过相互交流而共同受益。强烈的文化相似性可以替代或者打破物理距离的阻碍。互联网的出现，使拥有共同特征、环境和偏好的个体团结在一起变得史无前例地容易。

对于网络卖家来说，新消费者的产生基于两个重要的效应：第一，基于短期的接近性（物理距离，在区块之内和数个区块之中）；第二，基于区块相互之间的相似性（社会距离），而与它们的地理距离无关。

因此，网络卖家的最佳方案是首先专注于人口相对稠密的地区，充分利用接近性效应。当这种策略产生的消费者增长率变得平缓时，再逐渐改变战术，通过相似性效应来获取消费者。

5. 隔离（Isolation）

在销售主流商品时，零售电商会面临来自实体零售商的强力竞争，但在销售小众商品时则几乎毫无竞争压力。

假设，我家和你家里都有孩子，但住在不同的社区。两个社区孩子的数量是完全相等的，都有 100 户家庭有孩子，但你的社区总共有 200 户家庭，而我的社区有 1000户家庭。所以，在你的周围，你会感觉到处都是有孩子的家庭，他们占社区的 50%。而在我的社区，有孩子的家庭就相对较少，只有总家庭数的 10%。既然两个社区都有100 个孩子，那么两个社区对婴儿商品的总需求就应该是相等的。然而，根据偏好隔离，线上线下满足消费者对婴儿商品需求的数量将会出现差异。

在本例中，偏好少数派需要大部分邻居都根本不需要的东西，所以这类消费者的需求很容易被忽略，因此，线下门店应致力于分析并满足偏好少数派的需求。

6. 地形（Topography）

在现实世界中，网络卖家面临的一大挑战就是将商品（尤其是大件、复杂的商品）运输给分布在全国甚至是全世界的消费者。当实体门店卖家进入某个位置时，网店在该位置的销售量就会下降。

贝尔以眼镜为例，观察到当网络卖家向现实世界扩张、开设实体门店时会发生什么。

其得出三个有趣的结论。

①总体销量增加。零售商通过现实世界的扩张来提升存在感和体验感，会导致该位置的网络卖家的销量增加。一家实体门店的存在为品牌赋予了知名度和可信度，这样一来就会有更多的人选择到这个网站上购物。

②购买转化率提高。实体门店的出现让那些在购买之前需要看到实物商品的消费者有了一个最佳选择。在此之前，这些消费者很可能会通过在线试戴服务下单，如今他们被转移到了新的渠道上，在满足需求的同时，也推动了产品购买转化率的提高。

③在实体门店的近区位置上，潜在消费者访问网站的次数提升了。

新型商业模式正在发展，因此卖家在线上线下的运营都应以各种方式相互支持。

7. 等你来创造（You）

打通线上线下渠道，企业就能从容迎接未来新零售时代，即现实和虚拟世界紧密相连。在现实世界中，所有的体验和环境都可以在虚拟的世界中传播和分享。企业做好新零售有三个关键原则。

①始终牢记线上购物、销售和搜索带来的好处与消费者所处的地理位置是分不开的。所以要考虑潜在消费者居住的城市、所属的群体以及当地的资源。

②无论你是销售商品还是服务，都必须迅速创造出足够大的"强度"。强度可以培养出关键性的规模和活跃度，将来自不同位置的个体连接和聚合起来。

③从网上获得支持者、传播内容或者销售商品的战略战术需要按照不同的地理位置量身定做。

所有的例子都告诉我们，门店不可消失，位置依然决定一切。新零售在追求互联网的信息化、数字化的同时也应注重门店的选择与建设。

实践新零售引力法则的第一步就是理解"地理"的意义。要基于消费者行为分析市场的地理需求和区域消费习惯，判断地理位置对消费者的影响。

第二步就是要寻找对抗搜索阻力和位置阻力，并减少消费者不确定性的方法。具体而言，要让消费者获得更好的选择，并做出乐意购买的决定。

第三步就是要理解如何与第一批核心消费者之后的潜在消费者接触。更为重要的是，当一个位置有一名消费者对你做的事情感兴趣，由于趋同性，也会有许多与之相近的人对此感兴趣。

零售业的未来要更加重视客户体验、高效率、少浪费。同样也需要引入 C2M（从消费者到生产者）模式，即客户向制造商提出需求，利用互联网将不同的制造商相互连接，更好地实现个性化和柔性化生产。

随着线上线下零售渠道融合的逐渐深入，零售企业所提供的到店体验、在线下单、送货上门等便捷服务，在减轻消费者购物顾虑的同时，也进一步刺激了消费者的购物需求。

第二章　新零售中的消费行为

【本章导读】

　　本章旨在介绍新零售中的消费行为，其主要分为互联网用户行为、互联网用户购买模式、屏幕上的决策、行为决策理论四个部分。互联网用户行为部分通过大量的数据分析了我国网民的特征，介绍了互联网用户的基本行为和受众目标；互联网用户购买模式部分主要介绍 AIDA、AIDMA、AISAS、SIPS 等购买模型；屏幕上的决策部分用实验说明位置所产生的作用，并分析各类选择方法；行为决策理论部分介绍了消费者决策理论及决策模式等。

第一节　互联网用户行为

一、中国网民特征

1. 网民规模持续增加

　　第 53 次《中国互联网络发展状况统计报告》（以下简称《报告》）显示，截至 2023 年 12 月，我国网民规模近 11 亿人，较 2022 年 12 月增长 2480 万人，互联网普及率达 77.5%，较 2017 年底提升 1.9 个百分点；网络覆盖范围逐步扩大，入网门槛进一步降低。一方面，"网络覆盖工程"加速实施，更多居民用上了互联网；另一方面，互联网"提速降费"工作取得实质性进展，更多居民用得起互联网。

2. 网民整体呈现低龄化，但逐渐向中高龄人群渗透

　　《报告》显示，截至 2023 年 12 月，我国网民男女比例为 51.2∶48.8，与整体人口中男女比例基本一致。我国网民以中青年群体为主，并持续向中高龄人群渗透。10～39 岁群体占整体网民的 47.6%，其中 30～39 岁年龄段的网民占比最高，达 19.2%；40～49 岁中年网民群体占比为 16.0%；50 岁及以上的网民比例提升至 32.5%，如图 2-1 所示。

3. 网民数字素养与技能进一步提高

　　《报告》显示，多数网民掌握一定的数字素养与技能，但在熟练掌握中高级数字素养与技能方面仍有待加强。第一，半数以上网民数字素养与技能达到初级水平，熟练

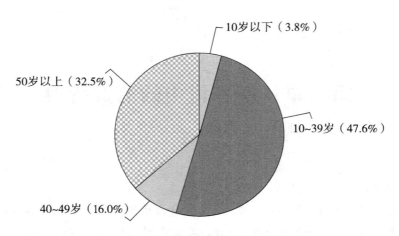

10岁以下（3.8%）

50岁以上（32.5%）

10~39岁（47.6%）

40~49岁（16.0%）

图2－1　我国网民年龄结构（2023年）

掌握一种数字素养与技能的网民占比达54.1%，达到初级水平。第二，青年网民群体掌握数字素养与技能情况最好，从年龄差异来看，20~29岁网民掌握各项数字素养与技能的比例均显著高于整体网民水平。第三，网民熟练掌握中高级数字与技能的情况有待加强，编写程序等中高级数字素养与技能的比例均低于30%。

4. 网民上网行为偏好明显

《报告》显示，2023年，我国各类互联网应用不断深化，用户规模持续增长，推动"使用互联网的个人比例"达到90.6%。其中，网约车、在线旅行预订、网络购物、网络直播、互联网医疗的用户规模较2022年12月分别增长9057万人、8629万人、6501万人和5139万人，增长率分别为20.7%、20.4%、8.2%和14.2%。2023年12月各类互联网应用用户规模和网民使用率如表2－1所示。

表2－1　　　　　2023年12月各类互联网应用用户规模和网民使用率

应用	2023年12月用户规模（万人）	2023年12月网民使用率
网络视频（含短视频）	106671	97.7%
即时通信	105963	97.0%
短视频	105330	96.4%
网络支付	95386	87.3%
网络购物	91496	83.8%
搜索引擎	82670	75.7%
网络直播	81566	74.7%
网络音乐	71464	65.4%
网上外卖	54454	49.9%

二、互联网用户基本行为和目标受众

1. 互联网用户基本行为

塔腾（Tuten）和所罗门（Solomon）提出将社会化媒体区域划分为社会化社区、社会化发布、社会化商务和社会化娱乐四个部分。在戴鑫编著的《新媒体营销》一书中，根据塔腾和所罗门提出的社会化媒体区域划分，将互联网用户行为划分为四类，包括互联网社交行为、互联网搜索行为、互联网娱乐行为和互联网购物行为。

①互联网社交行为。互联网社交行为发生在社会化社区，社会化社区是指具有相同兴趣或者身份的人共同参与活动的社会化媒体渠道。社会化社区具有双向和多向沟通、交流、合作及经验分享的特点。所有的社会化媒体都是围绕社会关系建立的，为了建立和维持社会关系进行互动和合作是人们参与这些活动的主要原因。

社会化社区的渠道包括社交网站、留言板、论坛等。这些渠道都强调在社区背景下的个体贡献、沟通、交流和合作。社会化社区注重关系。如果在这些渠道中成为一个积极的参与者，品牌可以充分利用社交网络达到若干营销目标，包括促销和品牌推广、客户服务、客户关系管理和营销调研等。

在社交网络中，品牌方可以购买付费空间做广告，并使用分享技术进一步获得广告印象的价值。也可以在免费媒体上传播品牌，通过参与社交网络产生品牌认知及正面的口碑传播。

②互联网搜索行为。互联网搜索行为的前提是社会化发布。社会化发布网站旨在将内容向受众传播。允许个人和组织发布的渠道有博客、媒体分享网站、微博及信息和新闻网站等。通过在这些媒体上发布或分享内容，可以促进互联网用户的搜索行为。

对于营销人员来说，社会化发布具有双重目标：一是增加品牌信息的曝光量，二是利用内容为品牌的自媒体带来访问量。社会化发布过程类似于传统广告活动中的媒体计划过程。不同的是，营销人员使用的创意内容不一定是广告，而是能够指向内容的链接。

③互联网娱乐行为。互联网娱乐行为处于社会化娱乐区域中，它包含社会化游戏、启用了社会化功能的视频游戏、替代现实游戏和娱乐性社会化网络。社会化娱乐是社会化媒体中发展最快的领域。品牌可以利用社会化游戏进行营销活动，游戏提供了一种受众明确、到达范围广、参与度高且干扰少的促销方式，其可以选择在一个现有的游戏中推广它的信息。

在这些情况下，品牌可以通过显示广告、产品植入、游戏赞助以及将品牌植入游戏等方式在游戏里和利用游戏周边做广告。另外，一个品牌还可以更进一步开发自己的广告游戏，即一个传递品牌信息的游戏。

④互联网购物行为。互联网购物行为处于社会化商务区域中，是指使用社会化媒体辅助在线购买和销售产品与服务。

社会化商务渠道包括评论网或品牌电子商务网站的评论和评分、折扣网站和折扣聚合平台、社会化购物市场和店铺，如拥有消费者推荐商品、评论和购物时能与朋友沟通等功能的在线商城、在社交网站上经营的零售商店等。

2. 互联网目标受众

细分网络用户，可以更好地掌握他们的特点和行为，以及在什么时间点与其对话。伊文思提出社会化媒体的受众可以分为六类，分别是：创造者、评论者、收集者、参与者、观看者和不活跃分子。

创造者是在社交方面活跃的人，他们喜欢创作博客、视频、论坛等方面的内容。这些人对他们喜爱的东西十分热情，对厌恶的东西持批评态度。而且这些人喜欢创作一些专门用来与别人对话和分享体验的东西，从而把这种热情带到更高的境界。

评论者，是在网络上发表评论、对产品或服务进行评论，并对论坛上的帖子进行回应的人，他们在社会化媒体上表现活跃。评论者还喜欢对产品和服务进行评级，在社交媒体上直言他们的意见，并且希望被人看到。

收集者喜欢寻找和分享互联网上的内容。根据网站的不同，收集者可能会在较短的时间产生大量的网络流量，特别是当他在一个受欢迎的网站上与好友或整个社区分享的时候。

参与者喜欢在社交网站、论坛或留言板中互动。在这些社交平台上形成了真正的社区和社群，也为参与者提供了对话并分享对某些主题的体验的平台。参与者希望有一种归属感，加入一些社交圈子和社区论坛，使他们觉得与千里之外的人产生了联系，同时，他们喜欢就某个共同关心的主题分享他们的经验。

观看者喜欢坐在那里静静地看着。受众群体中，总是存在一些观看者，他们非常喜欢看博客，还会查看评论，而且可以根据某些评论得出结论，无论公司是不是积极参与那些对话。

不活跃分子经常上网，但不会参与社会化媒体的活动。通常情况下，这些人年纪比较大。

第二节　互联网用户购买模式

企业传播经历了传统大众媒体和互联网媒体两个阶段。

大众媒体，又称大众传媒，是指在一个国家或地区中具有大量受众的传播媒体，它同时具备第三产业、知识产业和信息产业的共同特征。其实现交流的技术手段也各异：电台广播、电影和电视等广播媒体通过电子途径传输信息；报纸、书籍、宣传册等纸质媒体采用实物传播信息；公告牌和宣传画等户外媒体则主要放置在商业建筑、体育场馆和公交车上。公众演说和事件组织也可以看作大众媒体。

互联网媒体（Internet Media）又称"网络媒体"，是一种借助国际互联网信息传播平台，以计算机、电视机以及移动电话等为终端，以文字、声音、图像等形式传播新闻信息的数字化、多媒体的传播媒介。

企业传播的每个阶段都存在不同的特征，也会导致不同的消费者反应模式。以下分别介绍大众媒体环境下和互联网媒体环境下的消费者购买模型。

一、大众媒体环境下的购买模型

1. AIDA 模型

AIDA 模型也称爱达公式，是国际推销专家海英兹·姆·戈得曼（Heinz M Goldmann）总结的推销模式，是西方推销学中的一个重要公式。它是指一个成功的推销员必须把顾客的注意力吸引或转变到产品上，使消费者对推销人员所推销的产品产生兴趣，这样消费者欲望也就随之产生，而后再促使其采取购买行为，达成交易。AIDA 是四个英文单词的首字母。该理论认为，消费者从接触信息到最后达成购买，会经历以下几个阶段。

A：Attention（引起注意）——一般采用在花哨的名片或提包上印制广告词等方式引起消费者注意。

I：Interest（引起兴趣）——一般用精制的彩色目录和商品的新闻简报剪贴。

D：Desire（唤起欲望）——例如，推销茶叶时要随时准备好茶具，给消费者沏上一杯香气扑鼻的浓茶，消费者体会到茶的美味，就会产生购买欲；推销房子时，要带消费者参观房子；餐馆的入口处要陈列色香味俱全的精制样品，让消费者感受商品的魅力，以唤起其购买欲。

A：Action（购买行动）——从引起注意到付诸购买的整个销售过程，推销员必须始终信心十足。但过分自信也会引起消费者的反感。

AIDA 模型的第一步是引起注意，即通过促销等活动刺激消费者，让其将注意力转移到本公司的广告、产品或服务上。第二步是产生兴趣，即在吸引消费者注意的基础上，让其对本公司的广告、产品或服务等产生兴趣。第三步是激发欲望，即调动消费者兴趣后，激发其积极情绪，使其产生强烈的拥有欲。第四步是实现购买，即将消费者欲望转化为购买行为，促成交易，如图 2 - 2 所示。

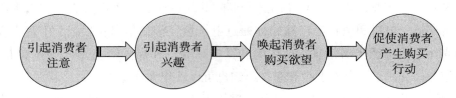

图 2 - 2 AIDA 模型

下面以 AIDA 模式来分析一只蟠龙花瓶在网上营销的成功案例。A（Attention）引起潜在消费者的注意：这则广告从一则生活中发生的小事入手。广告中的主角唐先生打碎了一只名贵的花瓶，他六神无主，如何向老婆交代？画面中出现了种种滑稽的设想。语言诙谐，夸张的剧情引起了消费者的广泛注意。唐先生被老婆赶出家门，于是他来到网吧，发现网吧里每个人都在网上买花瓶。I（Interest）创造出潜在消费者感兴趣的事物：广告能激发消费者潜在的购买欲望，他们会做出上网浏览的行为。蟠龙花瓶通过创造出让消费者感兴趣的事物来增加消费需求，即 D（Desire）激发潜在消费者的欲求。广告最终的目的是促使消费者购买商家的产品，这就是 A（Action）驱使潜在消费者采取行动。

2. AIDMA 模型

AIDMA 是消费者行为学领域的理论模型之一，由美国广告学家 E. S. 刘易斯在 1898 年提出。该理论认为，消费者从接触信息到最后达成购买，会经历 5 个阶段，如图 2 - 3 所示。

图 2 - 3 AIDMA 模型

A：Attention（引起注意）——一般采用在花哨的名片或提包上印制广告词等方式引起消费者注意。

I：Interest（引起兴趣）——一般用精制的彩色目录和商品的新闻简报剪贴。

D：Desire（唤起欲望）——例如，推销茶叶时要随时准备好茶具，给消费者沏上一杯香气扑鼻的浓茶，消费者体会到茶的美味，就会产生购买欲；推销房子时，要带消费者参观房子；餐馆的入口处要陈列色香味俱全的精制样品，让消费者感受商品的魅力，以唤起其购买欲。

M：Memory（留下记忆）——例如，一位成功的推销员每次在宣传自己公司的产品时，总是拿着别的公司的产品目录，加以详细说明比较。因为如果总是说自己的产品有多么好，顾客反而想多了解一下其他公司的产品，而如果先提出其他公司的产品，顾客更容易认可你的产品。

A：Action（购买行动）——从引起注意到付诸购买的整个销售过程，推销员必须始终信心十足。但过分自信也会引起顾客的反感。

在营销行业和广告行业，AIDMA 模型经常被用来解释消费心理过程。例如，营销行业的人用它准确了解消费者的心理和行为，制定有效的营销策略，提高成交率；广告行业的人用它创作实效的广告。实效的广告简单地说就是可以促进销售的广告，它对销售增长是有效的。创作实效的广告，对消费者的心理历程和消费决策，将产生影响力和诱导的作用，也就是在"引起注意→产生兴趣→培养欲望→形成记忆→促成行动"的五个环节，实效广告的信息会一直影响消费者的思考和行为。

因此，广告创作不是单纯的艺术的创作，而是一种为了实现商业目标的创作。按照 AIDMA 模型，思考一下曾经接触到的广告，是不是在这五个环节都能发挥影响力，还是只做到了让消费者引起注意，但不能让消费者产生兴趣。如果在第二个环节就对消费者没有任何影响力，那么广告是无效的。

AIDMA 理论模型将消费者的购买行为模型化，有助于系统地研究消费者后更有效地进行商品的宣传。但是，该理论模型并没有具体细化到不同的商品类别，在实际中，它更多地适合高卷入度（价格高，需要小心做决策）的商品，因为低卷入度的商品，消费者的决策过程往往没有那么复杂。

二、互联网媒体环境下的购买模型

1. AISAS 模型

在大众媒体时代，AIDMA 模型能较好地解释消费者从信息接收到行为实现的过程。但在互联网环境下，受众作为信息的接收者和发布者承担着双重角色，其购买模式也随之发生了变化。为此，2005 年，日本电通广告集团提出了 AISAS 模型，用以描述互联网环境下的消费者购买行为的决策过程，即引起注意、产生兴趣、展开搜索、购买行为和购买后分享。该模型在 AIDMA 模型的基础上增加了消费者应用网络后带来的消费者行为变化：搜索（Search）和分享（Share），如图 2-4 所示。

互联网带来了传统媒体无可取代的全新传播理念，即以消费者为主体的传播。消费者不仅可以通过网络主动获取信息，还可以作为信息发布的主体，与更多的消费者

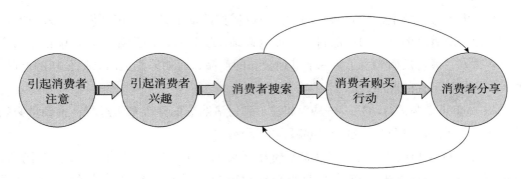

图 2 - 4　AISAS 模型

分享信息。由于网络社交工具的发展，消费者的行为模式和媒体市场也随之发生了变化。而且各种搜索网站的精度也在不断改进，媒体市场由之前的扁平式发展，逐渐呈现深度、精准发展的趋势。

针对这种趋势，电通（日本广告与传播企业）提出了 CGM（Consumer Generated Media）消费者发布型媒体概念：以微博、抖音、网络论坛等为主要形式的个人媒体，不仅具备个人信息发布和群体信息共享的功能，还涉及将新闻和企业信息（也包括广告）进行比较讨论等各种各样的传播形式；信息发布由从前的商家向消费者发布模式，转化为由商家向消费者发布之后，再由消费者向消费者发布与共享的模式。

受众在对促销信息产生兴趣后，会主动利用各种搜索引擎，检索公司、产品及服务等各方面的信息，并且搜索的信息结果对其购买行为产生重要影响。在 AIDMA 模型中，行为是购买模式的终结，但在互联网环境下，购买环节之后，消费者会根据自己的体验，对产品做出评价，形成二次传播，引起其他人的注意，在下一个消费者身上又形成新的销售过程。

2. SIPS 模型

2011 年，电通在之前模型的基础上，又提出了 SIPS 模式，更加强调消费者的传播和分享行为带来的影响。这一模型认为，在社会传播网络中，消费者会对能够引起共鸣（Sympathize）的信息进行关注，并通过各种手段确认（Identify）这一信息是否与自己的价值观相符，然后就会参与（Participate）和这一信息有关的分享（Share）活动中，使这一信息得到传播（Spread），如图 2 - 5 所示。

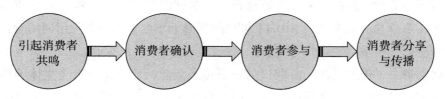

图 2 - 5　SIPS 模型

S 即 Sympathize（共鸣）——不论是 Facebook 的 like it 按钮还是 Twitter 的 Retweet 键，每个人在按与不按之间都做出了选择，同时也成为信息传播中的过滤器。而此过滤器工作的原理是判断"转发是否对我有利"以及"我是否有共鸣"。对于品牌来说，"共鸣"是这个时代的硬通货。对受众是否"有用"或"有共鸣"成为被过滤还是被放大的判断准绳。无论是对品牌方还是广告公司，都需要首先将自己摆到普通网民的身份，然后创造"有用的广告"。

I 即 Identify（确认）——人人都是媒体，所以人人都可以是求证的对象，那种通过控制几家媒体就能够指鹿为马的办法已经行不通。

P 即 Participate（参与）——受众在确认了信息的真实性及信息与自己的价值观相符合后会选择参与这一信息有关的活动中。

S 即 Share/Spread（分享/传播）——受众的参与会让他们对这一信息产生评价和宣传，在参与的同时让信息被分享和传播。

互联网带来的购买决策的主要变化集中在搜索行为和分享行为上。尽管这两个行为在传统购买行为中也存在，搜索存在于"收集信息"阶段，分享存在于"购后行为"中。但是，受技术的限制，没有互联网帮助的消费者在这两个行为上可做的事极为有限，因此这两个环节对传统购买行为产生不了很大的影响。

3. 从漏斗模型到双环模型再到新双环模型

漏斗模型，是指多个自定义事件序列在按照指定顺序依次触发的流程中的量化转化模型。通俗理解就是自上而下层层缩减的一个业务模型。

传统的漏斗模型是"漏斗式"选购方案评估法，从一开始，消费者头脑中可能有许多品牌，就像一个漏斗上面较宽的部分，当消费者系统地筛选候选商品时，那些备选品牌一个一个地被"漏"掉，慢慢变少，最后消费者选择一个购买的品牌。

Edelman（爱德曼）认为，应该用双环模型来取代原来的漏斗模型。

双环模型认为，考虑、评估、购买以及喜爱、支持、联结这一决策历程是循环往复的，不是逐渐缩小的过程。

双环模型考虑到了消费者利用互联网技术对产品和服务进行积极评估有可能随时改变其购买需求；双环模型还包含反馈闭环，消费者购买产品和服务后持续评估，促使企业提高产品性能，优化品牌体验。

2015 年，Edelman 又更新了双环模型的表述，称其为"消费者决策新旅程"。消费者决策新旅程的目的是想体现企业使用互联网技术所带来的改变，即企业可以利用技术对决策旅程进行设计并不断优化以大幅压缩甚至完全去除消费者在购买过程中考虑和评估的部分，直接把消费者推入这一旅程的购买环节。

第三节　屏幕上的决策

一、屏幕上的内容位置

在日常生活中，面对随处可见的超市，我们可以发现，不同超市的货架摆放有其规律性也有其差异性。那么，为什么货架摆放会存在规律和差异？如果商品摆放能影响消费者的行为，那么屏幕上的内容位置又是否与消费者的选择存在关系呢？通过以下几项测试结果我们可以证明屏幕上的内容位置可以影响消费者的决策。

1. 第一注视点测试

有研究表明，线下商品的位置会决定消费者的行为。加利福尼亚大学圣迭戈分校的心理学家克里斯滕菲尔德对消费者如何从超市的货架上选择产品进行了调查，他发现当有四排完全相同的产品时，71%的消费者会选择中间两排货架上的产品，比通常预计的随机概率高出21%。

在屏幕上是否也呈现出这种规律呢？屏幕上的第一注视点在哪里？

通过试验测试结果可以对这一规律进行验证。试验邀请41位学生，在计算机屏幕上标示对不同零食的喜爱程度，如薯片和巧克力。然后这些受试者又被要求在线下做一次实际选择。研究人员会向他们出示一些和屏幕上的零食一样的照片，并要求他们在试验最后选出最想吃的零食。

当这些受试者在屏幕上寻找他们最喜欢的零食时，研究人员则在追踪他们的眼球，监测他们的目光焦点。很快研究人员发现人们第一次聚焦并经常关注的选项会出现在显示屏上的特定区域。那么这些特定区域在哪里呢？准确答案取决于屏幕上选项的数量。如果只有4种零食出现在一个2×2的矩形中，受试者会看左上角，而且他们的眼睛会有一半时间盯在那里；如果受试者同时面对9个选项，他们的目光99%一开始会落在中心附近；如果有16个选项，他们的第一注视点97%会落在中间四格内。

这意味着什么？假如一个零售商非常希望增加某个商品的销量，他只需把商品放在屏幕上更容易博得第一注视点的地方即可，如屏幕的中心。实际上，科学家在试验中把最不受欢迎的零食放到了受欢迎的屏幕位置上，如屏幕中间偏左的位置，只有30%的受试者能发现其最爱的选项。

然而，如果把受试者偏爱的零食放到屏幕中间，他们的选择效率就达到了90%，这意味着他们几乎每次都能做出最佳选择，选出自己最想吃的食物。只需要一个设计上的微调，就能对结果造成巨大的改变，由此可见，在数字世界里屏幕上的内容位置是一个极其重要的变量。

上述试验结果说明屏幕上的内容位置可以影响消费者的选择。

2. 视觉运动偏见测试

虽然传统的顾客选择理论聚焦于把信息提供给消费者，但是贝特曼和卡卡尔指出，信息提供的形式同样重要。信息呈现的结构会对获取信息的策略产生极大的影响，在实际情况中，消费者会根据信息提供的形式处理信息。

圣塔克拉大学的萨凡纳关于眼动追踪的新研究验证了先前关于分布重要性的结论，揭示了一系列根植于屏幕眼动过程中的视觉偏见。

萨凡纳和他的同事们请受试者在戴尔网站上选择台式计算机。多年来，戴尔网站都是按列显示不同的计算机型号，按行显示每个型号的属性。通常，一台台式计算机可能有 12 个不同的属性，包括价格、处理器、显示器、操作系统和保修等。

在试验中，一些受试者被随机分配，根据当前网站的布局挑选一台计算机，而另一些受试者看到的是不同版本的网站布局，即产品型号按行显示。结果显示，不同的布局造成了大相径庭的信息处理方式。当产品型号按行显示后，大部分用户不再那么关注属性，而是花更多的时间观察产品。

相比之下，当计算机机型按行显示时，受试者会比较不同机型的每个属性，如价格或处理器性能。有趣的是，受试者最后的选择和他们视线运动的方向有密切的关系，得到越多视觉关注的属性和产品型号，对最后决策产生的影响越大。这意味着如果受试者花很多时间注意价格变量，他们可能会对价格更加敏感。反之，如果他们的视觉停留在相对昂贵的机型上的时间越长，就越不关心价格，因为视觉率先做出了选择。

设计信息的排列方式时，根据视觉运动偏见可帮助人们关注最有用的细节，把更加重要的细节放在视线最可能经过的地方，即远离边缘区域，进行横向呈现，这样就增加了这些细节被注意到的可能性。

3. 中区偏见测试

2013 年，特拉夫顿·德鲁（Traftron Drew）和哈佛医学院的同事做了一项试验，即给 23 名放射科医师一系列真实病例的 CT（计算机断层扫描）片，让他们从中寻找标志肺癌早期的肺结节，但这些医师并不知道其中一张 CT 片的右上角被偷偷插入了一小张大猩猩的图片，尽管猩猩比要寻找的肺结节大 45 倍，但是 83% 的放射科医师并没有注意到它，而且他们扫视这一部分图像的时间平均只有 250 毫秒。

这一视觉模式被称作"中区偏见"（The Middle Bias），它从一开始就扎根在我们的视觉系统中，并深深影响着所有和视觉紧密相关的行为，也影响着我们的选择，因为我们更可能选择视野中心的选项，在零售业也存在这一情况。

二、屏幕上的选择

在这个拥有无尽选择和无穷信息的世界里，我们并没有因为有更多选择而快乐。因为我们想要的不是无尽的可能性，而是有效的选项管理。

杜克大学的阿夫尼·沙阿和达特茅斯学院的乔治·沃尔福德分别做过一个简单的书写笔试验来探究选项数量与满意度的关系。他们找到20种不同的笔，所有笔的价格在1.89美元到2.39美元。受试者被告知每支笔的价格约为2美元，但他们可以用1美元的特殊折扣价购买其中任何一支笔。

接下来的试验发生了有趣的变化。粗看之下，给人们提供更多笔似乎是一件好事，这样他们就可以找到自己最喜欢的。

有两支笔可供选择时，40%的受试者买到了自己所需的笔。有10支笔可供选择时，90%的受试者找到了自己非常喜欢的笔并最终买了它。由此可见，提供更多的选项至少在一开始提高了购买率。

但接下来的购买趋势呈现出U形曲线的变化。如果提供的笔超过了10种，人们就变得不太愿意购买了，而且下降趋势非常明显，有16支不同的笔可供选择时，只有30%的受试者买到了自己满意的笔。

不仅买笔会遇到这样的情况，心理学家希娜·艾扬格和马克·莱珀发现，同样的结论也适用于购买巧克力和果酱，选择越多，下单越少。这个试验结果显示，虽然每个人都要求选择权和自由，但实际上，当个体面临过多选择时，反而会决策瘫痪，选择无能，满意度降低。也就是说，当个体选择过多时，个体的自由非但没有增加，反而受到了削弱和压制。

实际上，很多人并不喜欢过多的选择，并且在做出理性的选择和决策时需要不间断的自我监督和自我调控，这会极大地消耗个体的能量，当面临的选择越多时，个体的能量消耗越大，疲惫感就越强。

网络世界进一步加剧了过量选择的影响。例如，亚马逊为顾客提供了1047种圆珠笔和大约1600种果酱；一家行业领先的在线证券交易公司，为投资者提供数以千计的公募基金等。

不光是选择的规模会让人不堪重负，许多网站还会因为"导航过载"而备受苛评。浏览这些网站的访客会发现自己被五花八门的菜单栏、按钮和弹窗包围，到最后，就算他们知道自己的目标是什么，也不知道该如何找到那些内容。

那如何来解决这些问题呢？接下来，笔者将从分类法、淘汰晋级法等方面提供一些解决思路。

1. 分类法

莫吉纳等人 2008 年发表的一项试验报告中，将 50 种不同口味的咖啡分成 10 组，每组标签为"浓烈"或者"柔和"等。受试者每选择一种咖啡并且品尝后，就被要求根据他们对自己选择的满意度，给出 1~7 的评分。在无分类组，平均得分是 3.5 分，而在分类组，平均得分为 4.5 分。

尽管所有受试者品尝到的咖啡品种相同，但满意度在分类组中有了明显的上升。

根据研究人员的分析，分类法有效是因为它增加了对类别的感知，让消费者更确定自己找到了最好的选项。

2. 淘汰晋级法

淘汰晋级是体育赛事一直采用的方法，通过一轮一轮的比赛，最后有一个赢家。佐治亚理工学院的博赛德斯提出淘汰模式可以成为有效解决选择过剩问题的理想方法。

博赛德斯和他的同事们设计了一个测试。给受试者 16 副牌供他们选择。每副牌打完后的结果计算都很复杂，但有一副牌客观上是最佳选择——拥有最高的获胜概率。不出所料，同时要在 16 副牌中做出选择的人，选择的结果最糟糕。事实上，只有 23% 的受试者选择出了最优牌。博赛德斯认为，这清楚地表明了选择过载的后果，人们无法处理过量信息。

现在来看淘汰机制的选择情况。一共分成四轮，每轮包含 4 个选项。完成这 4 轮选择后，人们在选中的 4 副牌中进行最后一次选择。当这些选项被呈现时，48% 的受试者最终锁定了最优牌。换句话说，他们确定最优选项的概率是原来的两倍还多。这无疑是一个显著的增长。

3. 结束法

网络上的选择如此之多，我们什么时候能快速做出选择，而且还不后悔呢？

在一项试验中，科学家要求受试者选择一种巧克力进行品尝。有些学生可以从 24 种巧克力中挑选，而另一些只能在 6 种巧克力中选择。一半受试者在品尝了各自的巧克力后，被要求用盖子盖住未选择的巧克力。科学家这个细微的举动让他们感觉这件事就此结束。

事实证明的确如此。在没有这种结束行为的情境中，受试者仅品尝了巧克力，选择越多，满意度却越低。然而，用盖子盖上巧克力抵消了这种效果。作者认为，这是因为在一个大范围中做出选择后盖上盖子，极大地减少了对未选对象的思考，他们不再担心其他巧克力的口味，可以尽情享受自己的选择。

接下来，这几位学者又从点饮品的现象中发现了相似的结果。有些人点单后依旧打开菜单，这个举动表明行为并未结束；而另一些人则被告知点单后合上菜单。结果发现，只需简单合上菜单就能让人们对自己的选择更加满意。

我们无须减少他们面前的选项，只是通过简单的结束行为，就改变了他们对自己选择的感知方式，就能让他们对自己的选择更加满意。很多网站却反其道而行之，他们不仅没有提倡这种结束选择的行为，还极力降低这种可能性。例如，当我们在某网站的购物车里添加某个商品后，会显示"购买此商品的顾客还购买了……"的提示语。尽管我们刚刚完成了一次困难的选择，从一个庞大的选项集合中精心选出了某商品，网站还是不让我们就此结束。这样的设置有时会增加额外的销售量，但这种提高销售的努力其后果难以预料，因为这很可能会降低消费者的消费满意度。

科技的进步是迅速的。几十年前，人们只有在电影院才能接触到屏幕，随后电视进入千家万户，现在我们又花大量的时间与手机屏幕、电脑屏幕互动。这些屏幕陪伴着我们，娱乐着我们，影响着我们的社交活动，为我们提供反馈，让我们重新思考人类的选择行为。

第四节　行为决策理论

消费者购买决策是指消费者谨慎地评价某一产品、品牌或服务的属性并进行选择、购买能满足某一特定需要的产品的过程。广义的消费者购买决策是指消费者为了满足某种需求，在一定的购买动机的支配下，在可供选择的两个或者两个以上的购买方案中，分析、评价、选择并且实施最佳的购买方案，以及购后评价的活动过程。它是一个系统的决策活动过程，包括需求的确定、购买动机的形成、购买方案的抉择和实施、购后评价等环节。

近30年来，营销界最活跃的学术研究之一就是行为决策理论。行为决策理论的研究者发现，消费者在许多情境下会做出看起来不理性的选择。目前的决策行为理论研究得出了如下几个结论。

①当选择组中增加了一个次优的产品选择后（如一个稍好，但明显更贵的面包机），消费者更有可能选择备选品。

②经过考虑之后，消费者更可能选择一个特定选择组合中的折中产品，尽管该产品在任何方面都不是最好的。

③消费者的选择影响他们对自己的品位与偏好的评估。

④消费者如何比较价格和质量存在差异的产品，以及产品在商店内如何陈列，都影响消费者对产品的附加属性或知名品牌的支付意愿。

⑤那些觉得他们的购买决策可能有误的消费者更有可能选择知名品牌。

⑥那些感知到可能因错失良机而懊悔的消费者，更有可能选择目前正在打折的产品，而不会等到进一步打折，也不会购买价格更高的产品。

⑦备选品描述方式的微妙改变，也会影响消费者的选择。

⑧消费者对自己将来的品位所做的预测并不准确，他们并不知道在多次消费同一口味的酸奶或冰激凌之后，他们的感觉如何。

⑨消费者经常高估未来的消费，特别是在限量供应的情况下。

⑩在估计未来消费机会时，消费者经常设想他们将来所需或所想的品种数量比实际要多。

⑪过去事件的结局和趋势，在很大程度上影响消费者对过去体验的理解和评价。一次服务体验最后的正面结果，有利于对今后整个体验的反应和评估。

⑫当面对一个简单而重要的决策时，消费者可能会把事情复杂化。

所有这些研究强调的是：消费者行为具有建构性，制定决策的情境很重要。理解市场中的这些影响因素对营销人员来说非常重要。这些结论和学术成果也挑战了经济学理论的预测和理性的假设，推动了行为经济学的产生。

一、决策模式

研究消费者购买决策模式，对于更好地满足消费者的需求和提高企业的市场营销效果具有重要意义。国内外许多学者、专家对消费者购买决策模式进行了大量的研究，并且提出了一些具有代表性的典型模式。

1. 消费者购买决策的一般模式

人类行为的一般模式是 S—O—R 模式，即"刺激—个体生理、心理—反应"。该模式表明消费者的购买行为是由刺激所引起的，这种刺激既来自消费者身体内部的生理、心理因素，也来自外部的环境。消费者在各种因素的刺激下产生动机，在动机的驱使下，做出购买商品的决策，实施购买行为，购买后还会对购买的商品及其相关渠道和厂家做出评价，这样就完成了一次完整的购买决策过程。

2. 科特勒行为选择模型

菲利普·科特勒提出一种强调社会消费行为的简单模式。该模式说明消费者购买行为的反应不仅受到营销的影响，还受到外部因素影响。而不同特征的消费者会产生不同的心理活动过程，通过消费者的决策过程，导致了一定的购买决定，最终形成了消费者对产品、品牌、经销商、购买时机、购买数量的选择。

3. 尼科西亚模式

尼科西亚在《消费者决策程序》一书中提出一种新的决策模式，即尼科西亚模式。该模式由四大部分组成：第一部分，从信息源到消费者态度，包括企业和消费者两方面的态度；第二部分，消费者对商品进行调查和评价，并形成购买动机的输出；第三部分，消费者采取有效的决策行为；第四部分，消费者购买行为的结果被大脑记忆、储存起来，供消费者以后的购买行为参考或反馈给企业。

4. 恩格尔模式

该模式又称 EBK 模式，由恩格尔、科特拉和克莱布威尔在 1968 年提出。其重点是从购买决策过程去分析。整个模式分为以下 4 部分：

①中枢控制系统，即消费者的心理活动过程；

②信息加工；

③决策过程；

④环境。

恩格尔模式认为，外界信息在有形和无形因素的作用下，输入中枢控制系统，即对大脑引起、发现、注意、理解、记忆与存储的个人经验、评价标准、态度、个性等进行过滤加工，构成了信息处理程序，并在内心对外部进行评估选择，而后产生决策方案。整个决策评估选择过程，同样要受到环境因素，如收入、文化、家庭、社会阶层等影响。最后产生购买行为，并对购买的商品进行消费体验，得出满意与否的结论。此结论通过反馈又进入了中枢控制系统，形成信息与经验，影响未来的购买行为。

5. 霍华德－谢思模式

该模式由霍华德与谢思在 20 世纪 60 年代末在《购买行为理论》一书中提出。其重点是从以下 4 个因素考虑消费者购买行为：

①刺激或投入因素（输入变量）；

②外在因素；

③内在因素（内在过程）；

④反映或者产出因素。

霍华德－谢思模式认为投入因素和外在因素是购买的刺激物，它通过唤起和形成动机，提供各种选择方案信息，影响购买者的心理活动（内在因素）。消费者受刺激物和以往购买经验的影响，开始接受信息并产生各种动机，对可选择的产品产生一系列反应，形成一系列购买决策的中介因素，如选择评价标准、意向等，在动机、购买方案和中介因素的相互作用下，便产生某种倾向和态度。这种倾向或态度又与其他因素，如购买行为的限制因素结合，便产生购买结果。购买结果形成的感受信息也会反馈给消费者，影响消费者的心理和下一次的购买行为。

二、决策经验法则

1. 便利法则

便利法则是指消费者会根据他们最先想到的一个记忆中的特定事例来做出预测。

如果一个事例太容易想起，消费者会高估它发生的可能性。例如，一个近期的产品故障也许导致消费者放大产品将来出故障的可能性，并使其更倾向于购买保修服务。

2. 代表性法则

代表性法则是指消费者会根据一项结果对其他事例的代表性或它们之间的相似性来做出预测。同一产品类别的不同品牌在包装上都很相似，其原因之一就是营销人员希望他们的产品被视为是该产品类别的代表。

3. 锚定与调整法则

锚定与调整法则是指消费者作出初步判断之后，会根据额外的信息来调整最初的判断。对于营销服务人员来说，强烈的第一印象对于建立一个有利的锚定点是很重要的，这样消费者才能从一个更有利的角度来解释后续的体验。

三、决策取景和心理核算

1. 决策取景

决策取景是将各种不同的选择展示给决策者的方式。例如，一款 200 美元的手机放在一组 400 美元的手机中可能显得不那么昂贵，但把它和 50 美元的手机放在一组，那么它就会显得昂贵。

我们可在比较性的广告中发现决策取景的效应：一个品牌会把自己最好的一部分和另一品牌较差的部分进行对比；在定价方面，用标单价的方式使商品看起来没那么昂贵；在产品信息方面，更大的数目看起来更讨人喜欢，如 24 个月的保质期看起来比 2 年的保质期显得更长一些。

营销人员能以非常巧妙的方式利用决策取景效应。例如，为了推广环保型汽车，大众汽车瑞典分公司曾把一副巨大的钢琴键盘装饰在斯德哥尔摩地铁站出口电梯旁的台阶上，结果步行上楼的人数上升了 66%，而在 YouTube（油管）上的一个相关视频中，大众汽车的标志被巧妙地捕捉到，而此视频的点击率超过 2000 万次。

2. 心理核算

心理核算也被称为心理账户，有研究人员发现，消费者在支配他们的资金时，会使用心理核算。心理核算是指消费者对决策选择的财务结果进行编码、分类和评估所采用的方法。它是对资金或有价值的东西进行分类的倾向，即使这种分类并没有逻辑根据。例如，一些人会把他们的存款分别存入几个账户来满足不同的目的，尽管任何账户的资金都可以用于所有目的。

考虑下面两个场景。

①假设你花 50 元买了一张电影票。当你到达电影院时才发现票丢了。你决定再买

一张。

②假设你决定去电影院门口买一张电影票。当你到达电影院时，才发现你在途中丢了50元。你决定无论如何都要再买一张票。

你更有可能选择哪种做法？

大多数人选择第二个场景。虽然在两种情况下，你损失的同样是50元，但第一种情况下，在心理上你已经准备花50元去看一场电影，再买一张票就超出了你对电影的心理预算。而在第二种情况下，丢失的钱没有用于购买任何物品，所以，花50元购票并没有超出你对电影的心理预算。

心理核算在营销中有许多应用。根据芝加哥大学的塞勒的观点，心理核算基于一组核心原则。

①消费者倾向于把获益进行分割。当卖方拥有一项具有多个正面属性的产品时，让消费者分别评估每个属性是可取的办法。例如，列举出一项大型工业产品的多重优点，可以使各部分的合计价值看起来大于整体价值。

②消费者倾向于把损失进行合并。如果产品的成本可以附加到另一项较大的购买中，营销人员出售该产品时就会具有明显的优势。例如，房屋本身的价格已经比较高，对额外的支出项目购房者比较容易接受。

③消费者倾向于将更小的损失与更大的获益进行合并。"抓大放小"原则可以解释为什么一次性缴付大笔税金比每月从工资中扣税的方式更令人敏感，因为数额较小的扣税能够被数额较大的工资所掩盖。

④消费者倾向把小的收益从大的损失中分割出来。"苦中有乐"原则可以解释为什么购买汽车等大额消费品时的小额折扣会如此普遍。

第三章　新零售定价

【本章导读】

本章主要学习新零售的定价，首先介绍新零售及其基本框架，充分理解新零售中人、货、场之间的关系以及相关的营销理论；然后回顾定价理论，了解常见的定价模型和定价策略；最后学习新零售平台定价理论，分析数据驱动定价面临的问题。

第一节　新零售与新零售的基本框架

一、新零售概述

1. 新零售的内涵

阿里研究院在新零售研究报告中，将新零售定义为以消费者体验为中心的，以数据驱动的泛零售形态。

小米科技创始人雷军认为新零售的本质是线上零售和线下零售的融合，其主张用电商模式和技术来帮助线下零售业提高用户体验、提高效率，从而让更多质优价廉的产品走进千家万户。

新零售的核心要义在于推动线上与线下的一体化进程，使线上的互联网力量和线下的实体店终端形成真正意义上的合力，从而完成电商平台和实体零售店面在商业维度上的优化升级。同时，促成价格消费时代向价值消费时代的全面转型。

此外，有学者提出新零售就是"将零售数据化"。线上用户信息能以数据化形式呈现，而传统线下用户数据数字化难度较大。目前，在人工智能深度学习的帮助下，视频用户行为分析技术能在线下门店进行用户进店路径抓取、货架前交互行为分析等数字化转化，形成用户标签，并结合线上数据优化用户画像，同时可进行异常行为警报等辅助管理。

尽管对新零售的理解与阐述各有差异，但总的来说，新零售的内涵是通过线上与线下融合的形式，获取全方位的数据，从消费者（体验）的角度，提升零售效率。新零售可总结为"线上＋线下＋物流，其核心是以消费者为中心的会员、支付、库存、服务等方面数据的全面打通"。

2. 新零售的发展动因

一方面，经过近年来的全速发展，传统电商由于互联网和移动互联网终端大范围普及所带来的用户增长及流量红利正逐渐萎缩，传统电商所面临的增长瓶颈开始显现。国家统计局的数据显示：全国线上零售额在2014—2021年保持了至少14%的年增长率，最高时达到39%。然而，到2022年，这一增长率锐减至4%，2023年1—9月，同比也仅增长了4%，低于同期GDP增速。此外，"双11"交易额从2020年的4982亿元，到2021年的6000亿元，再到2022年的5571亿元，2023年仅为3105亿元。根据艾瑞咨询的预测：国内网购增速的放缓仍将以每年下降8～10个百分点的趋势延续。传统电商发展的天花板已经依稀可见，对于电商企业而言，唯有变革才有出路。

另一方面，传统的线上电商从诞生之日起就存在着明显短板，线上购物的体验始终不及线下购物是不争的事实。相对于线下实体店给顾客提供商品或服务时所具备的可视性、可听性、可触性、可感性、可用性等直观属性，线上电商始终没有找到能够提供真实场景和良好购物体验的现实路径。因此，其在用户的消费体验方面要远逊于实体店面。不能满足人民日益增长的对高品质、异质化、体验式消费的需求将成为阻碍传统线上电商企业实现可持续发展的"硬伤"。特别是在我国居民人均可支配收入不断提高的情况下，人们对购物的关注点已经不再局限于价格低廉等线上电商曾经引以为傲的优势方面，而是越发注重对消费过程的体验和感受。因此，探索运用新零售模式来启动消费购物体验的升级，推进消费购物方式的变革，构建零售业的全渠道生态格局，必将成为传统电子商务企业实现自我创新发展的又一次有益尝试。

3. 新零售的特征

（1）新零售主要表现为线上与线下的融合。

从O2O（线上到线下模式）到O in O（线下互联网度假社区）再到OMO（行业平台型商业模式），关于线上与线下的融合方式一直在演进。无论是线上的电商巨头，还是线下的实体零售企业，都在积极地推进线上与线下融合的进程。例如，阿里巴巴构建菜鸟网络，投资苏宁、银泰、百联、三江、日日顺等线下公司；京东也入股永辉超市、沃尔玛，并致力于构建"百万便利店"。再如，盒马鲜生采用的是"线上电商＋线下门店"的经营模式，门店承载的功能较传统零售门店进一步增加，集"生鲜超市、餐饮体验、线上业务仓储"三大功能于一身，使该模式在两个维度上进行了创新。

①零售与餐饮相结合，消费者购买的生鲜可在餐饮区直接加工，不仅提高了转化率，还优化了线下体验。

②线上订单通过门店的自动化物流体系实现配送。门店配送的难点在于店内分拣，

传统超市要推行这一业务难度较大，而盒马鲜生通过电子标签、自动化合流区等新技术解决了这一难题。由于电商业务共享了线下门店仓储配送体系，仓储成本更低，且通过门店配送给周边客户，时效性也更强。其在经营特征上实现了控货和数据获取（仅支持支付宝支付），新技术的采用也提升了效率，属于典型的新零售公司。

（2）数据是新零售的基础。

新零售是在数据化的基础上，进行高效率的供需匹配。新零售的数据化是全方位、全产业链的数据化，不仅要做好顾客的数据化，还需要实现上游供应的数据化。正因为如此，数据也成为企业的重要资产。线上电商企业在数据获取、数据分析方面具有一定的优势，而线下企业直接接触顾客，在顾客体验上有一定的优势。将供应数据化，实现溯源与监控，有助于掌控产品质量；将顾客数据化，通过数据分析创新服务，有助于提升顾客体验，这两个方面的融合，将引爆新零售的增长。

（3）新零售的逻辑是从消费者入手，提升零售效率。

新零售所处的背景是产品极为丰富，消费者的个性极强。传统零售模式从生产和产品角度的销售逻辑已经不能适应当前的形势，亟需以消费者为中心的营销创新。新零售正是通过分析相关数据，发掘消费者的潜在需要，并据此提升消费者的体验。

二、新零售的基本框架

对于新零售，我们可以结合图3-1去理解。

（1）无论是新零售还是传统零售，都离不开人、货、场这三个要素。只是在不同的技术环境下，侧重点略有不同而已。在电商出现之前，传统的线下零售更注重零售的"场"，一切都围绕着场经营，精心设计"场"的选址、"场"的定位、"场"的布局等，很少关注商品和消费者。而新零售则是要融合线上和线下的渠道，放大和创新人、货、场三要素之间的互动关系。在人的方面，基于消费数据进行顾客画像，有助于了解顾客的深层次需求；在商品的生产研发方面，基于用户需求的C2M（从消费者到生产者）的方式，真正实现了消费逆向牵引生产；在消费场景方面，线下实体店、直播、VR（虚拟现实技术）、移动端等都被用于创新消费场景。

（2）新零售的"新"主要体现在新业态、新人群、新品牌和新技术四个方面。

在业态方面，新零售注重线上与线下的融合，线上企业在数据获取和分析上比较强，而线下企业在物流供应链效率方面比较强，线上线下的融合与借力，将会大大提高资源的利用率，同时也是发展的必然趋势。例如，通过微博和朋友圈等社交平台的转发而刷屏的"喜茶"，依靠"排队时间长达3小时"等热门话题，把人流从线上领到了线下；在"餐饮＋零售"的基础上，永辉超市与京东深入合作，实现线上与线下的

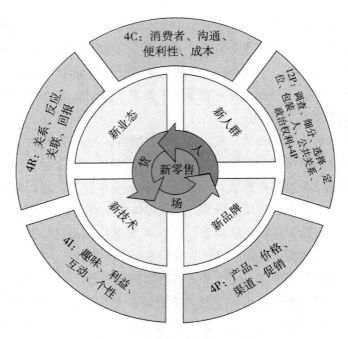

图3-1 新零售的研究框架

融合。阿里与百联集团的战略合作，京东与永辉、沃尔玛的战略合作，电商巨头与商超巨头的强强合作，既是各自战略布局的需要，也是行业的发展趋势。

在人群方面，新零售不仅需要新兴的消费人群，还需要新型的从业者。新兴的中产阶级，为新零售创造了广阔的线上与线下市场。面临这些市场，新零售的经营者也需要对客户服务与业务创新有较深刻的认识，才能实现企业的持续增长，如 Today 便利店成功的重要原因之一就是拥有高质量的管理人才。

在品牌方面，通过品牌建立顾客的忠诚，如"花粉""米粉""果粉"，能实现销售与品牌间的相互促进。例如，小米品牌建立以后，小米之家除了销售手机，还销售小米的其他一系列产品，线上的品牌也同时支撑着线下零售的活力，收获了大批忠实的消费者。

在技术方面，需要用大数据、物联网、云计算、区块链、人工智能等新技术为新零售赋能，优化新零售的流程与业务，降低成本、提升效率。例如，利用大数据实现精准营销与价格定制化，用传感器和物联网精准感知人群到店后的行动轨迹，根据分析结果优化门店的陈列和运营以提升顾客体验。

（3）营销理论 4P→12P→4C→4R→4I 的发展趋势，也给出了发展新零售应该注意的内容。4P 和 12P 以企业和产品为中心，4C 以顾客为中心，4R 强调企业与顾客之间的关系，4I 突出企业与顾客之间的互动。

①以产品为核心的营销理论。美国西北大学营销学教授理查德·克鲁维将营销变量归纳为四个，即产品（Product）、价格（Price）、分销（Distribution）、促销（Promotion）。随后，克鲁维的学生，密歇根大学教授杰瑞·麦卡锡在其1960年出版的《基础营销学》（*Basic Marketing*）一书中进一步提出了4P理论框架。

20世纪50年代初以来，市场营销理论一直在实践中不断丰富和发展。以4P营销组合理论为基础，先后出现了6P理论、10P理论、11P理论和12P理论。

a. 4P营销策略包括Product（产品）、Price（价格）、Place（渠道）和Promotion（促销）。

b. 6P营销策略是在4P营销策略的基础上增加了Political Power（政治权力）和Public Relations（公共关系）。

c. 10P营销策略是在6P营销策略的基础上增加了市场调查（Probing）、市场细分（Partitioning）、目标市场选择（Prioritizing）和市场定位（Positioning）。

d. 11P营销策略是在10P营销策略的基础上增加了人（People）。

e. 12P营销策略是在11P营销策略的基础上增加了包装（Packaging）。

②以顾客为中心的营销理论。4Cs营销理论（The Marketing Theory of 4Cs），也称4C营销理论，是由美国营销专家劳特朋教授在1990年提出的，与传统营销的4P相对应。它以消费者需求为导向，重新设定了市场营销组合的四个基本要素，即消费者（Customer）、成本（Cost）、便利（Convenience）和沟通（Communication）。它强调企业应该把追求顾客满意放在第一位，其次是努力降低顾客的购买成本，然后要充分注意到顾客购买过程中的便利性，而不是从企业的角度决定销售渠道策略，最后还应以消费者为中心实施有效的营销沟通。

③强调关系的营销理论。4R营销理论是由美国学者唐·舒尔茨在4C营销理论的基础上提出的新营销理论。4R分别指代Relevance（关联）、Reaction（反应）、Relationship（关系）和Reward（回报）。该营销理论认为，随着市场的发展，企业需要从更高层次上以更有效的方式在企业与顾客之间建立起有别于传统的新型主动性关系。

4R营销理论的最大特点是以竞争为导向，在新的层次上概括了营销的新框架。4R营销理论根据市场不断成熟和竞争日趋激烈的形势，着眼于企业与顾客互动与双赢，不仅积极地适应顾客的需求，而且主动地创造需求，运用优化和系统的思想去整合营销，通过关联、关系、反应等形式与客户形成独特的关系，把企业与客户联系在一起，形成竞争优势。4R营销理论是营销理论的创新与发展，必将对营销实践产生积极而重要的影响。

④强调互动的营销理论。4Is营销理论是指清华、北大总裁班授课专家刘东明提出的社会化媒体营销的"趣味（Interesting）、利益（Interests）、互动（Interaction）和个

性化（Individuality）"这四个原则。4Is营销理论不仅是电商社会化媒体营销的实施理论基础，更是电商营销的突围方向，帮助企业强化营销深度。

a. 趣味。互联网产品的"娱乐"性，主要以充满趣味的文字、图片和视频展现内容，枯燥、官方的话题已经逐渐被网民摒弃，缺乏趣味性的话题，网友更是敬而远之，不被转发分享的传播内容将不再有营销价值。

b. 利益。利益是给企业社会化媒体粉丝关注和分享的理由，也是刺激信息交互的催化剂，无论是话题还是活动，都需要深入网友内心。企业通常以策划活动或话题投票的方式给粉丝带去利益，主要包括物质和精神两个方面，即能满足其内心需求的事物。比如，天猫新浪微博会定期发送商家的促销信息和优惠活动。

c. 互动。与传统广告相比，互动是社会化媒体营销的最大特性，企业可以通过平台与目标用户直接对话，及时回复反馈的问题，且能够感知到用户对企业的评价和好感度。互动是企业进入用户内心世界的桥梁，也是赢得用户信任的必经之路。

d. 个性化。作为自营媒体，社会化媒体具有生命力，是一个鲜活的个体，拥有自己的性格和态度。企业需要将自身的特点和文化，使用个性化的言语，摆脱惯用的模式，采用左脑思想，反其道而行之。

用一句话总结新零售的基本框架就是，新零售需要结合新的营销理论，从新业态、新人群、新品牌和新技术等维度，重新构建人、货、场的关系。

第二节　定价问题

一、什么是定价

定价就是制定价格，主要研究商品和服务的价格制定和变更的策略，以求得营销效果和最佳收益。那么什么是价格呢？价格是商品的交换价值在流通过程中所取得的转化形式，是一项以货币为表现形式，为商品、服务及资产所订立的价值数字。或者说，价格是价值的表现。

在微观经济学中，资源在供需双方重新分配的过程中，价格是重要的变数之一。

在现代社会的日常应用之中，价格一般指进行交易时，买方需要付出的代价或付款的多少。

在现代市场经济学中，价格是由供给与需求之间的互相影响、平衡产生的。

在古典经济学以及马克思主义经济学中，价格是对商品的内在价值的外在体现。

那什么又是价值呢？价值，泛指客体对于主体表现出来的积极意义和有用性。可视为能够公正且适当反映商品、服务或金钱等值的总额。

在经济学中，价值是商品的一个重要性质，它代表该商品在交换中能够交换得到其他商品的多少，价值通常通过货币来衡量，称为价格。这种观点中的价值，其实是交换价值的表现。

马克思政治经济学认为："价值"就是凝结在商品中无差别的人类劳动，即产品价值。价值是价格的基础，价格是价值的表现形式。价值决定价格，价格围绕价值上下波动。德国哲学家尼采曾说过："一件东西的价值有时并不取决于人们的收益，却取决于人们的付出——取决于你为它付出了多大的代价。"

二、定价的影响因素

在我们的生命当中，水、阳光、空气是人类离不开的，如果离开了水、阳光、空气，人类将无法生存，如果人类离开了钻石，并不会死亡，但是为什么没有对空气、阳光定价，而钻石却比水贵得多呢？

这其实是定价的影响因素问题，在复杂的现实商业世界中，定价的影响因素主要分为内部因素和外部因素两大类。其中内部因素主要包括企业目标、营销组合、成本因素等，外部因素主要包括市场与需求特性、竞争、宏观政治环境、经济环境等。

1. 内部因素——企业目标

对于不同的企业目标，定价的方式也各不相同。

①以生存为目标的企业，会制定低价以补偿变动成本和固定成本，求得企业在行业内经营下去。

②以快速获益（市场撇脂）为目标的企业，会通过高价快速获得收益。

③以市场份额领先为目标的企业，会尽可能制定低价，以达到市场份额领先的地位。

④以产品质量领先为目标的企业，会制定高价格以补偿高品质和研发的成本支出。

2. 内部因素——营销组合

从4P到12P，从4C、4R再到4I，在不同的营销理念下，价格所起到的作用各不相同，定价方式也各有差异。4P和12P以企业和产品为中心制定营销策略，4C以顾客为中心，4R强调企业与顾客之间的关系，4I突出企业与顾客之间的互动。

①4P、12P营销理念下的价格主要包括基本价格、折扣价格、付款时间、借贷条件等。它是企业出售产品所追求的经济回报。

②4C营销理念以消费者能够接受的成本定价，即从消费者能够接受的心理价位去定价，先了解消费者为满足需要愿意付出多少成本，而不是先忙于给产品定价，但企

业不能过于被动，如果消费者认为产品价格过高，而企业又没有降低成本的途径，企业也不能完全遵循以消费者为中心的原则。

③4R营销理念认为，为了追求利润，企业必然实施低成本战略，充分考虑顾客愿意支付的成本，实现成本的最小化，并在此基础上获得更多的顾客份额，形成规模效益。这样一来，企业为顾客提供的产品和追求回报就会最终融合，相互促进，从而达到双赢的目的。

④4I营销理论下更加强调利益原则，这里的利益不仅指实质的金钱或物质利益，还包括信息和资讯、功能或服务、心理满足或者荣誉等。

3. 内部因素——成本因素、规模经济

定价成本是定价生产成本的简称，是制定价格所依据的生产成本。它作为补偿价值的货币表现，必须反映商品生产过程中必要的物质消耗和劳动者的劳动消耗。

规模经济（Economy of Scale）又称"规模利益"（Scale Merit），指在一定科技水平下生产能力的扩大，使长期平均成本下降的趋势，即长期费用曲线呈下降趋势。规模指的是生产的批量，具体有两种情况：一种是生产设备条件不变，即生产能力不变情况下的生产批量变化；另一种是生产设备条件变化，即生产能力变化时的生产批量变化。规模经济概念中的规模指的是后者，即伴随着生产能力扩大而出现的生产批量的扩大，而经济则含有节省、效益、好处的意思。按照《新帕尔格雷夫经济学大辞典》的解释，规模经济指的是：给定技术的条件下（指没有技术变化），对于某一产品（无论是单一产品还是复合产品），如果在某些产量范围内平均成本是下降（或上升）的话，我们就认为存在着规模经济（或不经济）。同边际效益一样，在某一区域里才满足此规模经济性。具体表现为"长期平均成本曲线"向下倾斜，从这种意义上说，长期平均成本曲线便是规模曲线，长期平均成本曲线上的最低点就是"最小最佳规模"（Minimum Optimal Scale）。

在定价过程中，成本是影响价格的重要因素之一，尤其是在成本加成定价策略下，既要考虑企业日常开销、管理者的薪资、租金等固定成本，也要考虑原材料成本等其他随产量变化的可变成本，通过规模经济优化企业的产量与价格。

4. 外部因素——市场和需求

除内部因素外，市场的特征也会影响企业的定价策略。企业定价的"自由程度"，首先取决于市场竞争格局。处于不同市场类型的企业，在定价时所考虑的因素也是不同的，每种市场类型的性质都直接影响该市场中企业的定价决策。在完全竞争市场上有很多卖家和很多买家，他们对价格的影响都非常小；在垄断竞争市场上，买家和卖家会在一系列的价格下进行交易；在寡头垄断市场上，仅有少数的卖家，他们对彼此的价格和营销策略都非常敏感；而在完全垄断市场上，仅有单一卖家，它对价格具有

决定权，一般认为该卖家可以通过高价获得垄断收益。

市场需求对企业产品的定价有着重要的影响，不同企业生产的不同产品在投放市场时，面临的一个共同问题是需要关注价格对消费者需求的影响。经济学原理告诉我们，如果其他因素保持不变，消费者对某一商品需求量的变化与这一商品价格变化的方向相反，如果商品的价格下跌，需求量就会上升；如果商品的价格上涨，需求量就相应下降。

5. 外部因素——竞争与其他

一般而言，企业在制定价格时，会有一个价格上限和一个价格下限，价格上限取决于消费者的感知价值，价格下限取决于企业的产品成本。当价格低于价格下限时，企业无利可图；当价格高于价格上限时，企业无法实现产品销售。

在竞争性的市场中，几乎每种产品都有或多或少的竞争者，企业在进行定价决策时，也需要参考其竞争对手的价格。

竞争者的营销战略包括竞争者提供的产品及服务、价格策略及其变动、促销手段等诸多内容，无论哪一项发生变化都会对企业的定价策略产生影响。企业必须采取适当的方式，了解竞争者所提供产品的质量、价格及对手的实力等信息。

此外，国家的政策法规和经济环境的大趋势，也会对企业的定价产生一定的影响。

三、常见的定价策略

常见的定价策略主要有撇脂定价策略、渗透定价策略和满意定价策略等。

1. 撇脂定价策略

撇脂定价策略，也称高价策略，其适用于：市场有足够的购买者，其需求缺乏弹性，高价格造成的产销量减少对利润影响很小；独家经营，无竞争者或通过高价塑造高档产品形象的情形。例如，苹果公司 iPod 的定价就是成功运用撇脂策略的典范，第一款 iPod 零售价高达 399 美元，即使对于美国人来说，也属于高价位产品，但是有很多"苹果迷"纷纷购买；苹果公司通过分析发现从"果粉"还可以"撇到更多的脂"，于是不到半年又推出了一款容量更大的 iPod，定价 499 美元，仍然销路很好，苹果的撇脂定价策略也大获成功。

撇脂定价策略具有一定的使用条件，主要包括以下几项：

①市场上存在一批购买力很强并且对价格不敏感的消费者；

②这样的消费者的数量足够多，企业有厚利可图；

③暂时没有竞争对手推出同样的产品，本企业的产品具有明显的差别化优势；

④当有竞争对手加入时，本企业有能力转换定价方法，通过提高性价比来提高竞

争力；

⑤本企业的品牌在市场上有传统的影响力。

在上述条件具备的情况下，企业就可以采取撇脂定价策略。

2. 渗透定价策略

渗透定价策略，也称低价定价策略，主要适用于市场需求对价格极为敏感，产品的边际生产成本随产量下降显著，低价格不会引发激烈价格战的情形。还是以苹果公司为例，iPod 最初采取撇脂定价法取得成功后，苹果公司就根据外部环境的变化，主动改变了定价方法，在 2004 年推出了 iPodshuffle，这是一款大众化产品，价格降低到 99 美元一台。之所以在这个时候推出大众化产品，一方面，因为市场容量已经很大，占据低端市场也能获得大量利润；另一方面，因为竞争对手也推出了类似产品，苹果急需推出低价格产品来抗衡，但是原来的高价格产品并没有退出市场，只是略微降低了价格，但苹果公司在产品线的结构上改变了原来只有高端产品的格局。苹果的 iPod 产品在几年中的价格变化也成为撇脂定价和渗透定价交互运用的典范。

3. 满意定价策略

满意定价策略，也称折中定价策略，适用于需要兼顾生产企业、购买者和中间商等多主体利益、需求价格弹性较小的商品。

满意定价策略的优点是：产品价格能较快地为消费者接受，消费者比较满意，不会引起竞争者的对抗；可以延长产品的市场寿命周期，不像撇脂定价策略那样很快就要降价，甚至被淘汰；为企业对产品稳定调价奠定了基础，因为产品一上市就在价格上得到了消费者的好感，因此有利于树立一定的信誉。同时，由于价格定得不太高，以后调高价格消费者也容易接受。

4. 竞争态势下的定价策略

除了上述三种常见的定价策略外，还有一种定价策略是通过降低价格，减少行业投资价值，提高市场进入壁垒，使行业外的企业没有兴趣进入本行业，从而维持本企业在行业内的领先地位。如果行业外企业贸然进入这样的行业，就会有非常大的经营风险，由于规模上不来而无法盈利。在中国，格兰仕公司是这种定价战略最典型的实施者。由于我国家电业的产量过剩、重复建设严重，再加上国有企业的退出机制不完善，竞争普遍非理性。所以，格兰仕把经营安全放在第一位，利润放在第二位，通过低价格战略，主动降低行业平均毛利率，以降低盈利水平来保护自己安全盈利。格兰仕的价格战是自觉发动的，其以全球制造的巨大规模经济性作为基础；打价格战的理念也很明确：生存安全高于短期利润。所以决心大，行动果断，还能持续。由于微波炉市场明显容不下两个格兰仕，所以，格兰仕的低价格战略取得了预想的成功。

如果领导型企业拥有技术优势、垄断性地位或者其他优势，有能力依靠这些优势打败敢于挑战的竞争对手，就没有必要采用低价格战略，而应该以高价格来获取高额利润。思科公司在路由器市场占有大量市场份额，其网络产品技术是领先的，客户由于担心不同企业产品之间的通信障碍，往往愿意购买思科产品。依托这种巨大的优势，思科长期推行高定价战略，思科最受欢迎的产品即使扣除了 20% ~ 25% 的折扣，其价格依然比对手同类产品高，思科产品利润率长期保持在 50% 以上，有时甚至达到 70%。如此高的利润自然会吸引强有力的公司进入这个行业，而且思科的高价格、高利润策略为这些企业提供了现成的进攻武器：低价格。例如，戴尔公司和中国的华为公司都以低价格战略占领思科的低端市场，致使思科虽然在高端市场仍然拥有不可动摇的优势，可以维持高价格战略，但是在低端市场，思科就必须做出抉择：是维持高价格战略而丧失部分低端市场份额，坐等竞争对手强大之后再来进攻自己的高端市场，还是以低价格战略反击竞争对手。这就是定价战略发挥作用的结果，而企业的抉择将决定自己和竞争对手在未来一段时期内的命运。

5. 挑战定价

市场中的二线品牌或者新进入者在实力逊色的情况下，要采取挑战者战略改变被动、落后的形势。挑战者战略的核心是：在总体实力不足的情况下，集中力量，争取在局部市场形成优势，通过局部市场的胜利，积小胜为大胜，提高自己的市场地位。价格战是挑战者最易使用，也最易在短期内见效的战略。因为新兴的企业在总体实力不足的情况下，要想从实力更强的竞争对手那里争取市场份额，就要努力打破秩序，而价格体系是现有秩序最主要的体现。

利用价格战，从领先的竞争对手那里挤占市场份额，虽然自己的利润也下降，但是可以通过销量的增加来争取总体利润的提高或者即使利润总量不能提高，也能够提高自己在市场中的地位，大幅削弱竞争对手的盈利能力，对弱势企业来说也是一个胜利。这就是弱势企业为什么频繁发动价格战的内在原因。前面提到的戴尔和华为进攻网络产品的低端市场就是这种战略的体现。

领导型企业为了维护既得利益，一般不会率先采取降价手段，但是弱势企业没有这种顾虑，其也不用担心发动价格战影响品牌形象。20 世纪 70 年代初期，日本存储芯片制造企业为了打击最主要的竞争对手——英特尔公司，采取的定价策略是：无论英特尔的产品价格如何，日本企业的产品价格都比英特尔产品的价格低 10% ~ 15%。这个定价战略迫使英特尔公司放弃了存储芯片的生产，转而进入微处理器领域。如果弱势企业发动价格战的时机恰好在行业出现拐点时，如行业刚刚进入成长期，那价格战的威力会非常大。20 世纪 90 年代，联想发动的价格战和长虹发动的价格战，都是处于各自行业的拐点，市场的大众化阶段刚开始，所以联想和长虹都曾一跃成为行业内市场份额第一的企业。

四、常见的定价模型

当企业以增加盈利作为其定价目标时，应采用最大盈利定价法，此时应以最大盈利作为其决策的目标函数；当企业以扩大销售额及提高市场占有率为目标时，应采取较低价格定价法，此时应以销售额或市场占有率作为其决策的目标函数。以下是三种较为简单易用的定价模型。

1. 西蒙模型

赫尔曼·西蒙于 1979 年提出了一个与品牌生命周期相关联的价格弹性动态模型。假定 Qit 为 t 时品牌 i 的销售量；Cit 为 t 时品牌 i 与市场上所有其他品牌的价格差异效应（也就是交叉弹性效应）；Bit 为 t 时品牌 i 的纯粹价格效应；Ait 为非价格因素对 t 时品牌 i 的遗留和废弃效应，那么，动态销售反应模型就可表述为 $Qit = Ait + Bit + Cit$，Ait 反映了由于广告反应滞后和销售变量滞后而引起的生命周期废弃因素和遗留效应的组合情况。Bit 反映了销售量与纯粹价格水平的关系。西蒙假设两者之间存在着线性关系，即 $Bit = bPit$，式中，$b < 0$；Pit 为 t 时品牌 i 的价格。Cit 反映了品牌 i 与市场上所有其他品牌的价格差异对品牌 i 销售的影响。最理想的效应是：当价格差异较小时，销售反应比例小；当价格差异大时，销售反应比例大。所谓价格差异，是指品牌 i 的价格与市场上所有品牌价格平均值之间的差额。西蒙的研究发现对于企业根据价格弹性的变化制定最优定价政策具有重要意义。

2. 拉奥–夏昆模型

拉奥和夏昆于 1972 年提出了关于新品牌进入市场的价格模型。该模型既充分考虑到了市场结构，又考虑到了在实现价格战略过程中的企业品牌目标和竞争者目标。拉奥–夏昆模型是建立在如下假设基础上的：①仅考虑同质顾客群体；②顾客群体中某一成员愿意支付的最低价格为呈对数正态分布的随机变量，且均值为 μ，方差为 δ^2；③对每个顾客来说，存在一个固定的对数价格尺度，其间距为 α，它标志着顾客可接受价格的幅度，顾客群体中某一成员愿意支付的最高价格也是对数正态分布的随机变量，且均值为 $(\mu + \alpha)$，方差为 δ^2。

3. 多兰–朱兰德模型

多兰和朱兰德于 1981 年提出了将成本动态和扩散过程动态考虑在内的最优价格模型。他们分别对静态需求和动态需求情况下的最优价格问题进行了研究。多兰–朱兰德模型反映了在计划期内最优价格的时间轨迹，对于创新企业在激烈竞争中灵活选择渗透战略和撇脂战略具有重要的启示，即当需求曲线随时间的推移呈稳定状态（无扩散）且生产成本随累计价值的增加而下降时，采取撇脂战略（即先高价后低价）为最优选择；在以扩散过程为特征的耐用品需求情况下，采取渗透战略（即以低价格、低成本进入市场）为最优选择。

第三节　新零售平台定价

一、新零售与平台经济

新零售主要表现为线上与线下的融合，通过信息技术整合供需双方的数据，利用平台化的运作方式提升供需匹配效率，也是平台经济的现实应用。

所谓平台经济，是指在一种虚拟或真实的交易场所中，平台本身不生产产品，而是以促成双方或多方供求之间的交易，收取恰当的费用或赚取差价来获得收益的一种商业模式。

新零售的平台经济模式与以往线性的工业经济模式有显著的差异，通过平台，经济体系中的各个主体可以更方便快捷地实现信息沟通，实现资源的共享与高效利用。

二、平台定价的基本问题

基于对新零售与平台经济特征的分析，我们提炼出新零售定价的核心问题：一是向谁定价；二是如何定价。

在向谁定价方面，新零售平台可以向卖方定价，也可以向买方定价，至于如何决策，需要具体问题具体分析。

在如何定价方面，定价模式逐渐由基于范式的传统定价决策向基于数据的定价决策转变。

以滴滴平台的定价策略为例，滴滴平台早期通过向出行用户和司机用户进行补贴，吸引了大量的平台用户。现在的定价主要是针对出行用户，即服务的需求方。在如何定价方面，滴滴平台基于实时位置数据，聚合了大量的出行需求和服务供给数据，并根据出行服务的供需情况，动态地制定出行服务的价格。

三、数据驱动的精准定价

数据驱动的精准营销定价策略，主要包括基于消费者购买时间的定价、基于消费者特征的定价、基于产品信息透明度的定价和基于产品部分的定价四种。

这些定价策略，既考虑了传统的定价影响因素，也增加了数据驱动的部分。

1. 基于消费者购买时间的定价——航空公司定价

机票的价格是时时变化的，即使同样的舱位，由于购票时间不同，机票的价格也可能有很大的差异。对于未销售出去的座位，每多销售一个座位，收益约等于机票价格，航空公司为此增加的成本却几乎可以忽略。因此，航空公司会努力把所有座位都销售出去，并且对每个座位都以尽可能高的价格售出。在整个机票的销售过程中，航空公司根据需求和销售情况实时调整机票价格也就理所当然。所以出行用户在携程、去哪儿等 OTA（在线旅行社）上也会出现反复订票不成功的情况。乘客能在搜索结果页面看到的低价机票，到了支付页面，就变成了高价票，甚至不同时段多次尝试都获得一样的结果。

那么，作为普通用户该如何购买呢？针对航空公司的动态定价，专业人士给出了这样的购买建议。

①淡季出行：提前一个星期订票，价格一般都在 2~3 折，不用担心价格变化快。

②寒暑假出行：算好学生开始放假和即将开学的这几天，除此之外，其他时间价格不会太贵。

③旺季出行：国庆、春节等假期，建议提早 1 个月以上订票，有折扣就订不用等，越等价格越贵。

2. 基于消费者特征的定价

2018 年中新网上一篇题为"购买优酷视频会员服务 苹果手机用户要比安卓贵近50%"的报道，将苹果与第三方软件间的关系推向了舆论的风口浪尖。以优酷 VIP 会员为例，两种操作系统上的价格对比如图 3-2 所示。可以看到，苹果手机上视频会员的价格普遍高于安卓手机，当然，造成这种情形的原因是多方面的。后续有报道显示，出行、听书等许多行业的服务软件都存在类似的基于用户手机品牌进行差别定价的情况。

如果不考虑隐私与道德等问题，单纯从技术层面，随着对用户数据的进一步收集，消费者的特征会更加精细，基于消费者特征的定价也会更加精准。

3. 基于产品信息透明度的定价

一般的定价都是销售方对产品和服务进行定价。随着技术手段的发展，需求方根据自身的价值判断，对产品或服务进行"千人千面"的定价也成为可能。Priceline 公司的 NYOP（客户自我定价系统）业务就属于这样的需求方定价模式。Priceline 公司作为服务集成商，也因其 NYOP 业务取得了巨大成功，成为行业翘楚。以酒店预订为例，Priceline 公司的 NYOP 业务主要由四个核心步骤构成，详细流程如图 3-3 所示，详见Priceline 公司的官网。

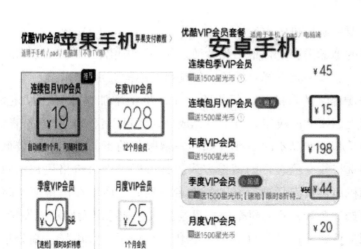

图 3 - 2　两种操作系统上的价格对比

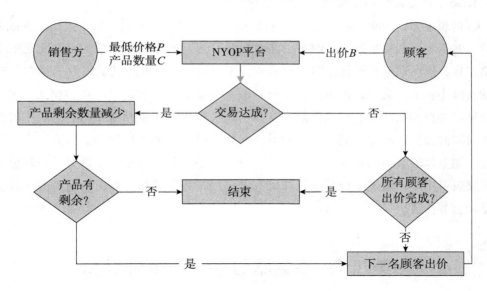

图 3 - 3　Priceline 公司的 NYOP 业务流程

一方面，销售方设定最低成交价格，但不是最终成交价格；另一方面，需求方给出愿意支付的价格，称为报价或出价，当报价大于最低成交价格时，就可以达成交易。出价与最低成交价格之间的差额就是平台的收益。当然，这种交易模式也会有漏洞，当需求方之间可以交流或存在重复博弈时，需求方的出价就会逐渐趋近于最低成交价格，使平台无利可图。Priceline 公司也通过不断引入不确定性来改进传统的 NYOP 模式。

德国之翼是欧洲著名的廉价航空公司，其推出了 BlindBooking 业务。与 NYOP 不同的是，在 BlindBooking 业务中，用户可以通过额外的支付降低产品的不透明度。

其具体的业务流程如下：

①用户需要明确航班的出发地。

②选择目的地的类型，包括阳光沙滩、派对、文化、购物、大都市、自然户外等，需要注意的是，这里不是选择目的地，仅是目的地的类别。

③选择需要排除的目的地，每排除一个，价格增加 5 欧元，设定好所有条件后，产品价格由以上因素共同决定，待支付完成后，就可以获得目的地的信息。

概率销售是根据产品不同属性（如同一款服装的不同颜色）以较低价格以及随机发货的方式将选择权交给客户的销售方式。其可以吸引对价格更加敏感，但又对购买目标产品的随机属性没有强烈偏好的消费者。例如，商场在出售商品时给消费者一个选择：消费者选颜色和样式的付全价；只选款式，颜色由卖家随机发货的，付折扣价。概率销售利用消费者在产品偏好上的差异化，实现了扩大市场、细分市场、差异化定价、弱化市场不确定影响、平衡供求、增加资源利用效率等作用。

4. 基于产品部分的定价

吉列剃须刀在 1895 年发明了一种特别的商业模式。简单说，就是把商品拆成两个部分，实行不同的价格策略。例如，吉列剃须刀的刀架就是以很低的，甚至是赔本的价格出售，然后通过卖耗材，即刀片的收益来盈利，这种模式又被称为"诱饵模式"，消费者因为吞下了第一个诱饵，后来只好源源不断地给吉列送钱。这种模式后来有很多变种。如打印机和电子游戏机都是这样，低价出售打印机和游戏机，然后主要靠打印耗材和游戏软件赚取利润。互联网时代，这个模式被大大地发扬。因为互联网的便利性，加上风险资本的介入，企业开始普遍把产品和服务拆成两个部分：一部分主要是用来吸引用户，通过免费甚至是补贴，希望用户吞下诱饵，然后再通过另一部分的产品和服务挣钱。

第四节　数据驱动定价面临的问题

（1）大数据仅是一种思维方式和技术手段，在使用时也有其限制条件和适用范围。

首先，大数据在使用过程中，必须结合相应的语境（数据环境），脱离语境，大数据就会失去意义，如对 Twitter（推特）、Facebook（脸书）和其他社交媒介的数据进行分析，单从这种数据上，并不能得出完整的结论。其次，大数据作为一种思维模式，本身是客观的和科学的，但在大数据操作的过程中，不可避免地会增加主观的成分，从而影响大数据思维效果的发挥，如大数据由于非结构化特征明显，在使用前需要进行数据清洗，在数据清洗的过程中，决定哪些属性和哪些变量被计算就是具有明显主观特征的过程。

（2）更多的数据并不一定是更好的数据，大数据时代更需理解抽样的重要意义。

数据量的增加，并不一定能获取到更好的信息。曾经《文学文摘》杂志发放了一千万份问卷，来做美国大选的民意调查，却得到了一个巨大的"乌龙"，而盖洛普仅发放了一千份问卷，通过科学地设计调查对象，反而找出了民意的真实走向。数据量的增加，并不一定会带来数据质的提升，数据的量与质，从本质上没有直接的联系。大数据所呈现的是大量的数据资源，但所有这些资源也不能代表"总体"，只是特殊的子样本。以 Twitter 为例，作为大数据挖掘的热门资源，Twitter 拥有大量的用户，但 Twitter 用户也只是总体的子样本，况且它通过 API（应用程序编程接口）向公众开放的数据仅是碎片化的资料。因此，大数据并不等同于总体数据，在大数据时代更应该正确看待抽样的重要性，认识到大数据也仅是抽样，丢失了抽样科学性的大数据，数据量再大也是没有意义的。

（3）数据安全、隐私与数据开放等问题亟待解决。

正常情况下，数据的获取、整理是一件复杂、费时、费力的事，现有围绕大数据的研究，大多源于人们认为大数据提供了获取大量数据的简易方式，然而数据使用涉及的问题远比想象的复杂。尽管征求所有数据拥有者（数据产生者）的同意是不现实的，但数据的公共可得性也并不意味着它能够被任何人使用，网络数据的收集和分析往往也会影响研究对象的权利和福利，甚至存在伦理问题。谁能得到数据？在什么情况下得到数据？数据开放有没有限制条件，数据开放的程度是应该免费（Free），机器可读（Machine Readable）还是仅可获得（Available）？要解决以上这些问题，还有赖于政府从法律、法规层面上加以设计。

（4）数据的"贫富不均"问题需重视。

一方面，对数据的拥有本身就是不均衡的。尽管社交媒介研究数据的大量迸发表明大数据获取是直接的、容易的，但"只有社交媒介公司才真正拥有大数据，特别是交易数据"，这使系统内的研究者和系统外的研究者天生就存在数据资源上的"贫富不均"。另一方面，大数据技术所使用的 API 接口、数据抓取和分析技术需要使用者有较强的计算机背景，掌握相应的计算机技术才有可能拥有相关的数据。这在技术上也对数据的分配产生了影响，容易产生大数据富人（the Big Data Rich）和大数据穷人（the Big Data Poor）。

第四章　电商平台产品预售

【本章导读】

本章主要围绕新零售环境下电商平台的产品预售方式进行介绍，包括预售的产生、概念、实施方式以及对企业和消费者带来的影响等内容，让读者初步了解这种销售方式。基于互联网而产生的电子商务，近年来在技术的改进、基础设施建设和信用体系完善等方面逐渐成长壮大。这种发展为供应端到需求端链条上的参与者带来了哪些机遇？在管理方式上应做出哪些调整？

第一节　产品预售的相关界定

一、预售的提出

日益红火的网购市场给企业带来了无限商机。一方面，企业在独有的发展目标下设计、探索出自己独特的销售之道；另一方面，企业与各大电商平台联合打造迎合消费者诉求的营销方案与服务保障，在激烈的市场竞争中拓展自己的发展领域，稳固企业的运营根基。

在技术和消费需求的双重驱动下，零售业的全渠道生态格局将被重构，零售业将用新零售模式推进购物方式、消费体验的变革与升级。于是，在这样的重构与变革的道路上，零售业颠覆传统的销售模式、消费者的行为与偏好以及对中国新零售变革的推动作用，就非常值得被关注与探索。产品预售是这场颠覆传统的营销变革中十分有特色的销售模式，无论是在天猫"双11"、京东"618"这样的购物狂欢节中，还是在农产品从农场到餐桌的销售中，产品预售都展现出了巨大的潜力和不容忽视的重要作用。

举个简单的例子，天猫"双11"期间，从家电、珠宝到家居、日用、零食，预售商品几乎涵盖了所有类目，而且其以固定的价格售卖，不因购买人数的变化而发生变化。消费者可提前预付定金，享受定金抵扣一定金额的定金增值优惠，在"双11"当天支付尾款，支付尾款时也可以继续使用店铺优惠。另外，京东也有自己的预售规则，从产品定价来看，它会有不同的规定，京东的产品预售支持固定价格和阶梯价格两种定价方式，选择阶梯价格时，产品价格会根据购买人数的变化而发生变化，当预售期结束后，消费者能够看到最终的产品价格。

实际上，产品预售并不是电商平台独有的销售方式，早期的预售策略主要集中在服务行业，如航空、酒店等，后来也包括需求不确定性和资金占用率都很高的房地产行业。现在，随着经济和科技的发展，预售的运用范围日益扩大，高科技行业、潮流服饰行业等采用预售方式进行产品销售。

在简单了解电商平台中的产品预售后，结合新零售背景下的企业实践和产品预售的实施过程，给予产品预售一个清晰的定义：产品预售（Advance Selling）是指企业在产品正式进入消费市场之前或者促销活动正式开始之前实施的销售行为。

预售的核心在于，消费者先付定金，等待商家组织生产或者备货，之后再支付尾款，颠覆了传统电商的销售方式，形成了以需定产的C2B（消费者到企业）预售模式。

预售的方式引导消费者提前向企业告知自己的购买数量，直观看来，这种销售形式对于企业来说，有效改善市场需求的不确定性，通过对预售信息的收集提高销量的预测精度。实际上，企业在运营管理过程中，除了对销售数量的关注，最终还应更多地满足消费者需求。以下几点解释了随着技术的发展，消费端的需求发生了哪些变化，产品预售又将如何准确对接消费者需求：

第一，急需提升C端消费者的服务体验。

随着我国互联网的发展，经济、社会已进入全新发展阶段，产业进化的大幕已经拉开，5G（第五代移动通信技术）、物联网、人工智能等技术不断成熟，越来越多的企业开始利用技术提升竞争力，利用技术提升C端消费者的服务体验，借助技术实现生产与经营的降本增效。市场的增长从人口红利驱动转向创新驱动。

第二，营销模式从流量驱动转向口碑驱动。

第三，用户追求更高的生活品质和更好的服务体验。消费者除了追求优惠折扣带来的满足感，也开始追求个性化的产品设计。

第四，高质量、独具一格的定制化服务，能够带给消费者更多精神上的享受。

在这种背景下，产品要更贴近消费者需求，商品流通过程要透明，服务模式要创新，与用户的沟通要更及时。传统的商业模式依靠供需双方的信息不对称获利，未来，价值导向的商业模式将成为满足消费需求、实现产业创新的驱动力。预售方式，恰恰是一种以提升C端服务体验为目标，在新兴技术的支持下完成产品的定制、供应链高度集成优化的电商主流销售模式。

二、预售的成功营销案例

预售商品之所以能带给消费者低价优惠，主要是因为预售模式的集采特点，在产品还未正式销售，甚至还未生产之前，商家就能精准锁定消费者。因此商家可以通过集中采购减少成本，降低风险，并设定较低的产品定价。天猫"双11"、京东"618"等电商促销的大节日是新零售的试验田，产品预售正以一种颠覆传统电商销售的方式，在新零售生态构建中，发挥着重要作用。当然也有很多以C端驱动生产和销售的成功营销案例，这些案例如下。

1. 以预售促销为例

阿里巴巴集团旗下的淘宝2012年推出的"双11"预售十分火爆，引起了业界广泛关注并取得了耀眼的成绩。2018年天猫"双11"狂欢节，吸引了全球各大品牌加入，有超过18万个品牌参与，从天猫公布的数据看，最终有237个品牌的销售额破亿，在如此耀眼的销售战绩背后，产品预售期触发的流量功不可没。零售的本质是"人、场、货"，几百年来零售一直是以场为核心。选址的核心标准就是找到人流，人流越大销售量才可能越大。平台电商将销售场景从线下搬到线上，繁华街道的十字路口被购物App首页的推荐和搜索排名取代，但实际上"场"的逻辑本质没变。商家想要产品和企业获得更多曝光，就要多次、持续地吸引流量。"双11"提前20天的预售活动，延长了产品与消费者接触的曝光期，也更加快速、准确地将消费者单个需求聚集到一定规模，最终影响设计、生产、供货整个产品供应链，有效降低了商家生产成本和风险，最终降低了商品价格，同时也满足了消费者小众化的需求。这种消费者决定生产的C2B模式实现了消费者和商家的双赢。

2. 定制化预售

关于定制化预售，我们依旧以天猫对C2B预售模式的探索为例进行介绍。下面，我们通过三个小例子，去了解一下企业对定制化预售的成功应用。

可口可乐尝试用创意营销活动进行品牌建设，带动线上的销量。2017年"双11"期间，可口可乐借助一个带有录音功能的瓶子，吸引了大量粉丝。

这个瓶盖上长着小小鹿角的限量版可口可乐瓶不只有呆萌的外表，还会对你说甜言蜜语。它是一个宣称具备表白黑科技的带有录音功能的瓶子。这是一场打造独家记忆的活动，将一个可口可乐瓶变身"表白神器"，大受年轻消费者喜爱。

除了这个"鹿音瓶"，可口可乐还为天猫"双11"推出专属定制生产线，为天猫专供定制礼盒。定制礼盒口味包括蜜桃、柠檬、香草、经典原味，消费者根据自己喜爱的口味进行定制，自由搭配组合2瓶装和4瓶装礼盒，还可以用礼盒限定的贴纸，在礼盒上 DIY 自己的个性签名。这是可口可乐首次尝试电商 C2B 定制预售，这一次不是品牌定义消费者，而是消费者为自己代言，每位消费者都将拥有独一无二的专属定制体验。

另外，天猫还曾联合海尔发起 C2B 定制液晶电视，1 万台定制液晶电视，仅 48 小时就售罄，相当于一个线下电器连锁店半年的销量。从 2018 年开始，全球很多区域经济增长放缓、国内多个行业的市场需求增长乏力，企业依靠资本扩张的模式难以为继。企业需要积极适应新的市场环境，通过创新的形式谋求新的发展，根据市场、客户的需求进行大规模、柔性化、个性化定制。

产品预售在近年的网络销售中不断凸显其实践效果。2018 年天猫数据显示，当年天猫"双 11"预售期间新车的预订量接近 8 万辆，相当于 30 个 4S 店一年的销量。预售排行榜上，别克、上汽大众、林肯位居前三。天猫的新零售购车模式让消费者可以直接在天猫汽车线上下单，先支付预付款，车辆运输到指定提车门店后，消费者到店提车，在店内支付尾款即可。

除了标准车型，上汽大众旗舰店在"双 11"期间开展了凌渡的 C2B 定制预售业务，消费者可线上组合款式，快至 20 天提车。

3. 淘宝新开通的"聚土地"

小到一瓶可乐，大到一辆汽车，预售的定制化使产品更加贴近消费者需求，也是 C2B 的成功实践。另外一个预售的成功应用，就是在农业领域。除了大家熟知的阳澄湖大闸蟹、查干湖开湖鱼等产品预售营销活动，淘宝聚划算这个以预订发展起来的销售模块，将"订单农业"推到了新的高度，聚划算为了深度改造农产品供应链推出了新计划——聚土地。2019 年 7 月 22 日，距离"中国富硒稻米之乡"黑龙江方正县的稻米成熟还有 2 个多月，2 万亩黑土地上的肥沃稻田，已被全国消费者提前"承包"。这是聚土地的首期活动，来自黑龙江方正县、延寿县、北大荒七星农场、北大荒建三江基地等优质稻米产区的 2 万亩稻田正式开放预定，消费者可通过 1 元预售提前预订今秋新米，也可以购买月卡承包一整年的大米。等到稻米成熟，聚土地将协同地方政府，督促相关农场按照约定品质发货，最快 48 小时就能从农场到餐桌。目前，来自黑龙江、河南、江西、甘肃等省份的 20 个县域特色农产品产区，已加入聚土地。对于农户来说，借助平台对消费者的洞察，可以预测来年的市场需求，从而更好地指导种植。通过提前锁定市场需求，聚土地也帮助时令性的农产品率先获得市场订单。对于消费者来说，聚土地直接与合作社或农民合作，没有层层分销，给消费者带来新鲜的同时也有更优惠的价格。

聚划算这种将农产品规模化直供的平台，实施农产品应季销售，用规模化的集中售卖可以最大限度地减少农产品滞销的风险。通过探索智慧订单农业可以提前锁定季节性爆发需求并且深度改造农产品供应链。这种销售模式的实质是电商平台对农业的赋能，可以帮助农产品品牌深度孵化，在消费升级背景下带动农产品的特色化、品牌化和优质化发展。

以上以预售在促销中的应用、预售的定制化以及预售在农业中的应用为例，介绍了新零售环境下企业与电商平台通过预售这种销售方式开拓新市场的成功案例。不难发现，电商中的产品预售与传统的团购形式有本质上的区别，同样是满足消费者低价需求，团购是通过降低商家现有毛利实现，预售则是通过优化供应链来降低商品成本实现。越是复杂度高的供应链，企业越愿意、也越有优势通过预售方式争取消费者，提高市场占有率和产品的销售量。

三、产品预售与传统线上销售的比较

1. 产品预售的特征

预售方式下，商品交易和商品本身都具有独特性。在C2B预售模式下，商品交易具有以下特征。

①时间要求：交易在一个固定的时间区间内进行。

②价格组成：商品的价格一般由两部分组成——定金 + 尾款，消费者需要在预售活动进行期间先支付商品总价中的一部分作为定金，在活动结束后再支付尾款。

③定价规则：定价形式为固定价格或阶梯价格，其中阶梯价格是指商品价格会根据购买人数的变化分为三个阶梯，最终售价由购买人数决定。

④支付定金：消费者支付定金后，由于自身原因而导致交易失败的，定金不退还；消费者支付定金后，如因商家未按照约定时间发货而导致交易失败的，商家需要额外支付给消费者与定金同等数额的补偿金。

⑤退换货规则：一般来说，定制类预售商品不支持无理由退换货。

根据电商平台预售模式的特征，结合国内主流电商平台的预售产品的特点，可以发现预售商品总体上分为集采商品、稀缺商品以及个性化定制商品三类。具体又包括以下几种。

①新上市商品：这类商品，之前没有在任何其他线上、线下渠道销售过，可以通过产品预售进行推广或探市，如苹果和小米公司的新产品进行的产品预售活动。另外，还有一些商家用新产品的样品或设计图纸采集市场需求，订单达到一定量时再安排生产，预售就成了一种有效的探市方式。

②定制专款：这种方式是通过汇集消费者小众化的需求，进行定制化生产，如定制的礼品、家电等。

③稀缺限量商品：有影响力的商家限量发售的商品，且此款商品不再进行传统的现货销售，如限量的球鞋或手办等。

④当季时令商品：来自国内外原产地的生鲜产品，根据预售数量进行生产或采摘。

⑤进口商品：例如，一些海外直供的商品，商家根据预售数量统一进行采购，统一安排发货。

以上内容是关于预售方式下商品交易和商品特征的介绍，预售这种基于网络现货销售发展起来的销售方式值得我们关注，并应用于未来的企业运营管理中。

2. 电商平台的产品预售与传统的电商现货销售的差异

网络销售中的现货销售（Regular Selling）是一种为消费者提供快捷、即时的产品销售、订单处理及物流服务的销售方式，网络销售具有的特殊性使消费者和企业无须进行面对面的交易，通过高效的信息处理系统和物流处理系统等，就能为消费者提供更广阔的消费空间。不难发现，电商平台的产品现货销售服务特色，是以快速处理订单和安排物流为主，提前准备充分的库存，协调销售和物流过程，缩短产品从仓库到消费者手中的时间是其销售特色和宣传标志。随时随地进行线上购物，不仅为消费者免去了无法在线下某个商店找到心仪商品的烦恼，也为消费者延伸了选购范围，使其享受到一站式购物带来的便捷。

预售方式（Advance Selling）是以准确地获取市场需求信息和降低订单相关处理成本为主，相比传统现货销售方式的时效性，预售方式将支付与消费之间的分隔周期延长，提前发布产品销售信息并接受消费者订单或个性化产品的预订，协调生产和销售过程，确保了产品的可得性或为消费者提供个人属性强烈的产品。电商平台的产品预售是基于现货销售的成功探索而进行的创新突破，但它又颠覆了传统的现货销售形式，这种新模式彻底解决了余量库存难消化、多流量环节带来高损耗、长时间存放带来高额的冷储费用和损耗等诸多传统线上或线下渠道难以解决的问题。电商平台的产品预售，将现货销售中不确定的、零散的订单集中起来，准确地获取需求信息，实现产品的供需匹配。因此，预售的这种订单汇集，是它与传统电商的现货销售最大的不同。

预售时间，不仅是消费者的等待时间，也是企业在运营管理中充分发挥服务特色的时间。对于未上市的产品来说，消费者的提前预订，将给予企业资金的提前支持；对于一般性的促销产品来说，消费者的提前预订，将给予企业充足的处理时间，形成规模效应，进而实现降本增效；对于定制化的产品来说，消费者的提前预订，既给予企业关键灵感的启发，也更能贴近需求，实现按需生产。总的来说，随着科技的日益进步和市场经济的不断繁荣，产品更新换代的频率越发频繁。现货销售方式下产品的需求预测依靠历史数据，预售的实施是探测消费者和市场需求的重要方式，根据准确的需求信息实现了产品的供需匹配。预售方式的成功也被业内人士看作零售领域的新增长点，这种销售方式也影响了生产领域。

网络销售中主要的销售方式是现货销售，以满足消费者追求快捷、便利购物体验的需求，使网络销售拥有众多的消费群体。而产品预售为购物节、新产品发布预热提供了新捷径，让消费者避免缺货、网络拥堵等问题并享受一定的折扣优惠。预售的出现，不仅改变了消费者的购物方式和消费理念，也为企业开展定制化生产、集中化订单处理以及资金预先回流及降低运营风险创造了机会。现货销售和产品预售共同为零售市场的蓬勃发展做出了贡献。

四、产品预售的定价形式及影响定价的因素

1. 预售的定价形式

根据预售产品的价格或高或低或相同，预售产品定价分为三种形式：溢价预售（Premium Advance Selling）、折扣预售（Discount Advance Selling）与平价预售（Regular Advance Selling）形式。

新款手机等电子类产品或新款球鞋等，因其具备的潮流性让消费者的尝鲜欲望膨胀，提前预订可以使消费者在新产品正式投放市场前得到该产品的相关信息并确定能购买到该产品，这些商品的特点在于寿命短、产品更新速度极快，抑或限量发售，在这样的背景下，零售商更趋向于溢价预售策略，从而让消费者以较高的价格获得产品的提前拥有权。当然，对于一些生命周期稍长的产品来说，即使是新上市的商品，也有部分商家选择平价预售策略。而对于折扣预售策略，一些电商平台开展促销活动或企业意欲准确把握需求并提前回收资金时，其宣传的折扣优惠是激发消费者参与的标签，因此会选择折扣预售的销售方式。

2. 折扣预售的方式

折扣预售的折扣形式也是多样的。下面介绍几种常见的折扣形式。

①直接降价（Direct Price Reduction），即价格折扣（Discount/Deals）。例如，某旗舰店推出线上预付99元定金抵1500元的优惠活动，并推出3万元清空购物车基金。

②优惠券（Couponing），即购买商品时用于兑换折扣的凭证，就是为消费者提供预售商品专用优惠券，使其享受优惠。

③返利（Rebates）或返现（Cash Back），即购买后会取得价格补贴。

④多买多得（Multibuy）。例如，买二赠一这种形式，以两件商品的价格得到三件商品。

⑤额外加量（Extra Quantity）。例如，一个巧克力棒增加10%的长度。这种商品规格的变化，其实在企业的实际运营中常会设定"电商专供""预售专供"商品。值得

说明的是，这种专供商品，一方面是为了促销，另一方面是厂商为了保护不同渠道间的货物销售，防止串货，所以会在线下门店和线上电商投放不同型号的产品。作为一个管理者，应该理性看待不同商品在销售渠道中的作用。

⑥额外奖励（Bonus Offers），即购买甲产品，免费赠送乙产品。例如，奔驰 Smart 推出了通过天猫商城付定金，提车送 iPad 等活动。

随着电商的发展以及销售形式的多元化，未来将会有更多的促销形式应用到产品预售中，围绕溢价预售、折扣预售和平价预售这三种定价形式也会形成更多的营销方案，设计并推出更繁多的销售服务种类吸引消费者的关注与参与。当然，也会与现货销售相结合，如目前电商平台推出的闪购、现货即售、淘鲜达、秒送等销售形式，满足消费者的不同需求，增加对品牌的黏性和依赖。

3. 预售产品价格的影响因素

①产品质量。企业产品最低价格的设定很大程度上取决于该产品的生产成本，而产品最高价格的设定则主要受消费者最高价格支付意愿的影响。而介于价格上下限的产品价格的设定则取决于产品质量的优劣性，拥有较高质量产品的企业可设定较高的价格，反之，拥有较低质量产品的企业则只能设定较低的价格。企业通常会综合运用多种策略提高自身产品的质量，以提高在市场上的影响力与竞争力，与此同时，充分了解行业内其他竞争者的产品特性，并基于此准确定位本企业产品，最终制定合理的企业定价策略。

②竞争者成本。市场上，企业竞争对手的产品成本越低，他们越会设定较低的产品价格，所拥有的盈利空间就越大。因此，企业应观察和了解竞争对手的产品生产成本，以更准确地预测相应产品未来的价格水平，分析竞争对手将采取的竞争手段，从而有针对性地制定一系列应对政策，维持企业的相对竞争优势，稳固企业的市场竞争地位。

③竞争者价格设定。企业竞争对手的价格设定对企业产品定价具有重要影响，在市场竞争过程中，企业将随着竞争对手价格的改变而对自身产品价格进行相应调整。基于竞争对手价格设定的企业定价方法主要包括低于竞争者的价格、与竞争者相持的价格、高于竞争者的价格。企业将根据自身在市场竞争中的地位制定相应的竞争价格。

④消费者偏好。消费者通常在不同产品的喜好程度上存在差异性，同种产品的多种品牌通常会在消费者心中形成一个偏好顺序，消费者这种对产品的多种品牌进行排序的心理即消费者偏好。消费者偏好体现了消费者在喜好、兴趣等上的差异性，且消费者偏好对产品需求量具有正向影响。若消费者非常偏爱某一品牌的产品，那么这一产品就拥有较大的市场需求，该产品生产企业的获利能力就越强；相反，若消费者非常厌恶某一品牌的产品，那么这一产品就拥有较低的市场需求，该产品生产企业的获

利能力就越低。

⑤消费者可支配收入。首先，消费者可支配收入受市场物价水平的影响，当市场物价水平下降时，消费者的可支配收入将随之增加；相反，当市场物价水平上升时，消费者的可支配收入将随之降低。其次，消费者可支配收入受时期、地域等差异的影响。最后，消费者可支配收入水平体现了消费者购买力状况。消费者购买力是社会购买力不可或缺的一部分，且消费者购买力状况对市场规模具有决定性影响，而消费者购买力大小的根源在于可支配收入的多少。因此，消费者可支配收入水平对社会购买力、市场规模及消费者支出额和支出模式具有重要影响。

⑥市场供需状况。市场的供需状况是影响企业产品定价的重要因素，各企业将自身产品引进市场前，需要高度关注产品价格设定对消费者需求的影响。根据经济学相关原理，当市场上其他因素保持不变的情况下，产品价格与消费者需求呈负相关关系，也就是说，如果某一产品价格下降，消费者对该产品的需求量便随之增加；反之，如果某一产品价格上升，消费者对该产品的需求量便随之减少。

五、产品预售的内在理论

1. 参考价格

消费者眼中的产品价格不是孤立存在的。当一个价格与其他价格相比较时，价格才会变得有意义，这种现象在理论上，称为参考价格（Reference Price）。产品预售，最具特色的是消费者的购买时刻与消费时刻存在时间差，对于消费者来说，什么时候购买或者提交支付订单以后、商品没到货之前，是否会找到比期望中更便宜的商品，都是消费者在购买预售产品时关注的问题。

门罗（Monroe）1973 年提出参考价格的概念，并将其引入营销学中。参考价格概念的提出，是基于赫尔索（Helso）的适应水平理论（Adaptation – level Theory），这个理论认为，个体对新刺激信息的评判，需要与个体的内部规范（Internal Norms）对照。这些内部规范呈现出过往和当前刺激的总效应。将这一理论运用于消费者心理和行为领域，即消费者过去所接收到的对某一产品的所有价格刺激会通过累积效应在消费者心中形成一个适应水平，这个适应水平其实就是消费者对该产品的内部参考价格。当消费者再次购买该产品时，会将接收到的新的价格刺激与其内部参考价格相比较，根据比较的结果来判断并评价该产品，最终做出购买决策。

关于参考价格的来源，有两种观点：第一种观点认为，消费者依赖他们对过去支付或遭遇过的价格的记忆，并将其作为对照的依据。第二种观点是假定参考价格形成是消费者当时观察到的各种价格，这种情况被称为外部参考价格。有趣的是，有关参考价格的大部分研究并没有直接询问消费者的参考价格是什么，而是根据评估固定样本数据得到选择模型进行推测。

尽管大部分研究将参考价格作为精确数值对待，实际上在消费者脑海中，参考价格是一个区间或者被称为"可接受的范围"。在这个区间里，消费者不会考虑观测价格和参考价格之间的差别，这种现象就是前景理论中的不对称价格效应，即对价格上涨的消极反应要强于价格下降的积极反应。

2. 感知公平

感知公平（Perceived Fairness）理论最初源于社会交换理论。亚当斯提出了感知公平理论，他认为在社会关系中，人们在做公平与否的判断时，会将自己在社会交换中的付出所得与他人进行比较，即产生一种公平感知。

面对电商平台的循环促销，产品预售方式在这场不断变化的价格战中崭露头角，因此，也会使消费者在心理上形成反应。消费者参与产品预售形成的购买行为对产品的价格和价格变动也会做出反应：如果现在的价格很有吸引力，他们会囤积商品；如果现在的价格不具有吸引力，则可能取消或者转而购买其他商品。因此，消费者会对产品预售产生一种"公平"或者"不公平"的感知。

那么，消费者是如何认定公平和不公平的？公平是关于结果或形成结果的过程或者消费者所推测的公正性、合理性和可接受性的判断。其中，"结果"一般为产品价格，"形成结果的过程"可以是企业发布改变产品定价的理由。这种判断常常是基于对各种结果的比较形成的。比如，"我比另一个消费者支付得更多"或者"预售期结束，我发现产品更便宜了"。

1993年，国外学者布洛杰特在其研究中发现，顾客感知公平程度会直接影响自身情绪。而早在1991年，卡尼曼、尼奇和泰勒界定了消费者认为是公平和不公平的条件，他们建立了双重权利原理（Principle of Dual Entitlement）来解释这一现象。

坎贝尔进一步阐释了双重权利原理，并定义了影响价格变动的公平感知的两个因素：一是消费者推测公司做出价格变动的动机，二是消费者相对于过往价格推测公司可获得的利润。核心观点是消费者会对一个营销者做出一个特定的价格上涨的动机或是意图的推测。

3. 预期后悔

1982年，卡尼曼和特沃斯基根据个体是否采取行动，将后悔分为行动后悔和不行动后悔。行动后悔是指个体由于已成为事实的决策行为而产生的后悔；不行动后悔是指个体由于没有发生的决定行为而产生的后悔，他们发现，行动后悔的强度会高于不行动后悔。

根据后悔发生的时间，贾尼斯和曼将后悔分为预期后悔和体验后悔。预期后悔是指个体在决策前预测未来可能发生的后悔；体验后悔是指个体在决策后由于错过了更好的选择而体验到的后悔。

根据后悔持续的时间可将后悔分为长期后悔和短暂后悔。基劳维克和麦德威在其1994年的研究中发现，现实生活中的后悔持续时间较长，需要经过长期的心理调节才能消除。张结海认为实验室环境下表现出的后悔均是短期后悔，其产生的后悔体验较为短暂。

预售阶段，消费者在品牌偏好不确定的情况下进行决策时，就会出现这样的心理活动：如果选择在预售期内购买，消费者会有一个预期，收货后，发现跟想象的不一样或者买完了又没有那么喜欢了，因此，随着时间的推移就会出现预期后悔。

第二节　预售方式下企业运营管理与消费者行为

一、预售的实施方式及预售的流程

1. 预售的实施方式

①预约预售。预约预售是消费者通过商家特定的方式预约产品的购买资格或者获得抢购信息提醒，然后在指定的时间完成产品购买。这种预约，常常适用于新产品发布或是某种折扣商品的抢购特权。商家可以通过平台首页推送、站内信息、短信和邮件等方式触达消费者。预约预售的流程如图4－1所示。

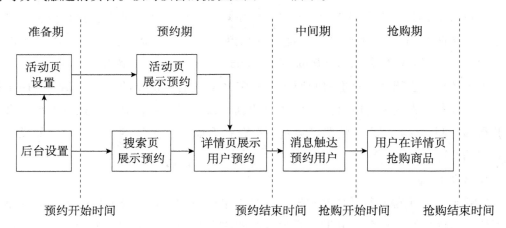

图4－1　预约预售的流程

对于预约预售产品的定价，一些商家采取以明确的价格销售，随着这种销售方式的逐渐推广，也有一些手机、笔记本等电子类商品在预约时没有明确的价格，在发布会公布时才会有明确的价格。所以出现了一种暂无定价或者尝鲜阶梯价格的预约预售。例如，三星的某款手机，作为三星的高端产品，其在上市前都采取了预约预售的形式，消费者可以在正式发售日之前进行预约，同时获得多重优惠好礼。

需要注意的是，预约商品可以是新产品，为了惠及更多用户，可以用单用户限购数和抢购总数量来做数量方面的控制。

预约商品也可以是紧俏品，对于此类商品，为防止不良的批量下单，企业需要实施风险评价和管控。

另外，暂无售价的预约需要价格系统支持这种价格形式，然后在中间期改为明确的价格。

②定金预售。定金预售，指用户先支付商品价款的一部分，一段时间之后，再支付商品价款的剩余部分，付完全款后商家再发货。定金预售的流程如图4-2所示。

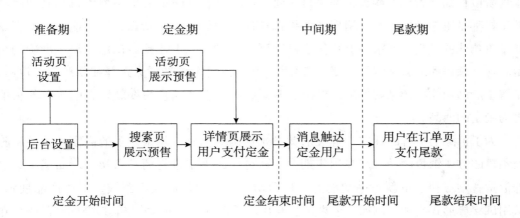

图4-2　定金预售的流程

这里的定金，可以是固定的，也可以膨胀，如小米手机、小米物联网产品、iPhone系列手机等。消费者可以预付100元定金享受优先购买权，两天内支付尾款即可坐等收货，无须定点抢购。和预期的一样，小米某款手机预售活动开启没多久就显示无货状态。还有一种复杂的情况，即按照人数来实行阶梯价，人数越多，预售价格越低，形成多个阶梯。

③全款预售。全款预售是指消费者在预售期全额支付商品价款，待预售期结束，商家按照规定的时间发货。全款预售的流程如图4-3所示。

以上，从支付的角度，对预售的三种实施方式进行了介绍。通过前文内容，大家不难发现企业也在致力于用更加创新、带有超强吸引力的优惠政策，吸引消费者的参与。虽然预售对消费者有许多的益处，但是消费者在预售时很难获得完整的产品信息，对于产品的估值也是不确定的，通常会造成消费者的延迟购买。例如，在iPhone新款

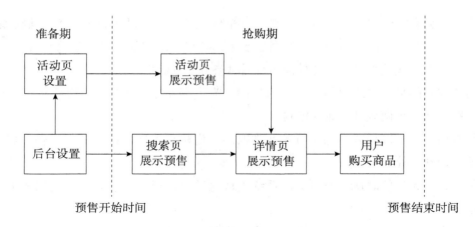

图 4-3　全款预售的流程

预售阶段，消费者想要购买一部手机，此时市场上的 iPhone 其他系列手机和其他品牌的手机都是正常销售阶段，消费者如果选择预售购买 iPhone 新款，有可能面临不喜欢新手机功能的风险，而市场上其他手机则可以通过去线下体验店试用来形成准确的估值。这样预售商品就会流失一部分消费者，因为这部分消费者会选择在新产品上市后，了解了产品功能和产品评价后，再确定购买或者在新产品预售期就转去购买其他估值更为确定的商品。

为了消除消费者的疑虑，解决消费者延迟购买问题，越来越多的商家开始使用陈列预售的方式销售产品，即在预售期内，通过产品展示进行商品售卖。产品展示是允许消费者学习和了解新产品功能的一种营销手段，通常以线下路演、门店产品展示、试用试穿等形式出现。例如，苹果在各地开设了 Apple Store，并将其最新的产品陈列在其中，其不仅允许消费者自由使用 iPhone、MacBook 等产品，还推出日常的讲座，内容包括 iPhone 基础知识、摄影技巧、AppleID 和 iCloud 简介等日常讲座；消费者购买汽车时，汽车销售商允许顾客进行试驾，以此让消费者获得更真切的产品体验；微软等软件公司通常会在发布新产品之后先让消费者免费试用一段时间再向其收费。苹果公司在推出 iPhone 新款时就采用了提前 7 天预售的方式，让消费者在第一时间拿到产品，并且可以 14 天无条件退货，这意味着消费者可以通过 14 天的使用充分了解产品价值以选择是否购买；华为旗舰机正式发布后，会在其线下门店开启预售且允许消费者在门店进行产品试用，这些都是陈列预售的实例。

2. 预售的流程

新款手机等电子产品或新款球鞋等，因其具备的潮流性标签让消费者的尝鲜欲望膨胀，因此其预售形式常常使用溢价预售或平价预售；电商平台开展促销活动或企业意欲准确把握需求并提前回收资金时，其宣传的折扣优惠是激发消费者参与的标签，因此使用折扣预售。预售的表现形式有三种，但消费者判别是否参与均表现为对销售价格与延迟等待时间的权衡。企业实施产品预售的基本流程为：

公布销售规则与接单→等待统一处理→发货→签收与售后→用户评价，如图4-4所示。

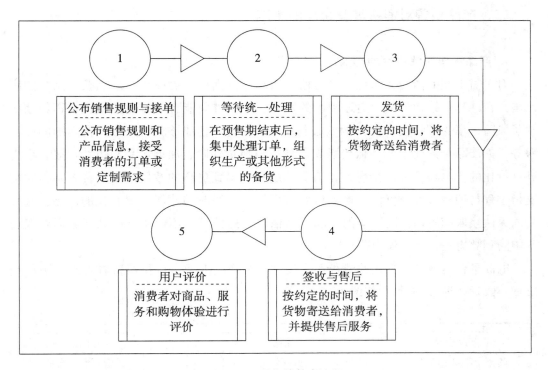

图4-4 预售的基本流程

预售被广泛应用于各种销售活动中，如小米、苹果等品牌的系列新产品上市前的提前预订，成功地用预售形式制造饥饿营销和潮流引导；又如"双11"等各大电商平台购物促销节的预售享优惠。产品预售正以多样的形态被企业成功推广，也被消费者熟悉。产品预售让消费者提前获得了一份提货保障，享受到了"抢货到手"的体验与满足，也让企业避免了产品在正式发售的短时间内由于流量过大导致的系统瘫痪问题，同时，为企业提供了更加精准的需求预测数据，使其合理调整库存。预售不仅为电商的"购物节"提前预热，也使企业通过集中处理订单降低了综合运营成本，进而实现兼顾高效率、规模化、零库存的产销模式。

在互联网销售市场的逐渐壮大与完善下，线下消费市场与线上销售平台逐渐融合，企业与消费者之间的供应关系也发生了变化，目前需求拉动供应的市场特征明显，企业也开始突破其销售模式。面对消费市场对产品多样化、服务人性化、体验个性化的需求，企业开始重新调整供需流转路径，在产品生产时即融入需求端的定制化诉求，预售恰恰是实现按需定制的 C2F（Customer – to – Factory）销售方式，其让 F 端的产能透明化，并通过 C 端驱动产能变革。

二、产品预售对消费者及企业的影响

1. 产品预售对消费者的影响

对于需求端的消费者而言，参与预售活动一方面可以提前在心理上获得购物的满足与兴奋，享受抢货尝鲜、追逐潮流的快感；另一方面能有效避免产品正式销售期的缺货风险，享受"提前占位"的安心与保障；另外，还能够获得产品预售附加的优惠服务，如产品个性化定制、低价折扣、赠送退换货保险、加赠产品周边礼包等，享受高性价比的优惠与愉悦，在购买和消费的过程中得到更高的效用。但消费者购物时的支付过程与消费过程分离，订单支付后需要等待一段时间才能获得心仪的产品，且收货前无法获取同时期相同买家的产品质量信息，这使具有不同偏好的消费者需要权衡其中的利弊得失，然后做出购买决策。

电商平台传统销售方式的消费者购买过程为产品上架→等待消费者发现→下单→发货→收货→退货/评价，如图 4－5 所示。

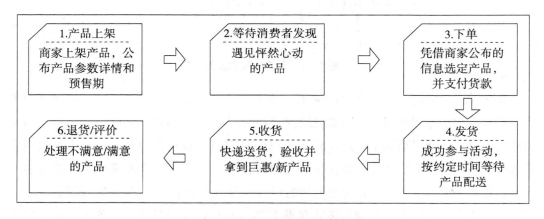

图4－5　传统销售方式消费者购买过程

而选择预售方式，消费者购买过程为企业展示产品→挑选产品→判定产品价值→下单→收货→退货/评价，如图 4－6 所示。

观察两图不难发现，产品预售对消费者的影响，第一个方面就是产品价值的估计。另外产品预售对消费者的等待时间、购物价格选择及其他附带服务方面也有影响。

①价值估计方面。一般来说，选择现货销售的消费者，除通过网页信息描述的产

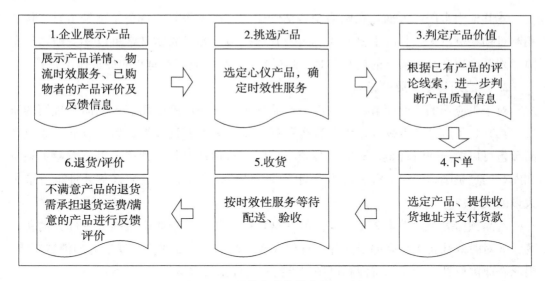

图 4 – 6　预售方式消费者购买过程

品参数和质感了解产品外，产品评价交流区域中真实的使用感受也为其判断产品价值提供了参考。相比之下，选择预售方式购买商品的消费者往往无法及时看到相同购买者的体验反馈，只能凭借自己的判断，衡量产品与自己的匹配度，因此，商家在选择产品预售时，还应该关注商品或销售方式等对消费者的购买意愿产生的激励因素。

②等待时间方面。产品预售对消费者产生影响的第二个方面就是等待时间。与现货销售的时效性相比，消费者选择产品预售方式购物会面临预售方式固有的等待期，会使消费者产生一种损失感，并且随着等待时间的延长，损失感也会越发强烈。

③购买价格选择方面。前面介绍了产品预售的潮流型或定制型产品的溢价或平价销售，除此之外，一般情况下，电商平台在现货销售过程中常常搭配承诺发货时间与到货时间这类时效性服务，而预售方式则通过低价优惠吸引消费者参与。

实际上，除了预售固有的等待时间会对消费者产生影响，一些参与网购的消费者对递送的时间也有要求。相关调查报告显示，网购中 64% 的消费者希望当天下单能够实现当日送达；73% 的消费者希望晚 6 点以后提交的订单能在第二日送达。部分消费者也有意愿为缩短等待时间支付一定的费用，其中，56% 的消费者出于个人急切心理，需要更快地收到货物或是尽快体验产品；31% 的消费者希望作为礼物在指定日期到达；18% 的消费者担心自己所购商品在途中变质希望缩短递送时间，优先运输。在国内促销节日中，庞大的快递量让消费者在购物前忧心物流拥堵问题，这部分消费者要么放弃购买，要么选择加急递送的购物方式，快速地完成网上订购与收货。所以，要用系统的、关注整体的眼光，看待预售在企业销售管理中对消费者的综合影响。

④其他附带服务方面。在网络销售活动中，产品预售是实现各个促销节日、优惠福利日销售额巨大增长的重要方式。消费者选择预售方式购物常常可以享受赠送运费险、附赠周边产品等额外的福利，对于购买产品产生的效用具有正向促进作用。

2. 产品预售对企业的影响

对于供应端的企业而言，一方面，产品预售是准确探测市场需求动向和规模的重要工具，是了解消费者偏好、传递消费者对产品接受度的连接器；另一方面，通过产品预售可以提前回流资金，充分发挥资金的时间价值；另外，预售可以有效避免缺货和库存的过量囤积，避免资金占用，调整供需结构，集中、批量的订单处理也可节约大量的成本。

产品预售为企业带来诸多益处，但在这种销售方式下企业也会损失一部分消费市场，如对时效性要求较高的消费者、对预售这种新兴销售方式信任度较低的消费者等。因此企业需要针对产品的特性和市场需求精准设计销售方案。

现货销售和产品预售在订单处理时效、订单处理成本及需求信息的把握等方面存在不同，导致了线上企业的运营成本不同。总的来说，产品预售方式对企业带来的影响可以概括为以下几个方面。

①供应链成本降低。现货销售要求企业准备充足的库存并且尽可能快速完成拣货、配货、发货流程，客单量庞大时企业需要配备高效的仓储管理系统和团队，并与物流配送企业联合提供及时的服务，对团队协作的要求高，其运营管理的费用支出较高。产品预售要求消费者在规定的时间内提交订单，然后企业实施批量化处理订单、备货直至发货的方案，商家可以更加准确地准备库存，减少商品的搬动次数及仓储成本。总之，其规模化的处理方式降低了企业单位产品的处理成本，同时也可以与物流合作企业协商降低运费成本。

②更加准确估计商品的销量。通过订单制，能够使一些小众、不易周转的商品以订单的形式进行生产；通过预售还可以准确地把握消费者的需求信息，有效降低产品的库存风险。

③提前使资金回流，缓解资金压力。预售对企业的影响，还应涉及最终的资金问题。预售提前使企业资金回流，缓解企业资金压力。

④累积人气和销售额。预售期使商品的常规销售期延长，在预售期间可以积累一段时间的人气，然后在某个时刻销售额大幅提升，有利于冲刺业绩。

⑤试探市场。未上市的商品通过预售的方式，能够更直接地试探市场的反应，既有利于降低制造成本，也能使商家更加灵活地选择市场策略。

⑥缺乏及时的产品口碑传播。预售方式下，参与购买的消费者没办法将产品使用感受、产品描述信息匹配度、个人反馈建议等信息通过在线产品评论的方式及时传递

给线上企业和其他潜在消费者，无法像现货销售那样，依赖于电商平台和社交平台网络的便利，使商品信息以裂变的形式在消费市场中传播，进而产生督促改进、口碑传播等作用。

　　不难发现，预售的顺利实施需要消费者的充分信任，即在缺乏相关评价参考时，消费者对品牌的信任或对产品参数描述信息的信任。

第五章　新零售大数据基础

【本章导读】

　　众所周知，当今时代是互联网大数据的时代，如何在这个知识大爆炸时期更好地走在时代的前沿？这就要求我们更好地了解大数据，利用大数据帮助我们解决实际的问题。新零售作为互联网时代的一种新兴产业，顺应了时代发展的潮流。因此我们在学习新零售时不能孤立地看待它，应把它和时代发展的潮流紧密地联系在一起。在大数据下新零售是如何发展的？大数据是如何应用到新零售中的？这都是我们本章要仔细探讨的内容。

第一节　大数据时代背景下的新零售

　　在实际应用中，数据分析可以帮助人们做出判断，以便采取适当行动。数据分析的数学基础在 20 世纪早期就已确立，但直到计算机的出现才使实际操作成为可能，并使数据分析得以推广。数据分析是数学与计算机科学相结合的产物，它横跨了计算机科学、人工智能、机器学习、统计分析和数学等多个领域。计算机科学为数据分析提供了工具。一些厂商开发了数据分析的工具、模块，并将分析模型封装，使不了解技术的人也能够快捷地实现数学建模，快速响应分析需求。

　　大规模数据的产生使计算分析变得至关重要，对编程、数据库管理、网络管理和高性能计算的需求也逐步增多。有一些 Python 或者其他高级编程语言的编程经验对于理解数据分析是很有帮助的，如统计学对获取、分析和解读数据的方法加以发展和利用；数据分析则涵盖了一系列的统计算法，如模拟、贝叶斯方法、预测、回归、时间序列以及分类等。数据分析也利用了诸多数学技术，如线性代数中的向量和矩阵、因式分解以及特征值、数值法和条件概念算法等。数据分析过程中最重要的活动之一就是提出问题，全面掌握专业领域的知识是具备专业能力和直觉并提出问题的前提条件。

第二节　数据的概念与本质

一、数据的概念

1. 数据的定义

数据是世界的真相，如财务交易记录、年龄、温度、从家到办公室所走的步数都是简单的数字，当我们在工作中使用这些数字，并从中找到价值和意义时，信息便呈现出来，这些信息可以帮助我们做出富有见地的决策。我们谈及知识这一概念，通常是在将数据和信息转化成一组规则来辅助决策的时候。实际上，我们无法存储知识，因为知识意味着某一主题的相关理论或者对它的实际理解，然而，使用预测性的分析，我们可以模拟智能化的行为并提供一个较好的近似值。

2. 数据的组成

数据由多个数字组成，因此数据被当作复数进行处理，我们可以在周围所有情境下找到数据，他们可能是结构化的或者非结构化的，连续的或者离散的，可能表现为温度记录、股票交易日志、照片相册、音乐播放记录或者微信聊天记录等，事实上，数据被看作记录任何人类行为的原始材料。

二、数据的本质

数据是已知的用于推理或者估算的基础性事实。如图 5 – 1 中所表述的，我们可以看到数据有两种不同的表现方式，即分类型和数值型。

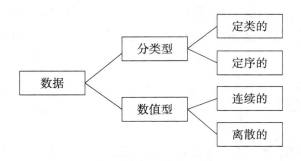

图 5 – 1　数据的两种不同表现方式

1. 分类型数据

分类型数据是可以分组或者分类的数值或者观测值，在分类型数据中存在着定类和定序两种类型，一个定类变量与它所在的分类之间没有本质上的顺序之分。例如，住房类型是一个定类变量，拥有自由和租赁两种分类；一个定序变量存在明确的顺序，如年龄作为一个变量可以划分为青年、中年和老年，它就有着高低顺序的排列。

2. 数值型数据

数值型数据是可以用来计算的数值或者观测值。数值型数据包括离散型和连续型两类，离散型的数据是指可以进行计算的，有差别的且相互分开的数值或者观测值，如一组阶乘数列；连续型的数据是指在有限或者无限的区间范围内都可以找出一个数值或者观测值，如黄金的历史价格。

第三节 大数据相关概念

一、大数据的概念及特征

对于大数据（Big Data），研究机构高德纳给出的定义是：大数据是需要新处理模式才能具有更强的决策力、洞察发现力和流程优化能力来适应海量、高增长率和多样化的信息资产。麦肯锡全球研究所对大数据的定义是：一种规模大到在获取、存储、管理、分析方面大大超出了传统数据库软件工具能力范围的数据集合，具有海量的数据规模、快速的数据流转、多样的数据类型和价值密度低四大特征。

通俗地说，大数据就是巨量资料，这些巨量资料来源于世界各地随时产生的数据，在大数据时代，任何微小的数据都可能产生不可思议的价值。大数据有 4 个特点，分别为 Volume（大量）、Variety（多样）、Velocity（高速）、Value（价值），一般我们称之为 4V，分别意味着数据的体量决定所考虑的数据的价值和潜在的信息；数据类型的多样性；生成和处理数据的速度；合理运用大数据，以低成本创造高价值。

二、大数据的分类

大数据技术的战略意义不在于掌握庞大的数据信息，而在于对这些含有意义的数据进行专业化处理。换言之，如果把大数据比作一种产业，那么这种产业实现盈利的关键，在于提高对数据的加工能力，通过加工实现数据的增值。

随着云时代的来临，大数据也受到了越来越多的关注。分析师团队认为，大数据通常用来形容一个公司创造的大量非结构化数据和半结构化数据，这些数据下载到关系型数据库用于分析时会花费过多时间和金钱。因此，大数据分析常和云计算联系在一起，因为实时的大型数据集分析需要像 MapReduce（一种编程模型）一样的框架向数十、数百甚至数千的计算机分配工作。

大数据包括结构化、半结构化和非结构化数据，非结构化数据逐渐成为数据的主要部分。IDC（互联网数据中心）的调查报告显示：企业中 80% 的数据都是非结构化数据，这些数据每年都按指数增长 60%。大数据是互联网发展到现今阶段的一种表象或特征而已，我们没有必要神化它，在以云计算为代表的技术创新大幕的衬托下，这些原本看起来很难收集和使用的数据开始很容易地被利用起来，通过各行各业的不断创新，大数据会逐步为人类创造更多的价值。

三、认知大数据

想要系统地认知大数据，就必须全面而细致地分解它。认知大数据主要从三个层面展开：第一层面是理论，理论是认知的途径，也是被广泛认同和传播的基线。在这一层面可从大数据的特征及定义理解行业对大数据的整体描绘和定性；从对大数据价值的探讨以深入解析大数据的珍贵所在；洞悉大数据的发展趋势；从大数据隐私这个特别而重要的视角审视人和数据之间的长久博弈。第二层面是技术，技术是大数据价值体现的手段和前进的基石。在这一层面可分别从云计算、分布式处理技术、存储技术和感知技术的发展来说明大数据从采集、处理、存储到形成结果的整个过程。第三层面是实践，实践是大数据的最终价值体现。在这一层面可分别从互联网的大数据、政府的大数据、企业的大数据和个人的大数据四个方面来描绘大数据已经展现的美好景象及即将实现的蓝图。

第四节　大数据处理的技术及流程

一、大数据处理的基础技术

从技术上看，大数据与云计算的关系就像一枚硬币的正反面一样密不可分。大数据无法用单台的计算机处理，必须采用分布式架构，它的特色在于对海量数据进行分布式数据挖掘，但这必须依托云计算的分布式处理、分布式数据库和云存储、虚拟化技术。大数据的存储、处理与分析依赖于分布式计算机系统，因此理解分布式系统的基本理论对掌握以 Hadoop 为代表的计算机分布式系统体系架构、MapReduce 分布式计算框架以及 HDFS 分布式文件系统有重要帮助。

分布式计算机系统是指由多台分散的、硬件自治的计算机，经过网络连接形成的系统，系统的处理和控制功能分布在各个计算机上。分布式计算机系统由许多独立的、可协同工作的 CPU（中央处理器）组成，从用户的角度看，整个系统更像一台独立的计算机。分布式计算机系统是从分散处理的概念出发来组织计算机系统，其冲破了传统的集中式单机局面，具有较高的性价比、灵活的系统可扩展性及良好的实时性、可靠性与容错性。此外，组成分布式计算机系统的各计算机节点由分布式操作系统管理，以便让各个节点共同承担整个计算功能。分布式操作系统由内核以及提供各种系统功能的模块和进程组成，其不仅包括了单机操作系统的主要功能，也包括了分布式进程通信、分布式文件系统、分布式进程迁移、分布式进程同步和分布式进程死锁等功能。系统中的每台计算机都保存分布式操作系统的内核，以实现对计算机系统的基本控制。

二、大数据处理流程

一般而言，大数据处理流程可分为四步：数据采集、数据清洗与预处理、数据统计分析和挖掘、结果可视化，如图 5 - 2 所示。这四个步骤看起来与普通的数据处理分析没有太大区别，但实际上数据集更大，相互之间的关联更多，需要的计算量也更大，通常需要在分布式计算机系统上，利用分布式计算完成。

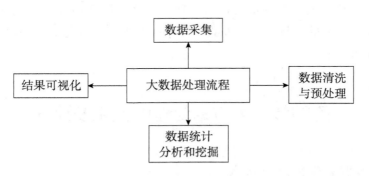

图 5 - 2　大数据处理流程

第一个步骤是数据采集。数据的采集一般采用 ETL（Extract - Transform - Load，抽取、转换、加载）工具将分布的、异构数据源中的数据（如关系数据、平面数据以及其他非结构化数据等）抽取到临时文件或数据库中。大数据的采集不是抽样调查，它强调数据尽可能完整和全面，并尽量保证每个数据准确有用。

第二个步骤是数据清洗与预处理。采集好的数据有不少是重复的或无用的，此时需要对数据进行简单的清洗和预处理，把不同来源的数据整合成一致的、适合数据分析算法和工具读取的数据，如数据去重、异常处理和数据归一化等，然后将这些数据存储到大型分布式数据库或者分布式存储集群中。

第三个步骤是数据统计分析和挖掘。统计分析需要使用工具（如 SPSS 工具和一些结构算法模型）进行分类汇总。这个过程最大的特点是目的清洗，即按照一定规则分类汇总，得到有效的分析结果。这部分处理工作需要大量的系统资源。分析数据的最终目的是通过数据来挖掘数据背后的联系，分析原因，找出规律，然后应用到实际业务中。与统计分析过程不同的是，数据挖掘一般没有预先设定好的主体，主要是在现有数据基础上进行基于各种算法的计算，通过分析结果预测趋势，以满足高级别数据分析的需求。比较典型的算法有用于聚类的 Kmenas、用于统计学习的 SVM（支持向量机）和用于分类的 Naive Bsyes（朴素贝叶斯），主要使用的工具有 Hadoop 的 Mahout 等。

第四个步骤是结果可视化。大数据分析最基本的要求是结果可视化，因为可视化结果能够直观地呈现大数据的特点，就如同看图说话一样简单明了，非常容易被用户接受。

这四个步骤就是大数据处理的基本流程，不过其中的处理细节、工具的使用、数据的完整性等需要结合业务和行业特点不断变化更新。

三、分布式计算与云计算

分布式计算是一种计算方法，它和集中式计算是相对的。随着计算技术的发展，有些应用需要巨大的计算能力才能完成，如果采用集中式计算，需要耗费相当长的时间才能完成。分布式计算将需要进行大量计算的项目数据分割成小块，由分布式系统中多台计算机节点分别计算，再合并计算结果得出统一的数据结论，这样可以节约整体计算时间，大大提高计算效率。要达到分布式计算的目的，就需要编写能在分布式计算机系统上运行的分布式计算机程序。分布式计算机程序可以基于通用的并行分布式程序开发接口进行设计。分布式计算的目的在于分析海量数据，如从雷达监测的海量历史信号中分析异常信号、从淘宝"双 11"实时计算各地区的消费习惯等。人们最初是通过提高单机计算能力（如使用大型机、超级计算机）来处理海量数据，但由于单机的性能无法跟上数据爆发式增长的需要，分布式计算应运而生。由于计算需要拆分到多个计算机上并行运行，因此也会出现一致性、数据完整性、通信、容灾、任务调度等一系列问题。

云计算（Cloud Computing）是分布式计算的一种，它通过网络"云"将巨大的数据计算处理程序分解成无数个小程序，然后通过多部服务器组成的系统处理和分析这些小程序，得到结果后反馈给用户。云计算早期，就是简单的分布式计算，解决任务分发和计算结果的合并的问题，因而，云计算又称为网格计算。通过这项技术，可以在很短的时间内（几秒钟）完成对数以万计的数据的处理，从而达到强大的网络服务。

现阶段所说的云服务已经不单是一种分布式计算，而是分布式计算、效用计算、负载均衡、并行计算、网络存储、热备份冗杂和虚拟化等计算机技术混合演进并跃升的结果。云计算不是一种全新的网络技术，而是一种全新的网络应用概念，云计算的核心概念就是以互联网为中心，在网站上提供快速且安全的云计算服务与数据存储，让每个使用互联网的人都可以使用网络上的庞大计算资源与数据中心。

云计算的可贵之处在于高灵活性、可扩展性和高性价比等，与传统的网络应用模式相比，其具有如下优势与特点。

①虚拟化技术。虚拟化突破了时间和空间的界限，是云计算最为显著的特点，虚拟化技术包括应用虚拟和资源虚拟两种。

②动态可扩展。云计算具有高效的运算能力，其在原有服务器基础上增加的云计算功能使计算速度迅速提高，最终实现了动态扩展虚拟化的层次，达到对应用扩展的目的。

③按需部署。计算机包含了许多应用、程序软件等，不同的应用对应的数据资源库不同，所以用户运行不同的应用需要较强的计算能力对资源进行部署，而云计算平台能够根据用户的需求快速配备计算能力及资源。

④灵活性高。目前市场上大多数 IT 资源、软件、硬件都支持虚拟化，如存储网络、操作系统和开发软硬件等。虚拟化要素统一放在云系统资源虚拟池中进行管理，由此可见云计算的兼容性非常强，其不仅可以兼容低配置机器、不同厂商的硬件产品，还能外设获得更高性能计算。

⑤可靠性高。可靠性高体现在，单点服务器出现故障也不影响计算与应用的正常运行。因为单点服务器出现故障可以通过虚拟化技术将分布在不同物理服务器上的应用进行恢复或利用动态扩展功能部署新的服务器进行计算。

⑥性价比高。将资源放在虚拟资源池中统一管理，这在一定程度上优化了物理资源，用户不再需要昂贵、存储空间大的主机，可以选择相对廉价的 PC（个人计算机）组成云平台，一方面减少费用，另一方面计算性能也不逊于大型主机。

⑦可扩展性。用户可以利用应用软件的快速部署更为简单快捷地将自身所需的已有业务以及新业务进行扩展，确保任务有序完成。其在对虚拟化资源进行动态扩展的情况下，也能够高效扩展应用，提高计算机云计算的操作水平。

四、分布式数据库与集中式数据库

数据库，简单来说，就是电子化的文件柜——存储电子文件的处所，用户可以对文件中的数据进行新增、查询、更新、删除等操作。总之，数据库是以一定方式储存在一起、能使多个用户共享、具有尽可能小的冗余度、与应用程序彼此独立的数据集合。

分布式数据库在逻辑上是一个统一的整体，在物理上则分别存储在不同的物理节点上。一个应用程序通过网络的连接可以访问分布在不同地理位置的数据库。它的分布性表现在数据库中的数据不是存储在同一场地。更确切地说，不存储在同一计算机的存储设备上。这就是分布式数据库与集中式数据库的区别。

分布式数据库是在集中式数据库的基础上发展起来的，是计算机技术和网络技术结合的产物。分布式数据库适合于单位分散的部门，允许各个部门将其常用的数据存储在本地，实施就地存放、本地使用，从而提高响应速度，降低通信费用。分布式数据库与集中式数据库相比具有可扩展性，其通过增加适当的数据冗余，可以提高系统的可靠性。

在集中式数据库中，尽量减少冗余度是系统目标之一；而在分布式数据库中希望增加冗余数据，在不同的场地存储同一数据的多个副本。其原因是：①提高系统的可靠性、可用性。当某一场地出现故障时，系统可以对另一场地上的相同副本进行操作，不会因一处故障而造成整个系统的瘫痪。②提高系统性能。系统可以根据距离选择离用户最近的数据副本进行操作，减少通信代价，改善整个系统的性能。其主要特点是：一是具有独立透明性，用户不必关心数据的逻辑分区、数据物理位置分布的细节、重复副本（冗余数据）的一致性，也不必关心局部场地上数据库支持哪种数据模型。分布透明性的优点是很明显的。当数据从一个场地移到另一个场地时不必改写应用程序，当增加某些数据的重复副本时也不必改写应用程序。因为数据分布的信息由系统存储在数据字典中，用户对非本地数据的访问请求由系统根据数据字典予以解释、转换、传送。二是集中节点结合，数据库是用户共享的资源。在集中式数据库中，为了保证数据库的安全性和完整性，对共享数据库的控制是集中的，并设有 DBA（数据库管理员）负责监督和维护系统的正常运行。在分布式数据库中，数据的共享有两个层次：第一，局部共享，即在局部数据库中存储局部场地上各用户的共享数据，支持系统的局部应用。第二，全局共享，即在分布式数据库的各个场地也存储可供网中其他场地的用户共享的数据，支持系统的全局应用。因此，相应的控制结构也具有两个层次：集中和自治。三是具有复制透明性，用户不用关心数据库在网络中各个节点的复制情况，被复制数据的更新都由系统自动完成。在分布式数据库中，可以把一个场地的数据复制到其他场地存放，应用程序可以使用复制到本地的数据在本地完成分布式操作，避免通过网络传输数据，提高了系统的运行和查询效率。但是复制数据的更新需要涉及对所有复制数据的更新。四是易于扩展性，在大多数网络环境中，单个数据库服务器不能满足使用。如果服务器软件支持透明性扩展，那么就可以增加多个服务器来进一步分布数据和分担处理任务。

五、虚拟化技术

在计算机中，虚拟化是一种资源管理技术，是将计算机的各种实体资源，如服务器、网络、内存及存储等，予以抽象、转换后呈现出来，打破了实体结构间不可切割的障碍，使用户可以用比原本的组态更好的方式来应用这些资源。这些资源的新虚拟部分不受现有资源的架设方式、地域或物理组态所限制。一般所指的虚拟化资源包括计算能力和资料存储。

在实际的生产环境中，虚拟化技术主要用来解决高性能的物理硬件产能过剩和老旧的硬件产能过低的重组重用，透明化底层物理硬件，从而最大化地利用物理硬件。

虚拟化技术与多任务及超线程技术是完全不同的。多任务是指在一个操作系统中多个程序同时一起运行，而在虚拟化技术中，则可以同时运行多个操作系统，而且每个操作系统中都有多个程序运行，每个操作系统都运行在一个虚拟的 CPU 或者虚拟主机上；而超线程技术只是单 CPU 模拟双 CPU 来平衡程序运行性能，这两个模拟出来的 CPU 是不能分离的，只能协同工作。

第五节　大数据各个环节的主要技术

主流的大数据技术可以分为两类：一类是面向非实时处理业务场景，其着重处理传统数据处理技术在有限的时空环境里无法胜任的 TB 级、PB 级海量数据存储、加工、分析、应用等，比较主流的支撑技术有：HDFS、MapReduce、Hive 等；另一类是面向实时处理业务场景，比较主流的支撑技术为 HBase、Kafka、Storm 等。大数据各个环节的主要技术如图 5 - 3 所示。

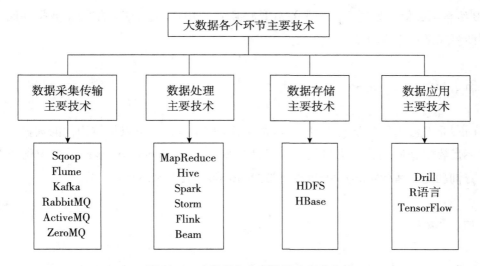

图 5 - 3　大数据各个环节的主要技术

一、HDFS

HDFS 是 Hadoop 的核心子项目，是整个 Hadoop 平台数据存储与访问的基础，在此基础上，承载其他如 MapReduce、HBase 等子项目的运转。它是易于使用和管理的分布式文件系统，也是一个高度容错性的系统，适合部署在廉价的机器上。

二、MapReduce

MapReduce 是一个软件架构，在数以千计的普通硬件构成的集群中以平行计算的方式处理海量数据，该计算框架具有很高的稳定性和容错能力。

三、YARN

YARN（Yet Another Resource Negotiator，另一种资源协调者）是从 Hadoop 0.23 进化来的一种新的资源管理和应用调度框架。基于 YARN，可以运行多种类型的应用程序，如 MapReduce、Spark、Storm 等。YARN 不再具体管理应用，其资源管理和应用管理是两个低耦合的模块。

四、HBase

HBase 是 Hadoop 平台中重要的非关系型数据库，它通过线性可扩展部署，可以支撑 PB 级数据存储与处理。作为非关系型数据库，HBase 适合于非结构化数据存储，它的存储模式是基于列的。

五、Hive

Hive 是开源框架，是基于 Hadoop 的数据仓库工具，它可以把结构化的数据文件映射为一张数据仓库表，并提供简单的 SQL（Structured Query Language，结构化查询语言）查询功能，后台将 SQL 语句转换为 MapReduce 任务来运行。

六、Kafka

Kafka 是分布式"发布—订阅"消息系统，它是一种快速的，可扩展的，设计内在是分布式的、分区的和可复制的日志服务软件。

七、Storm

Storm 是一个免费开源、分布式、高容错的实时计算系统。它能够处理持续不断的流计算任务，目前，比较多地被应用到实时分析、在线机器学习、ETL［将数据从来源端经过抽取（Extract）、转换（Transform）、加载（Load）至目的端的过程］等领域。

八、Hadoop

流行的大数据技术涉及大数据处理的各个阶段，包括架构、采集、存储、计算处理和可视化等，而 Hadoop 则是一个集合了大数据不同阶段技术的生态系统。

Hadoop 实现了一个分布式文件系统（Hadoop Distributed File System），即 HDFS。HDFS 有高容错性的特点，并用来部署在低廉的硬件上，它通过提供高吞吐量来访问应用程序的数据，适合那些有着超大数据集的应用程序。HDFS 放宽了 POSIX（可移植操作系统接口）的要求，可以以流的形式访问文件系统中的数据。Hadoop 的框架最核心的设计就是 HDFS 和 MapReduce。HDFS 为海量数据提供了存储，而 MapReduce 则为海量数据提供了计算。在未来一段时间内，Hadoop 将与 Spark 共存，Hadoop 与 Spark 都能部署在 YARN 和 Mesos 的资源管理系统上。Hadoop 由许多元素构成，其中，分布式文件系统 HDFS、MapReduce 分布式计算框架，以及数据仓库工具 Hive 和分布式数据库 Hbase，基本涵盖了 Hadoop 分布式平台的所有技术核心。

Hadoop 是一个能够对大量数据进行分布式处理的软件框架。Hadoop 以一种可靠、高效、可伸缩的方式进行数据处理。它主要有以下几个优点：①高可靠性，Hadoop 按位存储和处理数据的能力值得人们信赖；②高扩展性，Hadoop 是在可用的计算机集簇间分配数据并完成计算任务的，这些集簇可以方便地扩展到数以千计的节点中；③高效性，Hadoop 能够在节点之间动态地移动数据，并保证各个节点的动态平衡，因此处理速度非常快；④高容错性，Hadoop 能够自动保存数据的多个副本，并且能够自动将失败的任务重新分配；⑤低成本，与一体机、商用数据仓库以及 QlikView、Yonghong Z–Suite 等数据集市相比，Hadoop 是开源的，项目的软件成本会大大降低。Hadoop 带有用 Java 语言编写的框架，因此运行在 Linux 生产平台上是非常理想的。Hadoop 上的应用程序也可以使用其他语言编写，如 C + + 。

Hadoop 得以在大数据处理中广泛应用得益于其自身在数据提取、变形和加载（ETL）方面的天然优势。Hadoop 的分布式架构，将大数据处理引擎尽可能地靠近存储，对像 ETL 这样的批处理操作相对合适，因为类似这样操作的批处理结果可以直接走向存储。Hadoop 的 MapReduce 功能实现了将单个任务打碎，并将碎片任务发送到多个节点上，之后再以单个数据集的形式加载到数据仓库中。

在 Hadoop 出现之前，高性能计算和网格计算一直是处理大数据主要的使用方法和工具，它们主要采用消息传递接口（Message Passing Interface，MPI）提供的 API（应用程序编程接口）来处理大数据。高性能计算的思想是将计算作业分散到集群机器上，集群计算节点访问存储区域网络（SAN）构成的共享文件系统获取数据，这种设计比较适合计算密集型作业。当需要访问像 PB 级别的数据时，由于存储设备网络带宽的限制，很多集群计算节点只能空闲等待数据。而 Hadoop 却不存在这种问题，由于 Hadoop 使用专门为分布式计算设计的文件系统 HDFS，其计算的时候只需要将计算代码推送到存储节点上，即可在存储节点上完成数据本地化计算，Hadoop 中的集群存储节点也是计算节点。在分布式编程方面，MPI 是属于比较底层的开发库，它赋予了程序员极大的控制能力，但是需要程序员自己控制程序的执行流程、容错功能，甚至底层的套接字通信、数据分析算法等底层细节都需要自己编程实现。这对开发分布式程序的程序员提出了较高的要求。相反，Hadoop 的 MapReduce 却是一个高度抽象的并行编程模型，它将分布式并行编程抽象为两个原语操作，即 Map 操作和 Reduce 操作，开发人员只需要简单地实现相应的接口即可，完全不用考虑底层数据流、容错、程序的并行执行等细节。这种设计大大降低了开发分布式并行程序的难度。

网格计算通常是通过现有的互联网，利用大量来自不同地域、资源异构的计算机空闲的 CPU 和磁盘来进行分布式存储和计算。这些参与计算的计算机具有分处不同地域、资源异构（基于不同平台，使用不同的硬件体系结构等）特征，从而使网格计算和 Hadoop 这种基于集群的计算相区别。Hadoop 集群一般构建在通过高速网络连接的单一数据中心内，集群计算机都具有体系结构、平台一致的特点，而网格计算需要在互联网接入环境下使用，网络带宽等都没有保证。

第六节　新零售下的大数据架构

一、数据仓库

目前并没有数据仓库的严格定义，数据仓库也是一种数据库，它与操作性数据库分开维护，是一个面向主体的、集成的、相对稳定的以及反映历史变化的数据集合，用于支持管理决策。

面向主体是指数据仓库会围绕一些主题来组织和构建，如顾客、供应商、产品等，数据仓库关注决策者的数据建模与分析，而不是企业的日常操作和事物处理，因此，数据仓库排除对决策支持无用的数据，提供面向特定主题的视图。

集成是指构建数据仓库会将多个异构的数据源，如关系数据库、一般的文件和事物处理记录等集成在一起，这就需要使用数据清理和数据集成技术，来确保命名约定、编码结构和属性度量等的一致性。

相对稳定是指数据仓库大多会分开存放数据，数据仓库不需要进行实物处理、数据恢复和开发控制等机制，通常数据仓库只需要两种数据访问操作，即数据的初始化装入和数据的访问。

反映历史变化是指数据仓库是从历史的角度提供信息，换句话说，数据仓库中的关键结构都会显式或者隐式地包含时间元素。

数据仓库体系结构通常包含数据源、数据存储和管理、数据服务及数据应用四个层次。

数据源是数据仓库的数据来源，含外部数据、现有业务系统和文档资料等，对这些数据首先完成数据集成，包括数据的抽取、清洗、转换和加载任务。数据源中的数据采用 ETL 工具并以固定的周期加载到数据仓库中。

数据存储和管理，主要涉及对数据的存储和管理，如中文数据仓库、数据仓库检查、运行与维护工具和元数据管理等。

数据服务，为前端和应用提供数据服务，可直接从数据仓库中获取数据供前端应用使用，也可以通过 OLAP（联机分析处理）服务器为前端应用提供数据服务。

数据应用，直接面向用户，含数据查询工具、自由报表工具、数据分析工具、数据挖掘工具和各类应用系统。

随着应用需求的发展变化，传统的数据仓库也存在以下几个亟待解决的问题。

一是无法满足快速增长的数据存储需求，传统数据仓库基于关系型数据库，横向扩展较差，纵向扩展有限。

二是无法处理不同类型的数据，传统数据仓库只能处理和存储结构化数据。随着应用需求的发展，数据的格式越来越丰富，半结构化、非结构化数据所占比重越来越大，处理需求也越来越迫切。

三是传统数据仓库建立在关系型数据仓库基础之上，计算和处理能力不足，当数据量达到 TB 级后性能难以保证。

二、大数据下的零售新模式

目前，大量零售企业依然缺乏针对数据科学技术的整合方式，错失了人群、商品、价格、竞争环境、周边环境、交通状况、店面属性等元素中蕴藏的大量尚未被完全解读的商业机会。

数据科学平台为零售企业赋予了基础数据科学能力，让其能够先在数据目录中将散乱的数据整理出结构和组合，之后在数据工厂中按照场景或项目目标，对数据进行处理、建模，输出数据集至数据目录或建模结果，在数据报表中实现可视化，最后在数据仓库沉淀。

在零售行业，企业和消费者求变的渴望存在已久。企业有营销预算，但不知道花在哪里才有回报；消费者也不再满足于温饱，而是有了更高的需求。然而真正推动这一轮零售变革不可阻挡的力量是技术的发展，是数字化基础设施能力的大幅提升。

随着数据采集方式的丰富，数据的维度也越发饱满起来。从前我们只能对发生交易的顾客进行分析，而现在已经能通过线上埋点、线下 Wi-Fi 探针、物联网技术、移动支付、位置服务等对交易前各个"场"在不同阶段的交互行为进行分析，形成 POS（销售终端）前洞察。表面形式上的花样翻新治标不治本，真正的变革是建立在行为的数字化及数据资产的积累基础之上的。企业可以通过设置场景、增强与既有顾客和潜在顾客的互动来丰富数据资产。互动越多，就越有可能产生更深度的交流，留下更多"痕迹"，让企业为顾客提供更贴心的服务。

新零售的"新"，归根结底依然围绕三个核心元素——人、货、场，具体体现为人的比特化、货的产销化、场的无界化。

新零售是不可阻挡的。其在"人"和"场"方面的能力已经形成，并将随着数据采集硬件的发展、数据捕捉与应用场景的丰富而逐渐增强。随着消费者生活方式的改变，在"货"方面将涌现出更多类型的实物、虚拟物和服务作为产品出售，生产速度和个性化程度，都将超越当前的初级柔性供应链，为零售商铺客户提供客流分析、VIP客户识别、员工管理、消费分析、店铺在线管理等场景化应用服务。这将使零售业管理者精准知晓用户到店情况、会员到店情况，并对员工排班、分析顾客消费行为等起到辅助作用。另外，通过人脸识别，能够打通线下客流和线上管理，满足客户多店铺管理的需求和远程管理的需求。

人脸识别，通过建立人脸库，并在人脸库中导入人脸照片，上传一张人脸照片和人脸库中的所有照片进行比对，可自动返回最相似的人脸照片。其可用于商场门店等场所的 VIP 识别，店铺在线管理通过人脸识别形成对 VIP 客户身份的识别。当 VIP 到店时，系统会发出提醒。人脸识别还可以用于店员管理，零售业管理者通过对客流的分析，精准知晓用户到店情况、会员到店情况，并根据客流量对员工排班，令人力调配达到最优。人脸识别也可以用于客流分析，对到店客流量进行分析，了解并触达客户直接需求，洞察客户的潜在需求，了解不同客户群体的消费特征，使其获得更精准的服务和更好的购物体验。人脸识别还能进行消费分析，可按日、周、月统计消费趋势、提袋率情况。人脸识别支持通过 PC、App 实时观察客流信息、VIP 到店信息及抓拍人脸进行会员注册。

三、实时数据平台

实时数据平台的支撑技术主要包含实时数据采集、消息中间件、流计算框架及数据实时存储四个方面，实时数据平台最为核心的技术是流计算。

流计算的典型特征体现在以下四个方面。

①无边界：流计算的数据源头是源源不断的，相应地，流计算的任务也需要始终运行。

②触发：不同于 Hadoop 离线任务是定时调度触发，流计算任务的每次计算是由源头数据触发的。触发是流计算一个非常重要的概念，在某些业务场景下，触发消息的逻辑比较复杂，对流计算挑战很大。

③延迟：流计算必须能高效地、迅速地处理数据。不同于 Hadoop 任务至少以分钟甚至小时计的处理延迟，流计算的延迟通常在秒甚至毫秒级别，分钟级别的延迟只有在特殊情况下才被接受。

④历史数据：Hadoop 离线任务如果发现某天的历史数据有问题，通常很容易修复问题并能重新运行任务，但是对于流计算任务基本不可能或代价非常大，首先实时流消息不会保存很久（一般几天），而且完全保存历史数据的原始状态基本不可能，所以

实时流计算一般只能从问题被发现的时刻开始修复数据，历史数据是无法弥补的。

在数据管理方面，包括数据探查、数据集成、数据质量、元数据管理和数据屏蔽。数据探查是对数据的内容本身和关联关系等进行分析，包括但不限于需要的数据是否有、都有哪些字段、字段含义是否规范明确以及字段的分布和质量如何等。

通过大数据汇聚、大数据转化和大数据变现三个环节的处理，挖掘大数据资产的价值，对内可以提升精确营销、精益管理和精准建设能力；对外可以提供丰富的信息数据产品服务，创造蓝海价值。比如，在产品服务方面，可以设计个性化资费套餐、差异化的贴心服务以及定制化产品；在市场营销方面，可基于社交网络、社交媒体、位置等信息进行智能营销，如流量经营、存量经营、集客经营及终端营销；在客户洞察方面，可实现 360 度视图，分析交往圈；在科学决策方面，可以实现数据驱动决策、可视化决策及战略情报分析等；在网络优化方面，可实现全程全网实时监控与智能网络规划等。

四、大数据在新零售中的应用

新零售是利用互联网和大数据，将人、货、场等传统商业要素进行重构的过程，包括重构生产流程、重构商家与消费者的关系、重构消费体验等。每个企业都将走向数据公司，完成消费者的可识别、可触达、可洞察、可服务。整个商业生态体系将通过大数据、新技术帮助商家完成重构。这句话用通俗的语言解释就是：随着新零售更深度地打通和融合线上线下的商家，包括向上游延伸到设计、制造；向下游延伸到物流、仓储、配送，消费者的购买行为大数据可以帮助商家更好地为消费者服务。

从大数据、云计算到目标用户画像，从渠道融合、现代物流到构建消费场景模型，无论是解决目前的零售窘迫还是更深远地筹谋未来，越来越多的人开始意识到，随着市场环境及消费群体的变化，许多企业正在从过去的产品运营思维转化为用户运营思维。在互联网时代，新零售构建场景的关键是，如何把好不容易争取到的客户价值最大化，最终围绕"人"重新建立商业价值链条。

线上公司与生俱来的优势就是对"人"的把握、对"用户"的把握，"货"和"场"反而成为弱势。所以线上公司要向线下发展，就要最大限度整合线下"货"和"场"的资源，完成企业综合全面的规模扩张。这也是为什么"新零售"是从线上向线下发起的挑战。每个时代对"货、场、人"三个因素关注的焦点与重心都是不同的。在我们这个时代，零售的重心如果还放在"货"和"场"上，而没有在消费者和消费需求的共鸣性上做很好的把握，那这不是"新零售"。同样，如果在客户端方面有很好的数据资源与运营计划，却没有把"货"与"场"这两个要素纳入发展计划之中，这也不是新零售。

因此，如果一家数据分析公司把分析结果提供给线下零售伙伴，并帮助零售伙伴完成从数据分析到数据应用的整个工作流程，才能真正把数据价值发挥出来。完成数据分析到数据应用至少还有以下技术环节。

第一，数据分析平台与数据营销平台的对接。只有把数据分析结果无缝地连接到数据营销平台，才能高效地让分析效果与营销工作结合在一起。这样无须复杂的数据分析师与数据营销团队结合，普通营销人员就可以完成数据营销的筹备与推进工作。

第二，数据营销平台与销售平台的对接。如果没有销售平台的支持，那么数据营销将是自说自话，无法体现出数据营销的高效率与精度。

第三，数据平台与消费者体验平台的对接。无论促销的效果有多好，不持续提供让客户满意的体验，终究无法保持长期的竞争力。

以上所涉及的技术创新与商业环节改造，对企业来说是巨大的挑战，这需要对数据分析、应用技术及商业零售知识的综合创新。

第七节　新零售大数据实际应用分析

大数据不做因果判断，只适用于关联分析。很多关联分析并不需要复杂的模型，只需要有大数据的意识。很多机构都有数据废弃，数据不是用完就是被舍弃，它的再利用价值也许现在不清楚，但在未来的某一刻，它会迸发出来，可以化废为宝。黑暗数据就是针对单一目标收集的数据，通常用过之后就被归档闲置，其真正价值未能被充分挖掘。对于企业来说，100条理论也不如一个成功的标杆有实践意义，以下案例也许会让大家理解大数据在新零售中的重要作用。

一、"新"公司耐克

耐克凭借一种名为 Nike + 的新产品变身为大数据营销的创新公司。所谓 Nike + ，是一种以"Nike 跑鞋或腕带 + 传感器"的产品，只要运动者穿着 Nike + 的跑鞋运动，iPod 就可以存储并显示运动日期、时长、距离、热量消耗值等数据。用户上传数据到耐克社区，就能和同好分享讨论。耐克和 Facebook 达成协议，用户上传的跑步状态会实时更新到账户，朋友可以评论并点击一个"鼓掌"按钮——神奇的是，你在跑步时便能够在音乐中听到朋友们的鼓掌声。随着跑步者不断上传自己的跑步路线，耐克由此掌握了主要城市里最佳跑步路线的数据库。

有了 Nike +，耐克组织的城市跑步活动效果更好。参赛者在规定时间内将自己的跑步数据上传，对比哪个城市累计的距离长。凭借运动者上传的数据，耐克公司已经成功建立了全球最大的运动网上社区，超过 500 万活跃的用户，每天不停地上传数据，耐克借此与消费者建立前所未有的牢固关系。海量的数据对于耐克了解用户习惯、改进产品、精准投放和精准营销又起到了不可替代的作用。因为顾客跑步停下来休息时交流的就是装备，"哪种设备追踪得更准，又推出了什么新款跑鞋"，甚至掌握了跑步者最喜欢听的歌是哪些。而且耐克公司的跑步业务营收也随 Nike + 会员数的增加而大幅上升。

新零售就是大数据思维下的产物。我们可以从四个维度来分析大数据思维带来的新零售业态。第一是量化思维，即一切皆可量化，每天我们的身后都拖着一条由个人信息组成的长长的"尾巴"，这只是因为我们生活在一个现代化的世界。我们点击网页、切换电视频道、驾车穿过自动收费站、用信用卡购物、使用手机等，而很多公司正在捕获我们的详细数据。我们要先有数据再谈应用。第二是决策思维，让数据驱动，用数据说话，用数据来创新。第三是要全部数据，不要抽样，模型不再那么重要，让数据说话。在小数据时代，随机采样就是利用最少的数据获得更多的信息。而且采样分析的精确性随着采样随机性的增加而大幅增加，与样本数量的增加关系不大。在大数据时代，随着收集数据的便捷性，以及数据处理速度加快，我们可以分析更多的数据，甚至是可以处理和某个特别现象相关的所有数据，而不是依赖于随机采样。因为大数据是建立在掌握所有数据，至少是尽可能多的数据的基础上，所以我们就可以正确地考察细节并进行新的分析。生活中真正有趣的事情经常隐匿在细节中，而采样分析法却无法捕捉到这些细节。第四是关联思维，强调数据之间的关联也很有用。因果关系是最深刻的一类联系，但是我们很多时候并不能获得。相关关系通过识别有用的关联物帮助我们分析一个现象，而不是通过提示其内部的运作机制。但相关关系没有绝对，只有可能。大多数情况下，一旦我们完成了对大数据的相关分析，而又不再满足于仅仅知道"是什么"时，我们就会继续向更深层研究因果关系，找出背后的"为什么"。

我们再回到 Nike 案例，大数据能为 Nike 带来什么？毋庸置疑，首先想到的就是精准营销，其次是改进产品，最后是联合营销。可以看出尽管耐克的使命是卖出更多球鞋，但它还在跟你谈生活方式。

二、农场云端管理服务商 Farmeron

农场云端管理服务商 Farmeron 旨在为全世界的农民提供类似于 Google Analytics 的数据跟踪和分析服务。农民可在其网站上利用这款软件，记录和跟踪自己畜牧养殖的情况（饲料库存、消耗和花费，畜牧的出生、死亡、产奶等信息，以及农场的收支信息）。

其作用在于：Farmeron 帮助农场主将零散的农业生产记录整理到一起，用先进的分析工具和报告有针对性地监测分析农场及生产状况，有利于农场主科学地制订农业生产计划。

Farmeron 体现的最重要的技术就是数据跟踪和分析，简单来说，一切与农业相关的数据，包括上游的种子、化肥和农药等农资研发，气象、环境、土壤、作物、农资投入等种植过程数据，以及下游的农产品加工、市场经营、物流、农业金融等数据，都属于农业大数据的范畴，贯穿整个产业链。农业大数据之所以大而复杂，是由于农业是带有时间属性和空间属性的行业，因而需要考虑多种因素在不同时间点和不同地域对农业的影响。

1. 大数据加速作物育种

传统育种成本较高，工作量大，需要花费十年甚至更久的时间。而大数据加快了此进程。生物信息促使基因组织学研究实现突破性进展。首先，获得了模式生物的基因组排序；其次，实验型技术可以被快速应用。过去的生物调查习惯于在温室和田地进行，现在可以通过计算机运算进行，海量的基因信息流可以在云端被创造和分析，同时进行假设验证、实验规划、定义和开发。只需要有相对很少一部分作物经过一系列的实际大田环境验证。这样一来育种专家就可以高效确定品种的适宜区域和抗性表现。这项新技术的发展不仅有助于以更低成本进行更快的决策，而且能探索很多以前无法完成的事。

2. 以数据驱动的精准农业操作

农业是很复杂的，作物、土壤、气候以及人类活动等各种要素相互影响。以数据驱动的精准农业操作通过遥感卫星和无人机管理地块和规划作物种植适宜区，预测气候、自然灾害、病虫害、土壤墒情等环境因素，监测作物长势，指导灌溉和施肥，预估产量。随着 GPS（全球定位系统）导航能力和其他工业技术的提高，生产者们还可以引导和控制设备，监控农田环境，精细化管理整个土地的投入，大大提高了生产力和盈利能力。数据快速积累的同时，如果没有大数据分析技术，数据将会变得十分庞大和复杂，因为数据本身并不能创造价值，只有通过有效分析，才能帮助种植者做出有效决策。曾在美国航空航天局多年从事遥感数据分析的张弓博士指出，"大数据分析的技术核心是机器学习，快速、智能化、定制化地帮助用户获取数据，获得分析结果，进而做出种植决策，提高设施和人员使用效率"。

3. 大数据实现农产品可追溯

跟踪农产品从农田到消费者的过程有利于防止疾病、减少污染和增加收益。当全球供应链越来越长，跟踪和监测农产品的重要性也越来越强。大数据可以在仓库储存和零售商店环节提高运营质量，食品生产商和运输商使用传感技术、扫描仪和分析技术来监测和收集产业链数据。在运输途中，通过带有 GPS 功能的传感器实时监测温度和湿度，当不符合要求时会发出预警，从而加以校正；销售点扫描能够在食品有问题或者需要召回时，甚至在产品卖出后也可以采取即时、高效的应对措施。

4. 大数据重组供应链

大数据时代，许多传统公司面临的一个挑战是能否通过新技术做出改变，因为改变需要公司文化、风格和运营方式给予支持。大型农业企业拥有大量的研发经费和机制，促使他们较容易地运用复杂技术开发出新产品。另外，大部分传统公司的另一个挑战是复杂的定价策略不断演化，涉及层层分销商、经销商、打包销售、返利折让等一系列过程，造成产业链价格不透明。谁能掌握先机，谁就掌握了市场的主动权，谁就能给自身的转变带来更多机会，就像谷歌改变了多个产业、打车软件改变了人们的出行方式一样。

三、推荐系统

讨论信息价值的时候，我们讨论的不光是量和传播速度，还有信息共享的范围，这其实和推荐系统中协同过滤有着密切关系，即通过共享其他人或者物品的信息进行推荐，共享范围对信息价值产生的影响最大。

推荐系统其实就是给用户推荐物品或者预测喜好，当然还包括其他的东西。各种推荐的场景，主要由用户和物品两部分组成，图模型也是推荐系统的一种解决方案，如图 5 - 4 中两个物品的相似度就可以使用图计算的方法进行量化的解释。国内在推荐系统方面主要是通过千人千面来实现增加点击量，发掘长尾的目标。目前推荐系统常见的使用场景有电商、社交、影音、资讯四个平台。

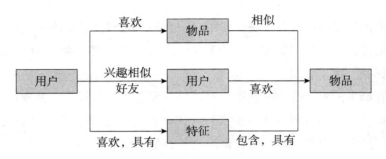

图 5 - 4　推荐系统

常见的推荐算法有基于内容、协同过滤、关联规则、基于效用及基于知识这五个。其中最主要的是协同过滤，它又被分为两类：一类是基于用户，主要在资讯平台；另一类是基于物品，主要在电商平台。基于用户的算法计算的是用户相似度，需要维护用户信息矩阵，更社会化；而基于物品的算法计算的是物品相似度，需要维护物品信息举证，更个性化。

图 5 - 5 是协同过滤的评分预测算法，ALS（交替最小二乘法）中评分由两个向量的乘积决定，而 SVD + +（在全程奇异值分解模型中融入用户对物品的隐式行为）认为评分不光是由两个向量乘积决定，个体差异同样也会产生影响。

用户	物品			
	物品A	物品B	物品C	物品D
用户A	☆		☆	推荐
用户B		☆		
用户C	☆		☆	☆

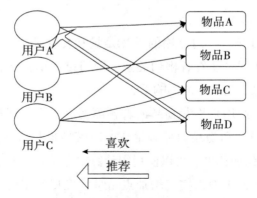

图 5 - 5 协同过滤的评分预测算法

推荐需要的数据一般分为三块，即用户、物品、时间。时间用来关联用户和物品；用户数据主要是人口统计学数据、用户行为数据、用户标签；物品数据则是物品基本属性、物品标签、物品效用。

对于推荐结果的检验分为准确率、召回率、覆盖率、多样性、新颖度/流行度。推荐系统中除了技术，还需要有业务的支持。因此作为一个数据科学家不光要有数据和计算机基础，还要有专业知识，也就是对业务的基本理解。

第六章　大数据技术及信息采集

【本章导读】

　　数据采集是大数据分析的前提，也是必要条件，在整个流程中占重要地位。本文将介绍大数据技术 Hadoop 和数据采集技术，让读者了解一些基本的大数据采集方案，便于以后对大数据分析的理解。

第一节　大数据技术 Hadoop

一、背景介绍

　　大数据指数据集的大小超过了现有典型的数据库软件和工具的处理能力。与此同时，及时捕捉、存储、聚合、管理这些大数据以及对数据深度分析的新技术和新能力正在快速发展和提升。

1. 传统数据和大数据的比较

　　传统数据和大数据的比较如表 6 - 1 所示。

表 6 - 1　　　　　　　　　　传统数据和大数据的比较

特征	传统数据	大数据
数据量	从 GB 级到 PB 级	从 TB 级到 PB 级以上
速度	数据量稳定，增长不快	持续实时产生数据，年增长率超过 60%
多样性	主要为结构化数据	半结构化，非结构化，多维数据
价值	统计和报表	数据挖掘和预测性分析

2. 大数据的特性

　　根据数据集的 4V 特性，Volume（大量），数据量从 TB 级到 PB 级；Variety（多样性），数据类型复杂，超过 80% 的数据是非结构化的；Velocity（高速），数据量在持续增加（两位数的年增长率）；Value（价值），巨大的数据价值。

其他特征：数据来自多种数据源，需要做相关性分析；需要实时或者准实时的流式采集，有些应用90%写和10%读；数据需要长时间存储，非热点数据也会被随机访问。

3. Hadoop 的起源

①Hadoop 是 Google 的集群系统的开源实现。

②Google 集群系统包括 GFS（Google File System）、MapReduce、BigTable。

③Hadoop 主要由 HDFS、Hadoop 分布式文件系统、MapReduce 组成。

④Hadoop 的初衷是为解决 Nutch 的海量数据获取和存储的需要。

⑤Hadoop 在 2005 年作为 Lucene（全文搜索引擎架构）的子项目 Nutch 的一部分正式引入 Apache 基金会。

4. Hadoop 的概念

Hadoop 是一整套大数据存储和处理方案，包括数据收集、数据存储、数据分析与挖掘。

Hadoop 生态系统的特点包括源代码开源（免费）、社区活跃、参与者众多、涉及分布式存储和计算的各方面。

Hadoop 是一个生态系统，每个系统解决一类问题，系统间相互配合。

5. Hadoop 生态圈

关于 Hadoop 生态圈的介绍如表 6－2 所示。

表 6－2　　　　　　　　　　　　　　　　**Hadoop 生态圈**

处理框架—分布式系统—生态系统		
日志收集系统（Flume）	大规模搜索（Nutch）	搜索（Solr）
挖掘算法（Mahout）		Sqoop
数据仓库（Hive）	数据库（HBase）	批处理（Pig）
BPS 模型（Hama）	分布式锁（Zookeeper）	
More...		
存储＋计算（HDFS＋MapReduce）		

6. Hadoop 发行版本

Apache Hadoop（http：//hadoop. apache. org/）：最原始版本，所有其他发行版本均

基于该发行版本，包含 1.0、2.0、3.0 系列。

HDP（http：//hortonworks. com/）：Hortonworks 公司的发行版本。

CDH（http：//www. cloudera. com/）：CDH4/CDH5 对应 Apache Hadoop 2.0 系列，CDH6 对应 Apache Hadoop 3.0 系列。

不同发行版本兼容性架构、部署和使用方法一致，不同之处仅在若干内部实现。

7. Hadoop 内核基本构成

HDFS：分布式存储系统（Hadoop Distributed File System，HDFS），具有高可靠性、高扩展性、高吞吐率。

YARN：资源管理系统（Yet Another Resource Negotiator，YARN），负责集群资源的统一管理和调度。

MapReduce：分布式计算框架，易于编程，具有高容错性、高扩展性。

二、Hadoop 内核 HDFS

1. HDFS 的概念

HDFS 的全称为 Hadoop Distributed File System，它是易于扩展的分布式文件系统，运行在大量普通廉价机器上，提供容错机制，为大量用户提供性能不错的文件存取服务。

2. HDFS 的优缺点

HDFS 的优点有以下 6 项。①高容错性：副本丢失后自动恢复，数据自动保存多个副本；②适合批处理：移动计算而非数据，数据位置暴露给计算框架；③大数量级别处理：GB、TB、PB 级数据，百万规模以上的文件数量；④节点规模：10K + 节点规模，集群规模决定处理性能且单机性能越高越好；⑤流式文件访问：一次性写入，多次读取，保证数据一致性；⑥廉价机器上部署：通过多副本提高可靠性，提供了容错和恢复机制。

HDFS 的缺点有 7 个方面。①低延迟数据访问，如毫秒级；②低延迟与高吞吐率；③小文件存取；④占用 NameNode 大量内存；⑤寻道时间超过读取时间；⑥并发写入，文件随机修改；⑦一个文件只能有一个写入者。

3. HDFS 设计思想

这种设计思想优点包括以下 2 项。①各节点负载均衡：文件大小相同，节点磁盘利用率得以均衡；②有利于并行处理：Block（块）均匀分布在集群中的各个节点，单个节点处理能力不影响整体效率。HDFS 设计思想如图 6 – 1 所示。

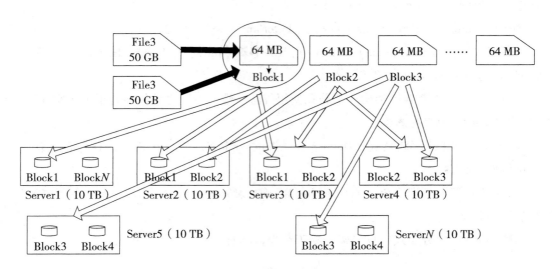

图 6-1　HDFS 设计思想

4. HDFS 体系结构

Slave Disk（从盘，有多个），存储实际的数据块，执行数据块读/写，文件切分，与 NameNode 交互获取文件位置信息，管理 HDFS，访问 HDFS，与 DataNode 交互读取或者写入数据。HDFS 体系结构如图 6-2 所示。

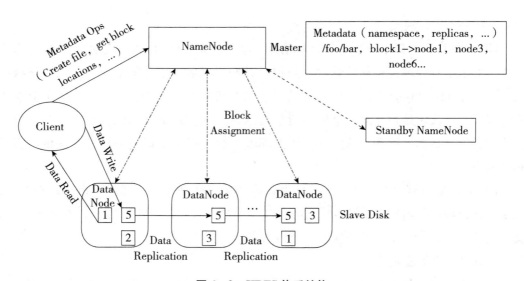

图 6-2　HDFS 体系结构

（1）NameNode。

①Master Disk（主盘，只有一个）管理 HDFS 的名称空间。

②配置副本策略，处理客户端读写请求。

（2）Standby NameNode。

①它是 NameNode 的热备。

②定期合并 FsImage 和 Edits，推送给 NameNode。

③当 Active NameNode 出现故障时，快速切换为新的 Active NameNode。

5. HDFS 数据块（Block）

Block 1：文件被切分成固定大小的数据块，默认数据块大小为 64MB，可配置；若文件大小不到 64MB，则单独存成一个 Block。

Block 2：为何数据块如此之大？数据传输时间超过寻道时间（高吞吐率）。

Block 3：单个文件存储方式有两个，一是按大小被切分成若干个 Block，存储到不同节点上；二是默认情况下每个 Block 有三个副本。

6. HDFS 数据块副本放置策略

问题：一个文件划分成多个 Block，每个 Block 存多份，如何存储？

Block 副本放置策略如下。

①副本 1：同 Client 的节点上。

②副本 2：不同机架中的节点上。

③副本 3：与第二个副本同一机架的另一个节点上。

④其他副本：随机挑选。

7. HDFS 可靠性

常见的三种错误情况有：文件损坏、网络或者机器失效、NameNode 故障。

文件完整性包括：CRC32（循环冗余校验）、用其他副本取代损坏文件。

Heartbeat：DataNode 定期向 NameNode 发送 Heartbeat（心跳监测）。

元数据信息：FsImage、EditLog（操作日志）、多份存储、主备 NameNode 实时切换。

HDFS 不适合存储小文件有以下几点原因。

①元信息存储在 NameNode 内存中，一个节点的内存是有限的；

②存取大量小文件消耗大量的寻找时间，类比拷贝大量小文件与拷贝同等大小的一个大文件；

③NameNode 存储 Block 数目是有限的，一个 Block 元信息消耗大约 150Byte（字节）内存、存储 1 亿个 Block，大约需要 20GB 内存，如果一个文件大小为 10KB（千字节），则 1 亿个文件大小仅为 1TB（但要消耗掉 NameNode 20GB 内存）。

三、Hadoop 内核 YARN

1. YARN 的概念

YARN 是资源管理和调度系统，管理集群中的资源（类似于操作系统）、将资源分配给上层的应用程序。其优点是能降低运营成本、有利于数据共享、提高资源利用率。

2. YARN 的基本架构

①Client：用户可以通过 YARN 客户端程序实现应用程序的提交、监控和终止。

②ResourceManager：处理客户端请求、启动/监控 ApplicationMaster、监控 NodeManager、资源分配与调度。

③NodeManager：单个节点上的资源管理，处理来自 ResourceManager 和 Application-Master 的命令。

④ApplicationMaster：数据切分、为应用程序申请资源、分配给内部任务、任务监控与容错。

⑤Container：对任务运行环境的抽象，封装了 CPU、内存等多维资源以及环境变量，启动命令等任务，运行相关的信息。

YARN 基本架构如图 6 - 3 所示。

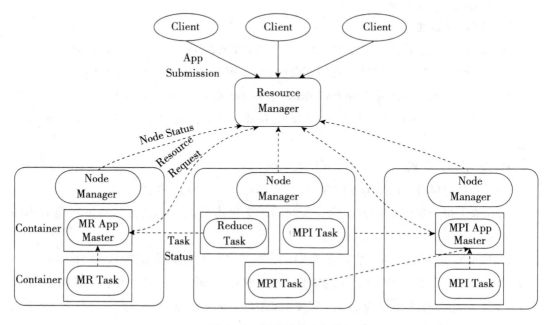

图 6 - 3　YARN 基本架构

3. YARN 资源调度器

YARN 资源调度器是多类型资源调度，采用 DRF 算法、目前支持 CPU 和内存两种资源。

YARN 可提供多种资源调度器：FIFO（先进先出队列）、Fair Scheduler（公平调度器）、Capacity Scheduler（容量调度器）。

（1）YARN 资源调度器——Capacity Scheduler。

①由 Yahoo（雅虎）开源的，共享集群调度器；

②以队列方式组织作业；

③每个队列内部采用 FIFO 调度策略；

④每个队列分配一定比例资源；

⑤可限制每个用户使用资源量。

Capacity Scheduler 的工作过程如图 6-4 所示。

按到达时间排序，先来先服务						100 Memory	
App11	App12	App13	App14	App15	App16		（20%，15）Queue A
App21	App22	App23	App24	App25			（50%，25）Queue B
App31	App32	App33	App34	App35	App36	App37	（30%，25）Queue C

图 6-4　Capacity Scheduler 的工作过程

（2）YARN 资源调度器——Fair Scheduler。

①由 Facebook 开源的，共享集群调度器；

②以队列方式组织作业；

③基于最小资源量（Min Share）与公平共享量（Fair Share）进行调度；

④作业优先级越高，分配到的资源越多。

Fair Scheduler 的工作过程如图 6-5 所示。

4. YARN 资源隔离机制

①支持内存和 CPU 两种资源隔离：内存是一种"决定生死"的资源，CPU 是一种"影响快慢"的资源；

②内存隔离：是基于线程监控的方案和基于 Cgroups 的方案；

③CPU 隔离：默认不对 CPU 资源进行隔离，是基于 Cgroups 的方案。

						100 Memory
Job11	Job12	Job13	Job14	Job15	Job16	Queue A

					Queue B
Job21	Job22	Job23	Job24	Job25	

						Queue C
Job31	Job32	Job33	Job34	Job35	Job36	Job37

图 6 – 5　**Fair Scheduler 的工作过程**

四、Hadoop 内核 MapReduce

1. MapReduce 简介

Hadoop MapReduce 源自 Google 发表于 2004 年 12 月的 MapReduce 论文，是 Google MapReduce 的克隆版。

MapReduce 的特点包括易于编程、良好的扩展性、高容错性、适合 PB 级以上海量数据的离线处理。

2. MapReduce 的计算框架

MapReduce 计算框架为离线数据分析而设计，是利用数据并行性进行分布运算而后汇总结果的计算框架。

①分析问题能够被并行化，且输入数据集可以被切分；

②一个 Map 函数，在第一阶段计算 < Key，Value > ；

③一个 Reduce 函数，在第二阶段用于汇总 Map 函数的结果。

MapReduce 计算框架如图 6 – 6 所示。

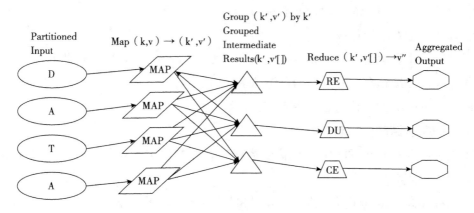

图 6 – 6　**MapReduce 计算框架**

3. MapReduce 离线计算框架

①将计算过程分为两个阶段：Map 和 Reduce，Map 阶段并行处理输入数据，Reduce 阶段对 Map 结果进行汇总；

②Shuffle 连接 Map 和 Reduce 两个阶段：Map Task 将数据写到本地磁盘；Reduce Task 从每个 Map Task 上读取一份数据；

③仅适合离线批处理：具有很好的容错性和扩展性，适合简单的批处理任务；

④缺点明显：启动开销大、过多使用磁盘导致效率低下等。

4. MapReduce 不擅长的任务

①实时计算：像 MySQL 一样，在毫秒级或者秒级内返回结果；

②流式计算：MapReduce 的输入数据集是静态的，不能动态变化，MapReduce 自身的设计特点决定了数据源必须是静态的；

③DAG 计算：多个应用程序存在依赖关系，后一个应用程序的输入为前一个应用程序的输出。

5. MapReduce 编程模型

①Map 阶段：InputFormat（默认 TextInputFormat）、Mapper、Combiner（local reducer）、Partitioner；

②Reduce 阶段：Reducer、OutputFormat（默认 TextOutputFormat）。

MapReduce 编程模型如图 6 - 7 所示。

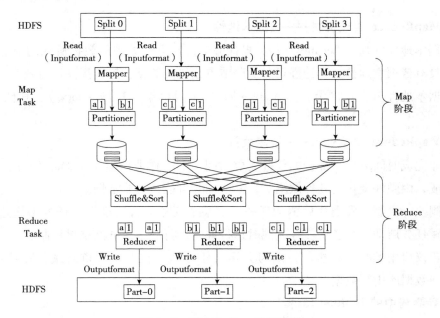

图 6 - 7　MapReduce 编程模型

6. MapReduce 2.0 架构

①Client：用户通过 Client 与 YARN 交互，提交 MapReduce 作业、查询作业运行状态、管理作业等。

②MRAppMaster 功能包括：任务划分，资源申请并将之二次分配给 Map Task 和 Reduce Task，任务状态监控和容错。

MapReduce 2.0 架构如图 6-8 所示。

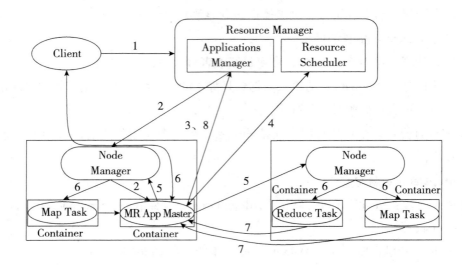

图 6-8　MapReduce 2.0 架构

7. MapReduce 实现机制——数据本地性

数据本地性（Data Locality）指如果任务运行在它将处理的数据所在的节点，则称该任务具有数据本地性，本地性可避免跨节点或机架数据传输，提高运行效率。

数据本地性分类：同节点（Node-local）、同机架（Rack-local）、其他（Off-switch）。

8. MapReduce 实现机制——推测执行

作业完成时间取决于最慢的任务完成时间，一个作业由若干个 Map 任务和 Reduce 任务构成，因硬件老化、软件缺陷等，某些任务可能运行非常慢。

推测执行机制：发现拖后腿的任务，如某个任务运行速度慢于任务平均速度，则为拖后腿任务启动一个备份任务，同时运行谁先运行完采用谁的结果机制。

不建议启用推测执行机制，因为会导致任务间存在严重的负载倾斜和特殊任务，如任务向数据库中写数据。

9. 新零售中的 Hadoop 集群

集群承担的功能为包括数据的上收、归集、处理和对外提供。

集群规模为主机 205 台，单机配置是 2core×10 ，单机内存为 256G，存储总量为 6P（6000T）。

Hadoop 集群如图 6 - 9 所示。

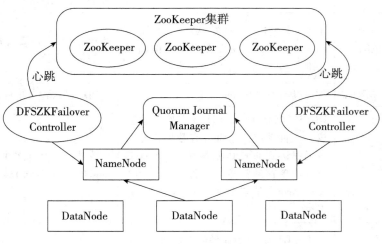

图 6 - 9　Hadoop 集群

五、Hadoop2. 0 和 Hadoop3. 0

Hadoop2. 0 和 Hadoop3. 0 的区别如表 6 - 3 所示。

表 6 - 3　　　　　　　　　　　　　　Hadoop2. 0 和 Hadoop3. 0 的区别

对比内容	Hadoop2. 0	Hadoop3. 0
License（许可）	开源	开源
支持最低 Java 版本	Java 7	Java 8
容错	通过复制（浪费空间）来处理容错	通过 Erasure（擦除）编码处理容错
数据平衡	使用 HDFS 平衡器	使用 Intra - data 节点平衡器，该平衡器通过 HDFS 磁盘平衡器 CLI（命令行界面）调用
存储方案	HDFS 在存储空间中有 200% 的开销	存储开销仅为 50%
存储开销示例	如果有 6 个块，那么由于副本方案，将有 18 个块占用空间	如果有 6 个块，那么将有 9 个块空间，6 块 Block，3 块用于奇偶校验

对比内容	Hadoop2.0	Hadoop3.0
YARN 时间线服务	使用具有可伸缩性的旧时间轴服务	改进时间线服务并提高时间线服务的可扩展性和可靠性
默认端口范围	Hadoop2.0 中，一些默认端口是 Linux 临时端口范围，所以在启动时他们无法绑定	Hadoop3.0 中，这些端口已经移出了短暂的范围
支持 Microsoft Windows	它可以部署在 Windows 上	它可以部署在 Windows 上
兼容的文件系统	HDFS（默认 FS），FTP（文件传输协议）文件系统：它将所有数据存储在可远程访问的 FTP 服务器上。Amazon S3（简单存储服务）文件系统，Windows Azure 存储 Blob（WASB）文件系统	它支持前面所有文件系统以及 Microsoft Azure Data Lake 文件系统
插槽/容器	Hadoop1.0 适用于插槽的概念，但 Hadoop2.0 适用于容器的概念。通过容器，我们可以运行通用任务	它也适用于容器的概念
单点故障	具有 SPOF（单点故障）的功能，因此只要 NameNode 失败，它就会自动恢复	具有 SPOF 的功能，因此只要 NameNode 失败，它就会自动恢复
DataNode 资源	DataNode 资源不专用于 MapReduce，我们可以将它用于其他应用程序	此处数据节点资源也可用于其他应用程序
HDFS 联盟	在 Hadoop1.0 中，只有一个 NameNode 来管理所有 Namespace，但在 Hadoop2.0 中，多个 NameNode 用于多个 Namespace	Hadoop3.0 还有多个名称空间
MR API 兼容性	与 Hadoop1.0 程序兼容的 MR API，可在 Hadoop2.0 运行	此处，MR API 与运行 Hadoop1.0 程序兼容
可扩展性	可以扩展到每个群集 10000 个节点	更好的可扩展性，可以为每个群集扩展超过 10000 个节点
更快地访问数据	由于数据节点缓存，可以快速访问数据	通过 DataNode 缓存可以快速访问数据

续表

对比内容	Hadoop2.0	Hadoop3.0
HDFS 快照	Hadoop2.0 增加了对快照的支持，为用户错误提供灾难恢复和保护	Hadoop3.0 也支持快照功能
平台	可以作为各种数据分析的平台，运行事件处理、流媒体和实时操作	可以在 YARN 的顶部运行事件处理、流媒体和实时操作
群集资源管理	对于群集资源管理，它使用 YARN。具有可扩展性、高可用性、多租户的特点	对于集群资源管理使用具有所有功能的 YARN

第二节　数据采集

一、数据采集技术（Flume + Filebeat + Flink）

（一）Flume

1. Flume 的介绍

Flume 是一个分布式、可靠的、高可用的海量日志采集、聚合和传输的系统。支持在日志系统中定制各类数据发送方，用于收集数据。同时，Flume 具有对数据进行简单处理，并写到各种数据接受方（如文本、HDFS、HBase 等）的能力。

Flume 的数据流由事件（Event）贯穿始终。事件是 Flume 的基本数据单位，它携带日志数据（字节数组形式）并且携带有头部信息，Event 由 Agent（人工智能代理）外部的 Source（源头）生成，当 Source 捕获事件后会进行特定的格式化，然后 Source 会把事件推入（单个或多个）Channel（通道）中。你可以把 Channel 看作一个缓冲区，它将保存事件直到 Sink（目的地）处理完该事件。Sink 负责持久化日志或者把事件推向另一个 Source。

2. Flume 的可靠性及可恢复性

当节点出现故障时，日志能够被传送到其他节点上而不会丢失。Flume 提供了三种级别的可靠性保障，从强到弱依次为：

①End to End（收到数据 Agent 首先将 Event 写到磁盘上，当数据传送成功后，再删除；如果数据发送失败，可以重新发送）。

②Store on Failure（这也是 Scribe 采用的策略，当数据接收方的系统突然崩溃时，

将数据写到本地，待恢复后，继续发送）。

③Besteffort（数据发送到接收方后，不会进行确认）。可恢复性依靠 Channel。推荐使用 FileChannel，事件持久化在本地文件系统里（性能较差）。

3. Flume 配置的多样性

Flume 提供了大量内置的 Source、Channel 和 Sink 类型。不同类型的 Source、Channel 和 Sink 可以自由组合。组合方式基于用户设置的配置文件，非常灵活。比如，Channel 可以把事件暂存在内存里，也可以持久化到本地硬盘上。Sink 可以把日志写入 HDFS、HBase 甚至是另外一个 Source 等。Flume 支持用户建立多级流，多个 Agent 可以协同工作。

4. Flume 的核心概念

Agent 使用 JVM（一种抽象化的计算机）运行 Flume。每台机器运行一个 Agent，但是可以在一个 Agent 中包含多个 Source 和 Sink。

Client 生产数据，运行在一个独立的线程。

Source 从 Client 收集数据，传递给 Channel。

Sink 从 Channel 获取数据，运行在一个独立线程。

Channel 连接 Source 和 Sink。

Event 可以是日志记录、Avro（数据序列化的系统）对象等。

Flume 以 Agent 为最小的独立运行单位。一个 Agent 就是一个 JVM。Agent 由 Source、Sink 和 Channel 三大组件构成。

（二）Filebeat

1. Filebeat 的介绍

Filebeat 是本地文件的日志数据采集器。作为服务器上的 Broker 安装，Filebeat 监视日志目录或特定日志文件，并将它们转发给 Elasticsearch、Logstash 或 Kafka 等。

Logstash 是 ELK（Elasticsearch、Logstash、Kibana）组件中的一个。这三个组件往往是配合使用的：Elasticsearch 负责数据的存储和索引，Logstash 负责数据采集和过滤转换，Kibana 则负责图形界面处理。

Logstash 和 Filebeat 都具有日志收集功能。Filebeat 更轻，占用资源更少。Filebeat 可以发送到 Logstash，进一步进行日志清洗和过滤。

2. Filebeat 工作原理

①Filebeat 由两个主要组件组成：Prospector 和 Harvester。这些组件一起工作来读取文件并将事件数据发送到指定的输出。

②启动 Filebeat 时，它会启动一个或多个查找器，查看用户为日志文件指定的本地

路径。对于 Prospector 所在的每个日志文件，Prospector 启动 Harvester。每个 Harvester 都会为新内容读取单个日志文件，并将新日志数据发送到 Libbeat，后者将聚合事件和聚合数据发送到用户为 Filebeat 配置的输出。

Filebeat 工作原理如图 6 - 10 所示。

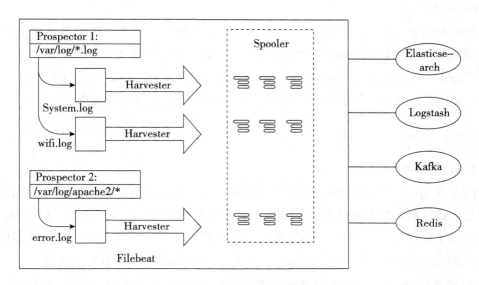

图 6 - 10　Filebeat 工作原理

3. Filebeat 组件——Prospector

Prospector 负责管理 Harvester 并找到所有要读取的文件来源。如果输入类型为日志，则查找器将查找路径匹配的所有文件，并为每个文件启动一个 Harvester。每个 Prospector 都在自己的 Go 协程中运行。

4. Filebeat 组件——Harvester

Harvester：负责读取单个文件的内容。读取每个文件，并将内容发送到 the Output，每个文件启动一个 Harvester，Harvester 负责打开和关闭文件，这意味着在运行时文件需保持打开状态。如果文件在读取时被删除或重命名，Filebeat 将继续读取文件。

（三）Flume 与 Filebeat 比较

①重启时数据丢失问题。Filebeat 不会造成数据丢失；Flume 虽然有断点续传功能，但是在 Channel 中的数据会丢失。

②数据重复问题。Filebeat 和 Flume 都会有数据重复。Flume 有些没有写入 Pos 文件中的数据也会重复发送。

③目录中文件回滚。Filebeat 会自动处理，Flume 不能自动处理，且处理起来比较

烦琐。

④资源的占用。Flume 运行在 JVM（Java 虚拟机的缩写）上，会占用较多的资源；Filebeat 对操作系统而言，是一个二进制文件，占用资源较少。

⑤系统的配置。Flume 可以与 ZooKeeper 结合，由 ZooKeeper 统一维护配置信息；Fliebeat 则不能。

⑥数据完整。Flume 对于每个 Event 进行事务性处理，只有当收到 Sink 的 ack（确认字符）时，才会删除 Channel 中的 Event；Filebeat 也可以做到。

⑦Flume 可以配置。Flume Collector 集群统一收集每个 Flume Agent 的日志，Flume Collector 具有 Failover（故障转移）模式。Filebeat 支持写入 Logstash 中。

（四）Flink

1. Flink 的介绍

随着以 Spark 为代表的第三代计算引擎的出现，促进了上层应用的快速发展，如各种迭代计算性能的提升及对流计算和 SQL（结构化查询语言）等的支持。Flink 的诞生就被归在了第四代。这主要表现在 Flink 对流计算的支持，以及更进一步的实时性上。当然 Flink 也可以支持 Batch 的任务，以及 DAG（数据库可用性组）的运算。

Apache Flink 是一个框架和分布式处理引擎，用于对无界和有界数据流进行有状态计算，Flink 在所有常见的集群环境中运行。

Apache Flink 擅长处理无界和有界数据集，其能精确控制时间和状态，使 Flink 在运行时能够在无界流上运行任何类型的应用程序。有界流由算法和数据结构内部处理，这些算法和数据结构专门针对固定大小的数据集而设计，并且性能出色。

2. Flink 特性 1——无界流和有界流

任何类型的数据都是作为事件流产生的。例如，信用卡交易、传感器测量、机器日志或移动应用程序上的用户交互，所有这些数据都作为流生成。

无界流定义了开始但没有定义结束。它们不会在生成时终止并提供数据，因此必须持续处理无界流，即必须在摄取事件后立即处理事件，无法等待所有输入数据到达，因为输入是无界的，并且在任何时间点都不会完成。处理无界数据通常要求以特定顺序（如事件发生的顺序）摄取事件，以便推断结果的完整性。

有界流具有定义的开始和结束，其可以在执行任何计算之前通过摄取所有数据来处理有界流。处理有界流不需要有序摄取，因为它可以始终对有界数据集进行排序。有界流的处理也称为批处理。

3. Flink 特性 2——随处部署应用程序

Apache Flink 是一个分布式系统，其需要计算资源才能执行应用程序。Flink 与所有常见的集群资源管理器（如 Hadoop YARN，Apache Mesos 和 Kubernetes）集成，但也可以作为独立集群运行。

Flink 旨在很好地适用之前列出的每个资源管理器。这是其通过特定资源管理器的部署模式实现的，这些模式允许 Flink 以其惯用的方式与每个资源管理器进行交互。

部署 Flink 应用程序时，Flink 会根据应用程序配置的并行性自动识别所需资源，并从资源管理器中请求它们。如果发生故障，Flink 会通过请求新资源来替换发生故障的容器，提交或控制应用程序的所有通信都通过 REST（一种软件架构风格）调用进行。

4. Flink 特性 3——以任何比例运行应用程序

Flink 旨在以任何规模运行有状态流的应用程序。应用程序可以并行化为数千个在集群中分布和同时执行的任务。因此，应用程序可以利用几乎无限量的 CPU、主内存、磁盘和网络 IO。而且，Flink 可以轻松维护非常大的应用程序。其异步和增量检查点算法能够确保对处理延迟的影响最小，同时保证状态的一致性。

Flink 应用程序具有可扩展性，如应用程序每天处理数万亿个事件、应用程序维护多个 TB 的状态、应用程序在数千个内核的运行。

5. Flink 特性 4——利用内存中的性能

有 Flink 应用程序针对本地状态访问进行了优化。任务状态始终保留在内存中或者状态大小超过可用内存，则保存在访问高效的磁盘数据结构中。因此，任务通过访问本地（通常是内存中）状态来执行所有计算，从而产生非常低的处理延迟。Flink 通过定期和异步检查本地状态达到持久存储来保证出现故障时状态的一致性。

6. Flink 的架构

Flink 可以支持本地的快速迭代，以及一些环形的迭代任务，并且 Flink 可以定制化内存管理。在这点上，如果要对比 Flink 和 Spark，Flink 并没有将内存完全交给应用层，这也是为什么 Spark 相对于 Flink，更容易出现 OOM（Out of Memory）的原因。就框架本身与应用场景来说，Flink 更相似于 Storm。

Flink 的架构如图 6-11 所示。

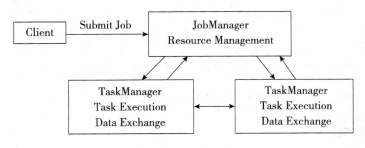

图 6-11 Flink 的架构

7. Flink 的技术特点

①流处理特性。支持高吞吐、低延迟、高性能的流处理；支持带有事件时间的窗口（Window）操作；支持有状态计算的 Exactly‐once 语义；支持高度灵活的窗口操作；支持基于 time（时间）、count（数量）、session（会话），以及 data‐driven（数据驱动）的窗口操作；支持具有 Backpressure（反压）功能的持续流模型；支持基于轻量级分布式快照（Snapshot）实现的容错；运行时同时支持 Batch on Streaming（流的批处理）和 Streaming（流处理）；Flink 在 JVM 内部实现了自己的内存管理；支持程序自动优化，避免特定情况下混合、排序等昂贵操作，中间结果有必要时进行缓存。

②API 支持。对 Streaming 数据类应用，提供 DataStream API；对批处理类应用，提供 DataSet API（支持 Java/Scala）。

③Libraries 支持。支持机器学习（FlinkML），支持图分析（Gelly），支持关系数据处理（Table），支持复杂事件处理（CEP）。

④整合支持。Flink on YARN、HDFS、来自 Kafka 的输入数据、HBase、Hadoop、Tachyon、Elasticsearch、RabbitMQ、Storm、S3、XtreemFS。

8. Flink Stack

Flink 首先支持了 Scala 和 Java 的 API。Flink 通过 Gelly 支持了图操作，还有机器学习的 FlinkML。Table 是一种接口化的 SQL 支持，也就是 API 支持，而不是文本化的 SQL 解析和执行。Flink Stack 结构示意如图 6‐12 所示。

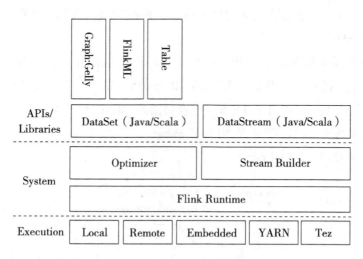

图 6‐12 Flink Stack 结构示意

9. Flink 技术特点

Flink 为了更广泛地支持大数据的生态圈，其下也实现了很多 Connector（组件）的子项目。首先，是与 Hadoop HDFS 的集成。其次，Flink 也宣布支持了 Tachyon、S3 以及 MapRFS。不过对于 Tachyon 以及 S3 的支持，都是通过 Hadoop HDFS 实现的，也就是说要使用 Tachyon 和 S3，就必须有 Hadoop，而且要更改 Hadoop 的配置。如果浏览 Flink 的代码目录，我们就会看到更多 Connector 项目，如 Flume 和 Kafka。

10. Flink 的编程模型

Flink 提供不同级别的抽象来开发流/批处理应用程序。Flink 的编程模型如图 6 – 13 所示。

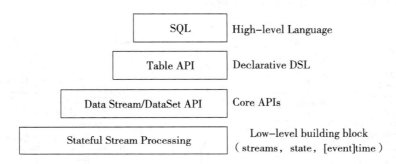

图 6 – 13　Flink 的编程模型

二、数据采集技术（Kafka + Storm）

（一）Apache Kafka

Apache Kafka 是一个分布式发布—订阅消息系统和一个强大的队列，可以处理大量的数据，并能够将消息从一个端点传递到另一个端点。Kafka 适合离线和在线消息。Kafka 消息保留在磁盘上，并在群集内复制以防止数据丢失。Kafka 构建在 ZooKeeper 同步服务之上。

1. Apache Kafka 逻辑结构

①Topics（主题）：特定类别的消息流称为主题，数据存储在主题中。主题被拆分成分区。对于每个主题，Kafka 保存一个分区的数据，每个这样的分区包含不可变有序序列的消息，分区被实现为具有相等大小的一组分段文件。

②Partition（分区）：主题可能有许多分区，因此它可以处理任意数量的数据。

③Producers（生产者）：Producers 是发送给一个或多个 Kafka 主题的消息的发布者。生产者向 Kafka Broker 发送数据，每当生产者将消息发布给 Broker 时，Broker 只需将消息附加到最后一个段文件。实际上，该消息将被附加到分区。生产者还可以向他们选择的分区发送消息。

④Consumers（消费者）：Consumers 从 Broker 处读取数据。消费者订阅一个或多个主题，并通过从 Broker 中提取数据来使用已发布的消息。

⑤Broker Leader：Broker Leader 是负责给定分区的所有读取和写入的节点。每个分区都有一个服务器充当 Leader。

⑥Broker Follower：跟随 Broker Leader 指令的节点被称为 Follower。如果 Leader 失败，一个 Follower 将自动成为新的 Leader。Follower 作为正常的 Consumers，拉取消息并更新其数据存储。

Apache Kafka 逻辑结构如图 6-14 所示。

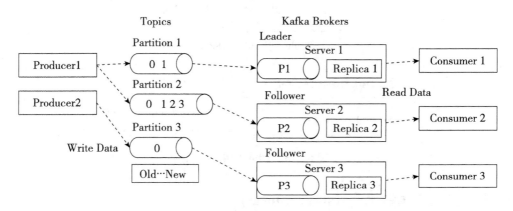

图 6-14　Apache Kafka 逻辑结构

2. Apache Kafka 集群架构

①Broker：Kafka 集群通常由多个 Broker 组成以保持负载平衡。Kafka Broker 是无状态的，所以使用 ZooKeeper 来维护状态。一个 Kafka Broker 实例可以每秒处理数十万次读取和写入，每个 Broker 可以处理 TB 级的消息，而没有性能影响。Kafka Cluster Leader 选举可以由 ZooKeeper 完成。

②ZooKeeper：ZooKeeper 用于管理和协调 Kafka Broker。ZooKeeper 服务主要用于通知生产者和消费者 Kafka 系统中存在的任何新 Broker 或 Kafka 系统中失败的 Broker。

③Producers（生产者）：当新 Broker 启动时，所有生产者搜索它并自动向该新 Broker 发送消息。Kafka 生产者不等待来自 Broker 的确认，并且发送消息的速度与 Broker 处理消息的速度一样快。

④Consumers（消费者）：Kafka Broker 是无状态的，消费者必须通过使用分区偏移量来维护已经消耗了的消息；消费者向 Broker 发出异步拉取请求；消费者可以通过提供偏移值回退或跳到分区中的任何点；消费者偏移值由 ZooKeeper 通知。

Apache Kafka 集群架构如图 6-15 所示。

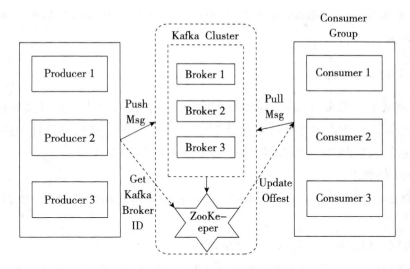

图 6 – 15　Apache Kafka 集群架构

3. Kafka 发布—订阅模式

①生产者定期向主题发送消息：Kafka Broker 存储为该特定主题配置的分区中的所有消息。它确保消息在分区之间平等共享。如果生产者发送两个消息并且有两个分区，Kafka 将在第一分区中存储第一个消息，在第二分区中存储第二个消息。

②消费者订阅特定主题：一旦消费者订阅主题，Kafka 将向消费者提供主题的当前偏移，并且还将偏移保存在 ZooKeeper 中。

③消费者将定期请求 Kafka（如 100 Ms）新消息：一旦 Kafka 收到来自生产者的消息，就立即将这些消息转发给消费者。

④消费者收到消息并进行处理：一旦消息被处理，消费者将向 Kafka Broker 发送确认。Kafka 收到确认后，就将偏移更改为新值，并在 ZooKeeper 中更新它。由于偏移在 ZooKeeper 中维护，即使在服务器暴力期间消费者也可以正确地读取下一封邮件。

⑤以上流程将重复，直到消费者停止请求：消费者可以随时回退或跳到所需的主题偏移量，并阅读所有后续消息。

4. ZooKeeper 的作用

Apache Kafka 的一个关键依赖是 Apache ZooKeeper，它是一个分布式配置和同步服务。ZooKeeper 是 Kafka Broker 和消费者之间的协调接口。Kafka 服务器通过 ZooKeeper 集群共享信息。Kafka 在 ZooKeeper 中存储基本元数据，如 Topic、Broker、消费者偏移（Offset）等的信息。

由于所有关键信息存储在 ZooKeeper 中，并且它通常在其整体上复制此数据，因此 Kafka Broker/ZooKeeper 的故障不会影响 Kafka 集群的状态。一旦 ZooKeeper 重新启动，

Kafka 将恢复状态，这为 Kafka 带来了零停机时间。Kafka Broker 之间的 Leader 选举也通过 ZooKeeper 完成。

（二）Storm

Storm 定义了一批实时计算的原语。如同 Hadoop 大大简化了并行批量数据处理，Storm 的这些原语也大大简化并行实时数据处理。Storm 的一些关键特性包括分布式系统、运维简单、高度容错、无数据丢失、支持多种编程语言等。

1. Storm 的特点

①可扩展：计算任务可在多个线程、进程和服务器之间并行进行，支持灵活的水平扩展。

②高可靠：保证每条消息都能被完全处理。

③高容错性：Nimbus、Supervisor 都是无状态的，可以用 kill – 9 来消除 Nimbus 和 Supervisor 进程，然后再重启它们，任务照常进行。当 Worker 失败后，Supervisor 会尝试在本机重启它。

④支持多种编程语言：除了用 Java 实现 Spout 和 Bolt，还可用其他语言。

⑤支持本地模式：可在本地模拟一个 Storm 集群功能，进行本地测试。

⑥高效：用 ZeroMQ 作为底层消息队列，保证消息能快速被处理。

2. Storm 集群

Storm 集群主要由一个主节点（Master Node）和一群工作节点（Worker Nodes）组成，通过 ZooKeeper 集群进行协调。

主节点通常运行一个后台程序——Nimbus，用于响应分布在集群中的节点，分配任务和监测故障。

工作节点同样会运行一个后台程序—— Supervisor，用于收听工作指派并基于要求运行工作进程。每个工作节点都是 Topology 中一个子集的实现。

Storm 集群如图 6 – 16 所示。

3. Storm 逻辑结构

在 Storm 中，应用程序实现实时处理的逻辑，被封装进 Topology 中。

一个 Topology 是由一组 Spout 组件（数据源）和 Bolt 组件（数据操作）通过 Stream Groupings 进行连接的图。

Spout：在一个 Topology 中产生源数据流的组件，从来源处读取数据并放入 Topology。

Bolt：在一个 Topology 中接收数据然后执行处理的组件。

Storm 逻辑结构如图 6 – 17 所示。

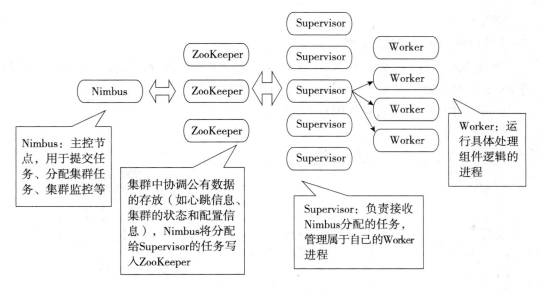

图 6－16　Storm 集群

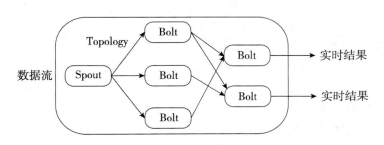

图 6－17　Storm 逻辑结构

4. Storm Stream

流（Stream）是 Storm 中的一个核心概念，Storm 将输入的数据看成流，它是以 Tuple（元组、数组）为单位组成的一条有向无界的数据流。

Storm Stream Groupings 消息的 6 种分组方法如下。

①随机分组（Shuffle Grouping）：随机分发 Tuple 到 Bolt 的任务，保证每个任务获得相等数量的 Tuple。

②字段分组（Fields Grouping）：根据指定字段分割数据流，并分组。

③全部分组（All Grouping）：Tuple 被复制到 Bolt 的所有任务。这种类型需要谨慎使用。

④全局分组（Global Grouping）：全部流都分配到 Bolt 的同一个任务。明确地说，是分配给 ID 最小的那个 Task。

⑤直接分组。

⑥无分组。

5. Storm 应用程序执行过程

Storm 应用程序执行过程包括：①提交拓扑；②获取心跳分派任务；③获取任务管理 Worker；④启动 Worker；⑤Worker 发送心跳执行任务。

Storm 应用程序执行过程如图 6 - 18 所示。

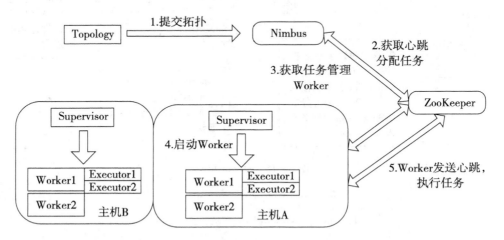

图 6 - 18　Storm 应用程序执行过程

6. Storm 名词解释

Nimbus：负责资源分配和任务调度。

Supervisor：负责接受 Nimbus 分配的任务，启动和停止属于自己管理的 Worker 进程。

Topology：Storm 中运行的一个实时应用程序。

Task：Worker 中每个 Spout/Bolt 的线程称为一个 Task。

Spout：在一个 Topology 中产生源数据流的组件。

Bolt：在一个 Topology 中接收数据然后执行处理的组件。

Tuple：一次消息传递的基本单元。

三、大数据的数据采集方案

（一）离线数据采集

离线数据：一般是指其他系统定期定时地发送到 FTP 服务器的文件（多为文本文件）。此类数据对于实时性的要求较低，但对数据稽核的要求较为严格，一般不允许数据的丢失。

1. 离线数据采集——方案1

FTP + NFSv3：NFS 允许用户像访问本地文件系统一样访问远程文件系统，而将 NFS 引入 HDFS 后，用户可像读写本地文件一样读写 HDFS 上的文件，大大简化了 HDFS 的使用，这是通过引入一个 NFS Gateway 服务实现的，该服务能将 NFS 协议转换为 HDFS 访问协议。其优点是：实现简单，技术要求低；其缺点是：数据完整性方面存在明显缺陷。

2. 离线数据采集——方案2

单纯使用 Flume：Flume 的 Source 对接 FTP 服务器指定路径，Sink 对接 HDFS 指定路径。其优点是：配置简单；其缺点是：Channel 层面存在问题。选择 Memory，则性能好，但容易丢失数据。选择 FileChannel，则可保持数据完整，但性能大幅降低。

3. 离线数据采集——方案3

Flume + Kafka 的优点是：配置简单；缺点是：需要自行编写 Kafka 的 Consumer 来处理消息。

4. 离线数据采集——方案4

Flink + Kafka 的优点是：性能与稳定性的最佳组合；缺点是：配置略微复杂，需要自行编写逻辑处理单元。

（二）在线数据采集

①Filebeat：Filebeat + Kafka + HDFS。

②Storm：Storm 的 Spout 负责从外部读取数据，所以我们需要开发一个 KafkaSpout 作为 Kafka 的消费者和 Storm 的数据接收源。

③Flume + Kafka：Flume 也可以监控日志文件的实时输出。

（三）Oracle 数据采集

1. Oracle Golden Gate

Oracle Golden Gate 软件是一种基于日志的结构化数据复制备份软件，它通过解析源数据库在线日志或归档日志获得数据的增量变化，再将这些变化应用到目标数据库，从而实现源数据库与目标数据库同步。Oracle Golden Gate 可以在异构的 IT 基础结构（包括几乎所有常用操作系统平台和数据库平台）之间实现大量数据亚秒级的实时复制，从而可以在应急系统、在线报表、实时数据仓库供应、交易跟踪、数据同步、集中/分发、容灾、数据库升级和移植、双业务中心等多个场景下应用。同时，Oracle Golden Gate 可以实现一对一、广播（一对多）、聚合（多对一）、双向、点对点、级联等多种灵活的拓扑结构。

2. Oracle 数据库采集

使用 Oracle 的 OGG 功能，将需要同步的表生成 Trail 文件，通过 Pump 发送到指定端，编写自定义的适配程序（也可以使用 OGGKafka 组件），将数据同步到 Kafka，自定义程序消费 Kafka 将数据加载到 Hadoop。

3. Kafka 集群在数据采集中的作用

①可靠性：Kafka 是分布式、分区、复制和容错的。

②可扩展性：Kafka 消息传递系统轻松缩放，无须停机。

③耐用性：Kafka 使用"分布式提交日志"，这意味着消息会尽快保留在磁盘上，因此它是持久的。

④性能：Kafka 对于发布和订阅消息都具有高吞吐量，即使存储了几个 TB 的消息，也能保持稳定的性能。

4. 新零售的数据采集

①以自有程序作为 Consumer 消费 Kafka 的消息；

②利用自有程序从 MQ 队列中获取消息；

③技术点：Oracle OGG，Kafka。

第七章　大数据存储及计算卸载

【本章导读】

当今社会是一个高速发展的社会，科技发达，信息流通，人们之间的交流越来越密切，生活也越来越方便，大数据就是这个高科技时代的产物。数据已经渗透每一个行业和业务职能领域，成为重要的生产因素。如何将已有的数据存储以及计算卸载就是本章要讨论的问题。

第一节　大数据存储

一、HBase 简介

（1）概念：HBase 是一个分布式的、多版本的、面向列的开源数据库，其利用 Hadoop Distributed File System 作为其底层存储系统，提供高可靠性、高吞吐、列存储、可伸缩、实时读写的数据库；利用 MapReduce 处理海量数据；将 ZooKeeper 作为协同服务，如图 7 - 1 所示。

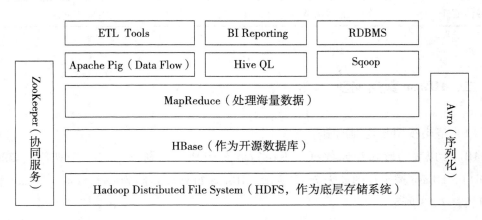

图 7 - 1　HBase 生态系统

（2）特点：强一致性，同一行数据的读写只在同一台 Region Server 上进行；水平伸缩，Region 的自动分裂，只用增加 DataNode 机器即可增加容量，只用增加 Region Server 机器即可增加读写吞吐量；行事物，同一行的列的写入是原子的；与 Hadoop 无缝集成，Hadoop 分析后的结果可直接写入 HBase，存放在 HBase 的数据可直接通过 Hadoop 进行分析；支持有限查询方式和一级索引，仅支持单行事务，仅支持三种查询方式（Single Row Key、Range Row Key、Scan All Rows of Table）；可通过 Hive 等实现多表关联查询，仅基于 Row Key 的索引。

（3）HBase 中表的特点：①大，一个表可以有上亿行、上百万列（列多时，插入变慢）；②面向列，支持列（族）独立检索；③稀疏，对于为空（NULL）的列并不占用存储空间，表可以设计得非常稀疏；④多版本，每个单元格（Cell）中的数据可以有多个版本，默认情况下版本号自动分配；⑤无类型，HBase 中的数据都是字符串，没有类型。

（4）HBase 与 RDBMS 对比。HBase 与关系型数据库（RDBMS）在数据类型、数据操作、存储模式、数据保护、可伸缩性等方面存在差异，如表 7 - 1 所示。

表 7 - 1　　　　　　　　　　　　HBase 与 RDBMS 的对比

对比	HBase	RDBMS
数据类型	只有字符段	丰富的数据类型
数据操作	简单的增删改查	各种各样的函数、表连接
存储模式	基于列存储	基于表格结构和行存储
数据保护	更新后旧版本仍然保留（数据多版本）	直接替换
可伸缩性	可轻易地增加节点，可扩展性高	需要中间层

二、HBase 数据模型

（1）逻辑视图与物理视图。

HBase 以表的形式存储数据，表由行和列组成，列划分为若干个列族（Column Family），HBase 逻辑视图如表 7 - 2 所示。HBase 每列族存储为一个 Store，HBase 物理视图如表 7 - 3 所示。

表7-2   **HBase 逻辑视图**

Row Key	Time Stamp	Column Family 1 (realtime)	Column Family 2 (info)		Column Family…
		CF "priee"	CF "url"	CF "domain"	…
T123456	t1	111	"taobao. com/1234"	"taobao. com"	…
	t2	221	"taobao. com/1234"	"taobao. com"	…
	t3	100	"taobao. com/1234"	"taobao. com"	…

表7-3   **HBase 物理视图**

Row Key	Time Stamp	Column "realtime"	
Taobao123456	t1	"price：111"	
	t2	"price：221"	
	t3	"price：100"	
www. 360. com	t1	"url：…"	"domain：…"
	t2	"url：…"	"domain：…"

（2）HBase 数据表中的一些关键概念。

Row Key（键）：表中行的键是字节数组，任何字符串都可以作为键；表中的行根据行的键值进行排序，数据按照 Row Key 的字典序（Byte Order）排序存储；所有对表的访问都要通过 Row Key；通过单个 Row Key 访问；通过 Row Key 的 range 进行全表扫描。

Column Family（列族）：HBase 表中的每个列都归属于某个列族，列族必须作为表模式（Schema）定义的一部分预先定义，如"info""realtime"；列名以列族作为前缀，每个列族都可以有多个列成员；新的列族成员可以随后按需或按动态加入；权限控制、存储以及调优都是在列族层面进行的；同一列族成员最好有相同的访问模式和大小特征；HBase 把同一列族里面的数据存储在同一目录下，由几个文件保存。

单元格修饰符（Cell Qualifier）：通过单元格修饰符，可以具体到某个列；可以认为单元格修饰符是实际的列名；因为修饰符的存在，客户端可以随时把列添加到列族。

时间戳（Time Stamp）：在 HBase 每个 Cell 存储单元中，同一份数据有多个版本，根据唯一的时间戳来区分每个版本之间的差异，不同版本的数据按照时间倒序排列，最新的数据版本排在最前面；时间戳可以由 HBase 在数据写入时自动赋值，此时时间戳精确到当前系统时间的毫秒；时间戳也可以由客户显式赋值，如果应用程序要避免数据版本冲突，就必须自己生成具有唯一性的时间戳。

区域（Region）：HBase 自动把表水平划分成多个 Region，每个 Region 会保存一个表里面某段连续的数据；每个表一开始只有一个 Region，随着数据不断插入，Region 不断增大，当增大到一个阈值的时候，Region 就会等分为两个新的 Region；当表中的行不断增多，就会有越来越多的 Region，这样一张完整的表就被保存在多个 Region 上。

单元格（Cell）：由行和列的交叉坐标决定；单元格是有版本的；单元格的内容是未解析的字节数组；Cell 中的数据是没有类型的，全部是字节码形式存储。

锁（Lock）：HBase 的写操作是锁行的，每一行都是一个原子元素，无论对行进行访问的事务涉及多少列，都是基于原子元素进行的，也就是说要么成功，要么失败，不会存在成功一部分的情况。

（3）存储结构。

HBase Key 的字符数组主要由以下信息组成：

Row Key Length	Row Key 的字符长度
Row Key Value	Row Key 的值
Column Family Length	Column Family 的长度
Column Family Value	Column Family 的值
Column Qualifier	Column 修饰符
Time Stamp	时间戳
Key Type	Key 的类型

（4）物理存储。

Table 中的所有行都按照 Row Key 字典序排列。Table 在行的方向上分割为多个 Region。按 Row Key 字典序排序如图 7 - 2 所示。

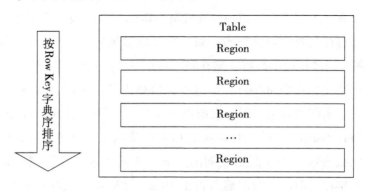

图 7 - 2　按 Row Key 字典序排序

如前所述，Region 增大到一定阈值时是会自动分解的，Region 的分解如图 7 – 3 所示。

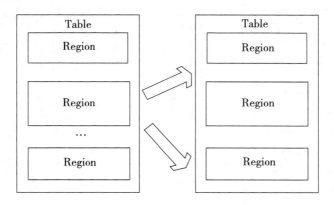

图 7 – 3　Region 的分解

Region 是 HBase 中分布式存储和负载均衡的最小单元。最小单元就表示不同的 Region 可以分布在不同的 Region Server 上，但一个 Region 是不会拆分到多个 Region Server 上的。Region 在 Region Server 上的分布如图 7 – 4 所示。

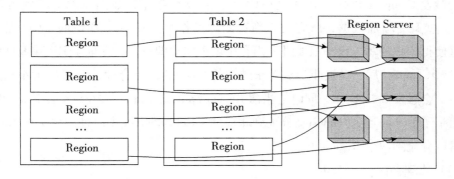

图 7 – 4　Region 在 Region Server 上的分布

Region 虽然是分布式存储的最小单元，但并不是存储的最小单元。事实上，Region 由一个或者多个 Store 组成，每个 Store 保存一个 Column Family。每个 Store 又由一个 MemStore 和 0 至多个 StoreFile 组成。StoreFile 以 HFile 格式保存在 HDFS 上，如图 7 – 5 所示。

HRegionServer 内部管理了一系列 HRegion 对象，每个 HRegion 对应了 Table 中的一个 Region，HRegion 由多个 HStore 组成。每个 HStore 对应了 Table 中的一个 Column Family 的存储，可以看出每个 Column Family 其实就是一个集中的存储单元，因此将具备共同 I/O 特性的 Column 放在一个 Column Family 中最高效。

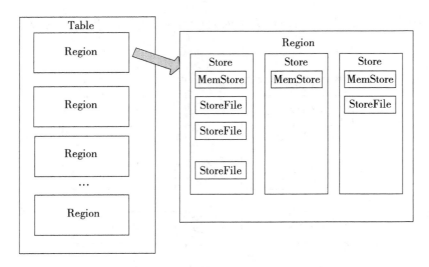

图 7 - 5　StoreFile 以 HFile 格式保存在 HDFS 上

HStore 存储是 HBase 存储的核心，其由两部分组成，一部分是 MemStore，另一部分是 StoreFile。MemStore 是 Sorted Memory Buffer，用户写入的数据首先会放入 Mem-Store，当 MemStore 满了以后会 Flush 成一个 StoreFile，当 StoreFile 数量增长到一定阈值，会触发 Compact 操作，合并过程中会发生版本合并和数据删除，因此可以看出 HBase 其实只有增加数据，所有的更新和删除操作都是在后续的 Compact 过程中进行的，这使得用户的写入操作只要进入内存中就可以立即返回，保证了 HBase I/O 的高性能。发生 Compact 后，会逐步形成越来越大的 StoreFile，当单个 StoreFile 大小超过一定阈值后，会触发 Split 操作，同时把当前 Region Split 成多份，父 Region 会下线，新 Split 出的两个子 Region 会被 Hmaster 分配到相应的 HRegionServer 上，使原先 1 个 Region 的压力得以分流到两个 Region 上。

（5）物理存储——HFile。

Data Block 是 HBase I/O 的基本单元。每个 Data 块的大小可以在创建一个 Table 的时候通过参数指定，大号的 Block 有利于顺序 Scan，小号的 Block 有利于随机查询。

每个 Data 块除了开头的 Magic 以外就是一个个 KeyValue 对拼接而成，Magic 内容就是一些随机数字，目的是防止数据损坏。

HFile 里面的每个 KeyValue 对就是一个简单的 Byte 数组。但是这个 Byte 数组里面包含了很多项，并且有固定的结构，实际上就是 Cell 单元格。

HFile 的六个组成部分：①Data Block 段，保存表中的数据，这部分可以被压缩成 HBase I/O 的基本单元；②Meta Block 段，保存用户自定义的 KV 对，且可以被压缩；③File Info 段，HFile 的元信息不被压缩，用户也可以在这一部分添加自己的元信息；

④Data Block Index 段，Data Block 每条索引的 Key 是被索引的 Block 的第一条记录的 Key；⑤Meta Block Index 段，Meta Block 的索引；⑥Trailer 段，这一段是定长的，其保存了每一段的偏移量，读取一个 HFile 时，会首先读取 Trailer，Trailer 保存了每个段的起始位置（段的 Magic Number 用来做安全 check），然后 Data Block Index 会被读取到内存中，这样当检索某个 Key 时，不需要扫描整个 HFile，而只需从内存中找到 Key 所在的 Block，通过一次磁盘 IO 将整个 Block 读取到内存中，再找到需要的 Key。

（6）物理存储——HLog。

HLog 文件就是一个普通的 Hadoop Sequence File，Sequence File 的 Key 是 HLogKey 对象，HLogKey 中记录了写入数据的归属信息，除了 Table 和 Region 外，同时包括 Sequence Number 和 Time Stamp，Time Stamp 是"写入时间"，Sequence Number 的起始值为 0 或最近一次存入文件系统中的 Sequence Number。HLog Sequence File 的 Value 是 HBase 的 KeyValue 对象，即对应 HFile 中的 KeyValue。

三、体系结构

（1）Client。包含访问 HBase 的接口并维护 Cache 来加快对 HBase 的访问，如 Region 的位置信息。如图 7-6 所示。

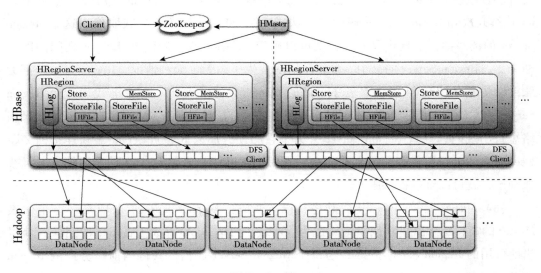

图 7-6　Client

（2）ZooKeeper。保证任何时候，集群中只有一个 Master，存储所有 Region 的寻址入口。实时监控 Region Server 的上线和下线信息，并实时通知给 Master 存储 HBase 的

Schema 和 Table 元数据。

（3）Master。为 Region Server 分配 Region，负责 Region Server 的负载均衡，发现失效的 Region Server 并重新分配其上的 Region，管理用户对 Table 的增删改查操作。

（4）Region Server。Region Server 维护 Region，处理对这些 Region 的 I/O 请求，负责切分在运行过程中变得过大的 Region。

（5）Region 分配。任何时刻一个 Region 只能分配给一个 Region Server。Master 记录了当前有哪些可用的 Region Server，以及当前哪些 Region 分配给了哪些 Region Server，哪些 Region 还没有分配。当存在未分配的 Region，并且有一个 Region Server 上有可用空间时，Master 就给这个 Region Server 发送一个装载请求，把 Region 分配给这个 Region Server。Region Server 得到请求后，就开始对此 Region 提供服务。

（6）Region Server 上线。Master 使用 ZooKeeper 来跟踪 Region Server 状态。当某个 Region Server 启动时，会首先在 ZooKeeper 的 Server 目录下建立代表自己的文件，并获得该文件的独占锁。由于 Master 订阅了 Server 目录上的变更消息，当 Server 目录下的文件出现新增或删除操作时，Master 可以得到来自 ZooKeeper 的实时通知。因此一旦 Region Server 上线，Master 能马上得到消息。

（7）Region Server 下线。当 Region Server 下线时，它和 ZooKeeper 的会话断开，ZooKeeper 自动释放代表这台 Server 的文件上的独占锁。而 Master 不断轮询 Server 目录下文件的锁状态。如果 Master 发现某个 Region Server 丢失了它自己的独占锁（或者 Master 连续几次和 Region Server 通信都无法成功），Master 就尝试去获取代表这个 Region Server 的读写锁，一旦获取成功，就可以确定：Region Server 和 ZooKeeper 之间的网络断开了，Region Server 的其中一种故障情况发生了，无论哪种情况，Region Server 都无法继续为它的 Region 提供服务了，此时 Master 会删除 Server 目录下代表这台 Region Server 的文件，并将这台 Region Server 的 Region 分配给其他还运行着的 Server。如果网络短暂出现问题导致 Region Server 丢失了它的锁，那么 Region Server 重新连接到 ZooKeeper 之后，只要代表它的文件还在，它就会不断尝试获取这个文件上的锁，一旦获取到了，就可以继续提供服务。

（8）Master 上线。Master 启动进行以下步骤：从 ZooKeeper 上获取唯一一个代表 Master 的锁，用来阻止其他 Master 成为 Master；扫描 ZooKeeper 上的 Server 目录，获得当前可用的 Region Server 列表；与每个 Region Server 通信，获得当前已分配的 Region 和 Region Server 的对应关系；扫描集合，计算得到当前还未分配的 Region，将他们放入待分配 Region 列表。

（9）Master 下线。由于 Master 只维护表和 Region 的元数据，而不参与表数据 I/O 的过程，Master 下线仅导致所有元数据的修改被冻结（无法创建删除表，无法修改表的 Schema，无法进行 Region 的负载均衡，无法处理 Region 上下线，无法进行 Region 的合并，唯一例外的是 Region 的 Split 可以正常进行，因为只有 Region Server 参与，表的数据读写才可以正常进行）。因此 Master 下线短时间内对整个 HBase 集群没有影响。从上线过程可以看到，Master 保存的信息全是冗余信息（都可以从系统其他地方收集到或者计算出来），因此一般 HBase 集群中总是有一个 Master 在提供服务，还有一个以上的 Master 在等待时机抢占它的位置。

（10）Row Key 定位。HBase 使用三层类似 B + 树的结构来保存 Region 位置。第一层是保存 ZooKeeper 里面的文件，它持有 Root Region 的位置。第二层 Root Region 是 . META. 表的第一个 Region，其中保存了 . META. 的位置。通过 Root Region，我们就可以访问 . META. 表的数据。第三层 . META. 表，它是一个特殊的表，保存了 HBase 中所有数据表的 Region 位置信息。 – ROOT – 表包含 . META. 表所在的区域列表，该表只会有一个 HRegion，且不会 Split，ZooKeeper 中记录了 – ROOT – 表的 Location。. META. 表包含所有的用户空间区域列表，以及 Region Server 的服务器地址。Row Key 定位如图 7 – 7 所示。

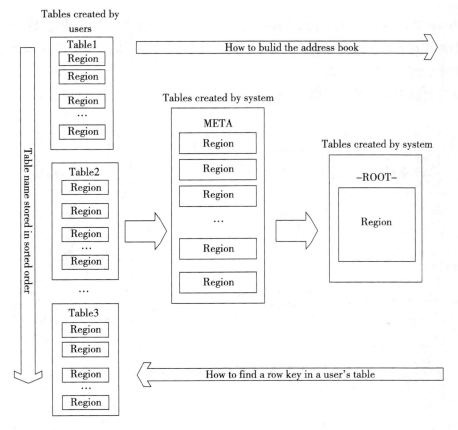

图 7 – 7　Row Key 定位

四、HBase 提供的接口

HBase 提供的接口有：HBase Shell，HBase 的命令行工具最简单的接口，适合 HBase 管理使用；Thrift Gateway，利用 Thrift 序列化技术支持 C＋＋、PHP、Python 等多种语言，适合其他异构系统在线访问 HBase 表数据；REST Gateway，支持 REST 风格的 Http API 访问 HBase，解除了语言限制；Native Java API，最常规和高效的访问方式，适合 HadoopMapReduce Job 并行批处理 HBase 表数据；Pig，可以使用 Pig Latin 流式编程语言来操作 HBase 中的数据，和 Hive 类似，本质最终也是编译成 MapReduce Job 来处理 HBase 表数据，适合做数据统计；Hive，使用类似 SQL 语言来访问 HBase。

五、HBase 的用途

HBase 适用场景如下：存储非常大的数据量；需要高速写入；结构化数据与非结构化数据都存在；对于数据库的能力要求不高（如事务层面、关联查询等）；需要在大数据中集中、高效、随机查询。

新零售的 HBase 流程如图 7 - 8 所示。

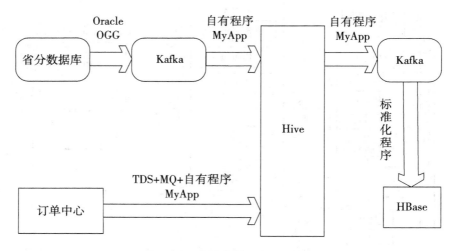

图 7 - 8　新零售的 HBase 流程

第二节　Hive

一、Hive 相关概念

1. Hive 的简介

Hive 是建立在 Hadoop 上的数据仓库基础构架。它提供了一系列的工具，可以用来进行数据提取、转化、加载（ETL），是一种可以存储、查询和分析存储在 Hadoop 中的大规模数据的机制。Hive 定义了简单的类 SQL 查询语言，称为 HiveQL，它允许熟悉 SQL 的用户查询数据。

2. Hive 的特点

Hive 可以把 Hadoop 下的原始结构化数据变成表；它支持一种与 SQL 几乎完全相同的语言 HiveQL；能提供 JDBC、ODBC、Thrift、Web 等接口；它是从 SQL 到 MapReduce 的映射器；Hive 不适合用于联机事务处理，也不提供实时查询功能。

3. Hive 的体系结构

（1）用户接口。CLI：启动时会同时启动一个 Hive 副本；Client：Hive 的客户端用户连接至 Hive Sever；WUI：通过浏览器访问 Hive。

（2）语句转换。解析器：生产抽象语法树；语法解析器：验证查询语句；逻辑计划生成器（包括优化器）：生成操作符树；查询计划生成器：转换为 MapReduce 任务。

（3）数据存储。Hive 数据以文件形式存储在 HDFS 的指定目录下，Hive 语句生成查询计划，由 MapReduce 调用执行。

4. Hive 安装的三种模式

（1）内嵌模式：元数据保持在内嵌的 Derby 模式，只允许一个会话连接 。

（2）本地模式：在本地安装 MySQL，把元数据放到 MySQL 内。

（3）远程模式：元数据放置在远程的 MySQL 数据库。

二、Hive 中表的类型

用户可以非常自由地组织 Hive 中的表，只需要在创建表的时候指定 Hive 数据中的列分隔符和行分隔符，Hive 就可以解析数据。

（1）普通表。普通表的创建就是一个表对应一个表名，一个表名对应一个文件。

（2）外部表。建表的同时指定一个指向实际数据的路径，创建内部表时会将数据移动到数据仓库指向的路径；创建外部表时仅记录数据所在的路径，不对数据的位置做任何改变；删除表时，内部表的元数据和数据一起被删除，而外部表只删除元数据，不删除数据。

（3）分区表。在 Hive 中，表中的一个 Partition 对应表下的一个目录，所有 Partition 的数据都存储在对应的目录中。例如，A 表中包含 ds 和 ctry 两个 Partition，则对应 ds = 2019，ctry = US 的 HDFS 子目录为/wh/pvs/ds = 2019/ctry = US；对应于 ds = 2019，ctry = CA 的 HDFS 子目录为/wh/pvs/ds = 2019/ctry = CA 。

三、HiveQL

1. HiveQL 建表的基本语法

HiveQL 建表的基本语法如下：

CREATE TABLE［IF NOT EXISTS］table_ name

（column1_ name column1_ type［COMMENT 'column1_ comment'］，

column2_ name column2_ type［COMMENT 'column2_ comment'］，... ）

［COMMENT 'table_ comment'］

［PARTITIONED BY partition_ column1_ name partition_ column1_ type，... ）］

［CLUSTERED BY（column_ name，... ）

［SORTED BY（column_ name ASC | DESC，... ）］INTO num_ buckets BUCKETS］

［SKEWED BY（column_ name，... ）ON（key_ value，... ）］

［STORED AS file_ format］

［LOCATION 'hdfs_ path'］

［TBLPROPERTIES（'property_ name'= 'property_ value'，... ）］

2. HiveQL 的建表规则

CREATE TABLE：创建一个指定名字的表。如果相同名字的表已经存在，则抛出异常；用户可以用 IF NOT EXISTS 选项来忽略这个异常。

EXTERNAL：关键字可以让用户创建一个外部表，在建表的同时指定一个指向实际数据的路径（LOCATION），Hive 创建内部表时，会将数据移动到数据仓库指向的路径；创建外部表时仅记录数据所在的路径，不对数据的位置做任何改变。

LIKE：允许用户复制现有的表结构，但是不复制数据。

表名和列名不区分大小写，属性名区分大小写。表和列的注释是字符串。

3. HiveQL 的数据加载

数据已存在于文件系统中。

LOAD DATA ［LOCAL］INPATH filepath´［OVERWRITE］　INTO TABLE tablename ［PARTITION（partcol1 = val1，partcol2 = val2…）］

LOAD 操作只是单纯的复制/移动操作，将数据文件移动到 Hive 表对应的位置。

filepath´可以是相对路径，如 project/data1；可以是绝对路径，如 user/hive/project/data1；也可以是包含模式的完整 URI，如 hdfs://namenode：9000/user/hive/project/data1。

4. HiveQL SELECT 语句

SELECT ［ALL ｜ DISTINCT］select_ expr，select_ expr，...

table_ reference

［WHERE where_ condition］

［GROUP BY col_ list］

［ CLUSTER BY col_ list］

［DISTRIBUTE BY col_ list］

［SORT BY col_ list］ ］

［LIMIT number］

一个 SELECT 语句可以是一个 union 查询或一个子查询的一部分，table_ reference 是查询的输入，可以是一个普通表、一个视图、一个 join 或一个子查询。

5. HiveQL SELECT 语句连接方式

HiveQL 语句的连接分为内连接、左向外连接、右向外连接、全外连接和半连接 5 种。

（1）内连接（等值连接）。

内连接使用比较运算符，根据每个表共有的列的值匹配两个表中的行。例如，检索 userinfo 和 choice 表中标识号相同的所有行。

hive > select userinfo. ∗，choice. ∗ from userinfo join choice on（userinfo. id = choice. userid）；

（2）左向外连接。

左向外连接的结果集包括 "LEFT OUTER" 子句中指定的左表的所有行，而不仅仅是连接列所匹配的行。如果左表的某行在右表中没有匹配行，则在相关联的结果集中右表的所有选择列均为空值。

hive > select userinfo. ∗，choice. ∗ from userinfo left outer join choice on（userinfo. id = choice. userid）；

（3）右向外连接。

右向外连接是左向外连接的反向连接，将返回右表的所有行。如果右表的某行在左表中没有匹配行，则将为左表返回空值。

hive > select userinfo. * , choice. * from userinfo right outer join choice on（userinfo. id = choice. userid）；

（4）全外连接。

全外连接返回左表和右表中的所有行。当某行在另一表中没有匹配行时，则另一个表的选择列表包含空值。如果表之间有匹配行，则整个结果集包含基表的数据值。

hive > select userinfo. * , choice. * from userinfo full outer join choice on（userinfo. id = choice. userid）；

（5）半连接。

半连接是 Hive 所特有的，Hive 不支持 IN 操作，但是拥有替代的方案；left semi join 称为半连接，需要注意的是连接的表不能在查询的列中，只能出现在 on 子句中。

hive > select userinfo. * from userinfo left semi join choice on（userinfo. id = choice. userid）；

四、Hive 访问方式、存放位置与新零售的应用

1. Hive 访问方式——Hive CIL

Hive 访问方式如图 7 - 9 所示，上面的 Hive 命令相当于在启动的时候执行 hive -- service cli。使用 hive -- help，可以查看 Hive 命令可以启动哪些服务。通过 hive -- service、serviceName -- help，可以查看某个具体命令的使用方式。

图 7 - 9　Hive 访问方式

2. Hive 访问方式——JDBC/ODBC

JDBC 的具体连接过程：使用 JDBC 的方式连接 Hive，首先要做的就是启动 Hive 的

Thrift Server，否则连接 Hive 时会报 Connection Refused。

新建 Java 项目，然后将 hive/lib 下的所有 Jar 包和 Hadoop 的核心 Jar 包 Hadoop –
0.20.2 – core.jar 添加到项目的类路径上，JDBC 的具体连接过程如图 7 – 10 所示。

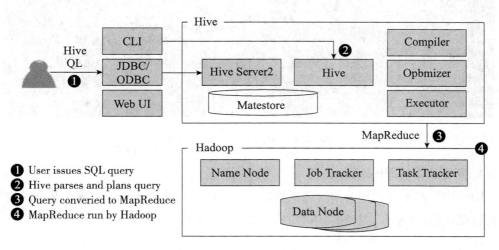

图 7 – 10　JDBC 的具体连接过程

3. Hive 的数据存放位置

数据在 HDFS 的 Warehouse 目录下，一个表对应一个子目录，Hive 的数据存放位置
如图 7 – 11 所示。

```
[huang@backup01 bin]$ /home/huang/hadoop-1.1.2/bin/hadoop fs -ls /
Found 3 items
drwxr-xr-x   - huang supergroup          0 2013-08-01 17:18 /home
drwxr-xr-x   - huang supergroup          0 2013-08-01 01:17 /system
drwxr-xr-x   - huang supergroup          0 2013-10-29 09:33 /user
[huang@backup01 bin]$ /home/huang/hadoop-1.1.2/bin/hadoop fs -ls /home
Found 1 items
drwxr-xr-x   - huang supergroup          0 2013-08-01 17:18 /home/huang
[huang@backup01 bin]$ /home/huang/hadoop-1.1.2/bin/hadoop fs -ls /user
Found 2 items
drwxr-xr-x   - huang supergroup          0 2013-10-29 09:33 /user/hive
drwxr-xr-x   - huang supergroup          0 2013-09-10 14:42 /user/huang
[huang@backup01 bin]$ /home/huang/hadoop-1.1.2/bin/hadoop fs -ls /user/hive
Found 1 items
drwxr-xr-x   - huang supergroup          0 2013-10-29 09:33 /user/hive/warehouse
[huang@backup01 bin]$ /home/huang/hadoop-1.1.2/bin/hadoop fs -ls /user/hive/warehouse
[huang@backup01 bin]$
```

图 7 – 11　Hive 的数据存放位置

Hive 的数据存放过程：首先创建一张表，然后查看该表在 HDFS 上的位置，具体
示例如图 7 – 12 所示。

```
[huang@backup01 bin]$ /home/huang/hadoop-1.1.2/bin/hadoop fs -ls /user/hive/warehouse
[huang@backup01 bin]$ ./hive

Logging initialized using configuration in jar:file:/home/huang/hive-0.11.0-bin/lib/hive-commo
ties
Hive history file=/tmp/huang/hive_job_log_huang_15831@backup01_201310290938_1991823266.txt
hive> create table abc (c1 string);
OK
Time taken: 10.021 seconds
hive> quit;
[huang@backup01 bin]$ /home/huang/hadoop-1.1.2/bin/hadoop fs -ls /user/hive/warehouse
Found 1 items
drwxr-xr-x   - huang supergroup          0 2013-10-29 09:38 /user/hive/warehouse/abc
[huang@backup01 bin]$
```

图 7 – 12　Hive 的数据存放过程

4. 新零售中的 Hive 具体流程

Hive 中保存的数据作为集群的原始数据源，用于后续的标准化处理、数据稽核等，每天数据量在 2T 左右，新零售中的 Hive 具体流程如图 7 – 13 所示。

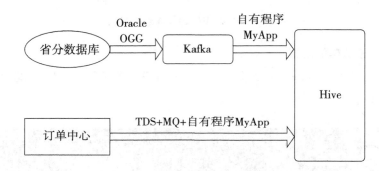

图 7 – 13　新零售中的 Hive 具体流程

第三节　数据运算 Spark

一、Spark 概述

1. Spark 的开发

Spark 是由美国加州伯克利大学（UC Berkeley）的 AMP 实验室在 2009 年开发的，是基于内存计算的大数据并行计算框架，可用于构建大型的、低延迟的数据分析应用程序。

2013 年 Spark 加入 Apache 孵化器项目后发展迅猛，如今已成为 Apache 软件基金会最重要的三大分布式计算系统开源项目之一，其他两大项目为 Hadoop 和 Storm。

Spark 在 2014 年打破了 Hadoop 保持的基准排序纪录，其用 1/10 的计算资源，获得了比 Hadoop 快 3 倍的速度。

2. Spark 的主要特点

运行速度快，使用 DAG 执行引擎以支持循环数据流与内存计算；易用性，支持使用 Scala、Java、Python 和 R 语言进行编程，可以通过 Spark Shell 进行交互式编程；通用性，Spark 提供了完整而强大的技术栈，包括 SQL 查询、流式计算、机器学习和图算法组件；运行模式多样，可运行于独立的集群模式中或 Hadoop 中，也可运行于 Amazon EC2 等云环境中，并且可以访问 HDFS、Cassandra、HBase、Hive 等多种数据源。

3. Spark 与 Hadoop 的对比

Hadoop 存在如下缺点：磁盘 IO 开销大，任务之间的衔接涉及 IO 开销；延迟高；表达能力有限；在前一个任务执行完成之前，其他任务无法开始，难以胜任复杂、多阶段的计算任务。

Spark 主要具有如下优点：Spark 的计算模式也属于 MapReduce，但不局限于 Map（映射）和 Reduce（归约）操作，还提供了多种数据集操作类型，其编程模型比 MapReduce 更灵活；Spark 提供了内存计算，中间结果直接放到内存中，带来了更高的迭代运算效率；Spark 基于 DAG 的任务调度执行机制，要优于 MapReduce 的迭代执行机制。

Hadoop：其数据存储结构为磁盘 HDFS 文件系统的 Split；编程范式为 Map 和 Reduce；计算中间结果落到磁盘，IO 及序列化、反序列化代价大；Task 以进程的方式维护，需要数秒时间才能启动任务。

Spark：使用内存构建弹性分布式数据集 RDD 对数据进行 Computation（运算）和 Caching（缓存）；编程范式为 Transformation 和 Action；中间结果在内存中的存取速度比磁盘高几个数量级；以线程的方式维护小数据集读取能够达到亚秒级的延迟。

二、Spark 生态系统

Spark 的设计遵循"一个软件栈满足不同应用场景"的理念，逐渐形成了一套完整的生态系统。它既能够提供内存计算框架，也可以支持 SQL 查询、实时流式计算、机器学习和图计算等。Spark 可以部署在资源管理器 YARN 上，提供一站式的大数据解决方案。

Spark 生态系统已经成为伯克利数据分析栈 BDAS（Berkeley Data Analytics Stack）

的重要组成部分。Spark 的生态系统主要包含了 Spark Core、Spark SQL、Spark Streaming、MLlib 和 GraphX 等组件。BDAS 架构如图 7 - 14 所示。

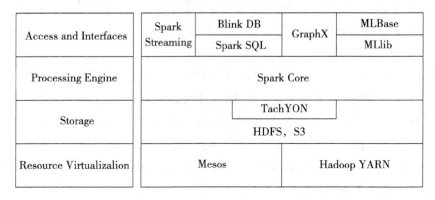

图 7 - 14   BDAS 架构

三、Spark 运行架构

1. 基本概念

RDD：是 Resilient Distributed Datasets（弹性分布式数据集）的简称，是分布式内存的一个抽象概念，它提供了一种高度受限的共享内存模型。

DAG：是 Directed Acyclic Graph（有向无环图）的简称，反映 RDD 之间的依赖关系。

Application：是用户编写的 Spark 应用程序。

Executor：是运行在工作节点的一个进程，负责运行 Task。

Task：运行在 Executor 上的工作单元。

Job：一个 Job 包含多个 RDD 及作用于相应 RDD 上的各种操作。

Stage：是 Job 的基本调度单位，一个 Job 会分为多组 Task，每组 Task 被称为 Stage 或者也被称为 TaskSet，代表了一组关联的、相互之间没有 Shuffle 依赖关系的任务组成的任务集。

2. 架构设计

Spark 运行架构包括集群资源管理器（Cluster Manager）、运行作业任务的工作节点（Worker Node）、每个应用的任务控制节点（Driver）和每个工作节点上负责具体任务的执行进程（Executor）。资源管理器可以自带 Mesos 或 YARN。

与 Hadoop MapReduce 计算框架相比，Spark 所采用的 Executor 有两个优点：一是利用多线程来执行具体的任务，减少任务的启动开销；二是 Executor 中有一个 BlockMan-ager 存储模块，会将内存和磁盘共同作为存储设备，有效减少 IO 开销。Spark 运行架构如图 7 - 15 所示。

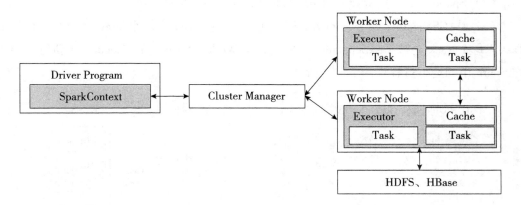

图 7 - 15　Spark 运行架构

一个 Application 由一个 Driver 和若干个 Job 构成，一个 Job 由多个 Stage 构成，一个 Stage 由多个没有 Shuffle 关系的 Task 组成。当执行一个 Application 时，Driver 会向集群管理器申请资源，启动 Executor，并向 Executor 发送应用程序代码和文件，然后在 Executor 上执行 Task，运行结束后，执行结果会返回给 Driver 或者写到 HDFS 或其他数据库中。Spark 中各种概念之间的相互关系如图 7 - 16 所示。

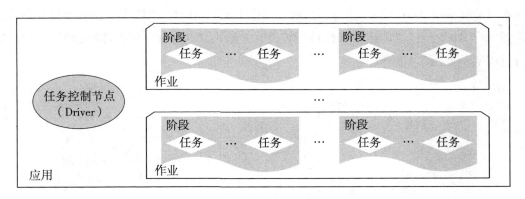

图 7 - 16　Spark 中各种概念之间的相互关系

3. Spark 运行基本流程

每个 Application 都有自己专属的 Executor 进程，并且该进程在 Application 运行期间一直驻留。Executor 进程以多线程的方式运行 Task。Spark 运行过程与资源管理器无关，只要能够获取 Executor 进程并保持通信即可。Task 采用了数据本地性和推测执行等优化机制。

4. RDD 运行过程

（1）创建 RDD 对象。

（2）SparkContext 负责计算 RDD 之间的依赖关系，构建 DAG。

（3）DAGScheduler 负责把 DAG 图分解成多个 Stage，每个 Stage 中包含了多个 Task，每个 Task 会被 TaskScheduler 分发给各个 Worker Node 上的 Executor 去执行。RDD 在 Spark 中的运行过程如图 7 - 17 所示。

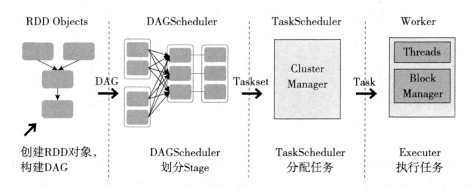

图 7 - 17　RDD 在 Spark 中的运行过程

5. RDD 运行原理

RDD 典型的执行过程：读入（Input）外部数据源创建 RDD，RDD 经过一系列的转换（Transformation）操作，每一次都会产生不同的 RDD，供给下一个转换操作使用。最后一个 RDD 经过"动作"操作进行转换，并输出（Output）到外部数据源。RDD 执行过程实例如图 7 - 18 所示。

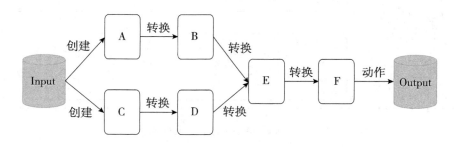

图 7 - 18　RDD 执行过程实例

6. 新零售的 Spark 过程

新零售的 Spark 过程如图 7 - 19 所示。

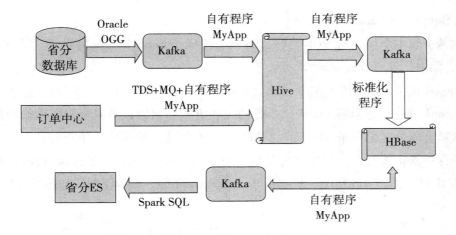

图 7 – 19 新零售的 Spark 过程

第四节 数据卸载 Sqoop

一、Sqoop 概述

1. Sqoop 的概念及其产生

Sqoop 即 SQL to Hadoop，是连接关系型数据库和 Hadoop 的桥梁，把关系型数据库的数据导入 Hadoop 的相关系统（如 HBase 和 Hive）中，把数据从 Hadoop 系统里抽取出并导出到关系型数据库里，利用 MapReduce 加快数据传输速度，以批量处理方式进行数据传输。

多数使用 Hadoop 技术处理大数据业务的企业有大量的数据存储在关系型数据库中。由于缺乏工具的支持，对 Hadoop 和关系型数据库中的数据进行相互传输是十分困难的事情。关系型数据库数据导入 Hadoop，便于廉价处理和分析。Hadoop 数据导入关系型数据库，可利用强大的 SQL 进一步分析和展示。Sqoop 急需一个在关系型数据库与 Hadoop 之间进行数据传输的项目。

2. Sqoop 优势

Sqoop 优势主要有：

（1）高效、可控地利用资源（实行任务并行、设置超时时间）；

（2）数据类型映射与转换（可自动进行、用户也可自定义）；

（3）支持多种数据库（MySQL、Microsoft SQL Server、Oracle Database、PostgreSQL）。

3. Sqoop1 与 Sqoop2

这两个版本不同且完全不兼容，Sqoop2 相比于 Sqoop1 的改进在于引入了 Sqoop Server、集中化管理 Connector 等。

Sqoop2 提供了多种访问方式：CLI、Web UI、REST API，引入基于角色的安全机制。

Sqoop1 存在一些问题：基于命令行的操作方式易出错；不安全数据传输和数据格式是紧耦合的，这使 Connector 无法支持所有数据格式；数据库的用户名和密码等敏感信息的保护密钥被暴露，存在重大安全隐患；Connector 必须符合 JDBC 模型，并使用通用的 JDBC 词汇，如 Driver、Connection、Statement 等。Sqoop1 架构如图 7-20 所示。

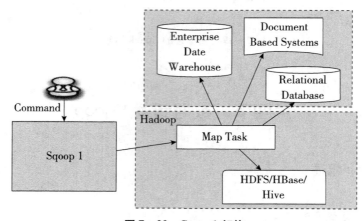

图 7-20   Sqoop1 架构

Sqoop2 的架构优点：交互，多样化的访问方式和用户界面设计；集中，Connector 集中化安装所有 Connector，并将其安装在 Sqoop Server 中；管理，权限管理机制可配置管理员、使用者等角色；规范，Connector 规范化不再包含数据传输、格式转换、与 Hive 和 Hbase 交互等功能，仅负责数据读写。

二、Sqoop2 的安装配置流程

1. 下载 Sqoop2

从 Apache 官网或其他可信源下载 Sqoop2 的二进制包，选择与 Hadoop 版本兼容的 Sqoop2 版本，确保后续安装和使用顺利。

2. 解压安装包

将下载的 Sqoop2 压缩包解压到指定目录，如/opt/，步骤 2 举例如图 7-21 所示。解压后，Sqoop2 的所有文件和目录结构将被展开，为后续配置和使用做准备。

```bash
bash
```

```bash
tar -zxf sqoop-1.99.7-bin-hadoop200.tar.gz -C /opt/
```

图 7 – 21　步骤 2 举例

3. 配置环境变量

编辑/etc/profile 文件，添加 Sqoop2 的环境变量，步骤 3 举例如图 7 – 22 所示。设置环境变量使其在任何目录下都能方便地调用 Sqoop2 命令，source 命令使配置立即生效。

```bash
bash
```

```bash
export SQOOP_HOME=/opt/sqoop-1.99.7-bin-hadoop200
export PATH=$SQOOP_HOME/bin:$PATH
source /etc/profile
```

图 7 – 22　步骤 3 举例

4. 修改 Sqoop2 配置文件

编辑 $ SQOOP_ HOME/server/conf/sqoop. properties 文件。将 $ HADOOP_ HOME 替换为实际的 Hadoop 安装路径。解除注释并配置认证类型和处理器。步骤 4 举例如图 7 – 23 所示。

配置文件指定了 Sqoop2 与 Hadoop 集群的连接信息和安全认证方式，确保 Sqoop2 能够正确地与 Hadoop 交互。

```properties
properties
```

```properties
org.apache.sqoop.submission.engine.mapreduce.configuration.directory
=/usr/local/hadoop/etc/hadoop
org.apache.sqoop.security.authentication.type=SIMPLE
org.apache.sqoop.security.authentication.handler=org.apache.sqoop.se
curity.authentication.SimpleAuthenticationHandler
org.apache.sqoop.security.authentication.anonymous=true
```

图 7 – 23　步骤 4 举例

5. 添加 JDBC 驱动

将需要连接的数据库的 JDBC 驱动包复制到 $SQOOP_ HOME/server/lib/目录下。JDBC 驱动是 Sqoop2 连接关系型数据库的桥梁，提供数据库连接和数据传输所需的接口和实现。步骤 5 举例如图 7 – 24 所示。

```bash
cp mysql-connector-java-8.0.23.jar $SQOOP_HOME/server/lib/
```

图 7 – 24 步骤 5 举例

6. 启动 Sqoop2 Server

使用以下命令启动 Sqoop2 Server。步骤 6 举例如图 7 – 25 所示。启动 Sqoop2 Server 后，它将开始监听客户端请求，并管理数据传输任务。

```bash
$SQOOP_HOME/bin/sqoop.sh server start
```

图 7 – 25 步骤 6 举例

7. 验证 Sqoop2 配置

使用以下命令验证 Sqoop2 Server 的配置是否正确。步骤 7 举例如图 7 – 26 所示。验证过程会检查 Sqoop2 Server 与 Hadoop 集群的连接、配置文件的正确性等，确保 Sqoop2 能够正常工作。

```bash
$SQOOP_HOME/bin/sqoop2-tool verify
```

图 7 – 26 步骤 7 举例

8. 启动 Sqoop2 Client

使用以下命令启动 Sqoop2 Client。步骤 8 举例如图 7 – 27 所示。Sqoop2 Client 提供了命令行界面，用户可以通过它与 Sqoop2 Server 交互，创建和管理数据传输任务。

```bash
$SQOOP_HOME/bin/sqoop2-shell
```

图 7 – 27　步骤 8 举例

9. 创建连接和作业

在 Sqoop2 Client 中创建连接（Connector）和作业（Job），设置数据源和目标等信息。步骤 9 举例如图 7 – 28 所示。连接定义了 Sqoop2 与数据源的连接方式，作业定义了数据传输的具体任务，包括数据的来源、目标和传输方式等。

```bash
sqoop:000> create connector
sqoop:000> create link
sqoop:000> create job
```

图 7 – 28　步骤 9 举例

10. 执行作业

在 Sqoop2 Client 中启动以执行作业。步骤 10 举例如图 7 – 29 所示。执行作业后，Sqoop2 Server 将根据作业的定义，从数据源读取数据，并将其传输到目标位置。

```bash
sqoop:000> start job
```

图 7 – 29　步骤 10 举例

三、MySQL 与 HBase 导入导出数据

1. MySQL 与 HBase 导入导出数据简介

环境：Sqoop1. 4. 6 + Hadoop2. 6 + HBase1. 1 + MySQL5. 7

说明：MySQL 导入 HBase 可以直接通过 Sqoop 进行，HBase 导出到 MySQL 无法直接进行，需要经过 Hive 或 DataX 的中间作用来完成。

2. MySQL 导入 HBase

（1）创建 MySQL 表和 HBase 表，确保表结构一致。

（2）使用 Sqoop 命令将 MySQL 数据导入 HBase，Sqoop 命令如图 7-30 所示。

```bash
sqoop import --connect jdbc:mysql://localhost:3306/your_database -
-username root --password your_password --table mysql_table --
hbase-table hbase_table --column-family cf --hbase-row-key id
```

图 7-30　Sqoop 命令

其中，

——connect 指定 MySQL 的连接信息；

——table 指定 MySQL 的表名；

——hbase-table 指定 HBase 的表名；

——column-family 指定 HBase 的列族；

——hbase-row-key 指定 HBase 的行键。

3. HBase 导出到 MySQL

（1）使用 Hive。

①在 HBase 中创建表，并将数据写入。

②在 Hive 中创建外部表，映射 HBase 表。

③创建 Hive 内部表，并将外部表的数据导入内部表。

④使用 Sqoop 将 Hive 内部表的数据导出到 MySQL。

（2）使用 DataX。

①DataX 是一种用于大数据传输的开源工具，可以在 GitHub 上找到并下载它。

②在 DataX 的配置文件中，配置 MySQL 数据库源和 HBase 目标，指定 MySQL 的连接信息和 HBase 的表名、列族等。

③运行 DataX，将 HBase 数据导出到 MySQL。

4. 注意事项

（1）数据类型转换。

MySQL 和 HBase 的数据类型不同，需要进行转换。在数据转换阶段，手动映射 MySQL 的数据类型到 HBase 的数据类型。

（2）数据一致性。

在迁移过程中，确保数据的一致性。可以使用事务或锁机制，确保数据在迁移过程中不被修改。

（3）性能问题。

大数据量迁移可能导致性能问题。分批次迁移数据，使用并行处理提高迁移速度。

第八章　大数据分析

【本章导读】

　　本章主要介绍大数据分析的过程，让读者初步了解什么是大数据分析。大数据分析是指用适当的统计分析方法对收集来的大量数据进行分析，提取有用信息并形成结论，从而对数据加以详细研究和概括总结的过程。这一过程也是质量管理体系的支持过程。除了解大数据分析外，本章还介绍了几种主要的大数据分析算法，以加深读者对大数据分析在实际应用中的理解。

第一节　大数据分析的过程

　　大数据分析的过程如图 8-1 所示。大数据分析的过程的第一点是明确目的，包括提出问题、目的陈述；第二点是数据准备，包括获取数据、清洗数据、数据标准化、数据转化；第三点是数据探索，包括探索性统计、探索性可视化；第四点是预测建模，包括预测模型、模型评估以及模型验证；第五点是结果可视化，包括方案部署、成果可视化、成果解读。

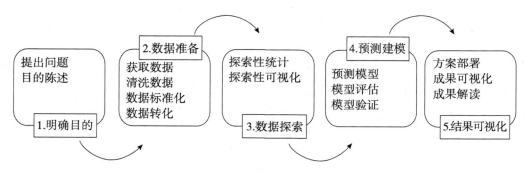

图 8-1　大数据分析的过程

1. 明确目的

对问题的界定始于提出高水平的问题，如如何跟踪两组用户行为之间的差异或未来一个月的黄金价格将会如何变化，明确不同专业背景、目标和需求是一个成功的数据分析项目的关键所在。数据分析问题可以分为推理性问题、预测性问题、描述性问题、探索性问题、因果问题和相关性问题。

2. 数据准备

数据准备是如何获得数据、清洗数据、数据标准化，并实现将数据转化为最优数据集的过程，其目的在于避免任何可能的数据质量问题，如无效数据、数据分歧、超过范围的数据、缺失数据等。这个过程会花费大量的时间，我们应该学会如何利用工具进行数据的处理以解决这个难题，没有做好数据准备将导致错误的分析结果。好的数据应该具备数据完整性、数据一致性、数据无歧义、数据可计量、数据正确性、数据无冗余等特征。

3. 数据探索

数据探索的本质是采用图形或者统计的形式来考查数据，其目的是找到数据中存在的模式或者关系。可视化的方法能够提供数据概览，从而找到有意义的模式，但它需要掌握一定的数据探索工具。探索性数据分析是数据分析过程中的重要组成部分，它有助于我们发现错误、判断关系和趋势或者检查假设，并通过相应的方法对离散的或者连续的数据进行探索性数据分析。探索性数据分析分为 4 种类型，包括单一变量非图形化、多变量非图形化、单变量图形化以及多变量图形化。非图形化的方法是指计算汇总性统计结果或者发现离散点。一般我们更专注于单变量和多变量的图形化模型，因为观察起来更直观也更容易理解。探索性数据分析的目标包括发现数据错误、校验假设、找到潜在的模式或趋势、适合模型的初步选择、决定变量间的相互关系。

4. 预测建模

预测建模是采用数据分析的方法生成或者选择一个统计模型，其目的在于使模型输出的结果成为最优预测值。根据模型输出的结果可以划分为分类型结果（分类）、数值型结果（回归）、描述型结果（聚类）三种类型。在这个阶段一个重要的任务是对模型进行评估，从而实现对特定问题的解答最优化，在这里说明两个定义：一个是交叉验证，指的是将数据划分为样本量相等的子集，然后测试预测建模的结果，评估模型的实际表现，执行交叉验证，进而判断各模型的健壮性，同时评估多个模型的结果以确认最优模型。另一个是保持样本，在大多数情况下，大数据集被随机地划分成三组数据子集，分别为训练集、验证集和测试集。

5. 结果可视化

结果可视化的目标是对数据中所暗含的新模式或者关系进行揭露。结果可视化不仅要看起来漂亮，而且要富有内涵，进而帮助组织更好地决策，它是跳进复杂数据集中描述或者探索数据的有效方法。结果可视化是数据分析过程的重要组成部分，因为它是通过可视化图形概括数据主要特点，并进行探索性数据分析的快速简便的方法。无论对于一个变量、两个变量或者在一维、二维还是三维空间中的变量，我们都可以采用不同类型的结果可视化方法，如柱状图、直方图、线图、饼图、热区图、文字云等。

第二节　大数据分析的方法

一、数据获取

首先来看数据获取，这里提到两个定义：一个是数据源，另一个是数据集。

1. 数据源

数据源指对数据进行抽取、存储的技术。一个数据源可以是从单一文本到大数据库的任何一种形式，原始数据可以从观测日志、传感器、交易数据或者用户行为中获得。

2. 数据集

一个数据集是一组数据的集合，它通常以表格的形式呈现，每一列代表一个特定的变量，每一行对应特定的数据值。一个数据集代表一个对数据源的物理实现。

3. 数据源的存在形式

目前，数据源常见的存在形式有如下几种。

第一种是开源数据，开源数据是指可以被任何人基于任何目的进行使用、再利用或者再分配的数据。

第二种是文本文件，文本文件通常用来存储数据，因为它比较容易转化成其他不同的格式，同时相较其他格式，它更容易恢复或者持续处理已有的内容。大数据量主要来自日志、传感器、E－mail 或者交易数据。文本文件有很多形式，如逗号分隔的 CSV 文件、以换行符分隔的 TSV 文件、可扩展标记语言的 XML 文件以及 JSON 文件等。

第三种是 SQL 数据库，数据库是数据集的组织形式。SQL 是一种管理和控制数据的数据库语言，应用在关系型数据库管理系统中，关系型数据库管理系统负责管理数据的一致性和数据安全存储。SQL 语言可以划分为两类，分别为数据定义语言 DDL 和数据控制语言 DML。SQL 语言在数据库中对数据进行组织，并将数据划分为若干具有逻辑关系的表格，这样我们可以通过编写数据库查询语句来获取数据。

第四种是 NoSQL 数据库，NoSQL 数据库是数据在无须使用关系模型的情况下所涉及的多种技术的总称，NoSQL 技术能够进行大数据量的处理，实现高可用性、可测量性和高效能数据处理。最常用的 NoSQL 数据存储类型有文件存储型、键值存储型及图形存储型。

第五种是多媒体，随着移动设备数量的增长，从多媒体数据库中提取语义信息进行数据分析时需要优先考虑获取的能力。

二、数据清洗

1. 数据清洗的定义

数据清洗是对数据集中错误的、不精确的、不完整的、格式错误的以及重复的数据进行修正、移除的过程。

2. 数据清洗的作用

数据分析过程获取结果不只依赖算法，还依赖数据质量，这就是为什么在获取数据之后要进行数据清洗。为了避免数据集中存在脏数据，需要对数据的正确性、完整性、精确性、一致性、统一性进行检查，并且需要通过不同的方法来辨别异常的数据。一般辨别方法如下。

（1）物理辨别法。物理辨别法是人们根据对客观事物、业务等已有的认识，判别是否由于外界干扰、人为误差等原因造成实测数据偏离正常结果，判断异常值。

（2）统计辨别法。统计辨别法是给定一个置信概率，并确定一个置信限，凡超过此限的误差，就认为它不属于随机误差范围，将其视为异常值，这里值得注意的是要慎重删除异常值，为减少犯错误的概率，可结合多种统计辨别方法，并尽力找出异常值出现的原因，若存在多个异常值，应逐个删除，避免相互影响。检验方法以正态分布为前提，若数据偏离正态分布或样本较小时，校验结果未必可靠。

3. 处理缺失值判别

在数据清洗时需要处理缺失值判别，如果数据缺失严重，会对分析结果造成较大影响，因此对剔除的缺失值，要采用合理的方法进行填补，常见的方法有平均值填充、K 最近距离法、回归法、极大似然估计法等。

三、数据转化

数据转化通常和数据库以及数据仓库有关系，其中数值按照原格式被抽取、转化，并加载为目标格式。抽取、转化和加载简称 ETL，ETL 从数据源获取数据，依赖数据模型执行转化功能，然后将结果数据加载到目标库中。

数据抽取可以从多数据源获取数据，如关系型数据库、数据流、文本文件以及 No-SQL 数据库等，数据转化可以清洗、转化、汇合、归并、替代、验证、格式化以及拆分数据等，数据加载可以将数据加载为目标格式，如关系型数据库表、Hive 数据表以及固定格式的文本文件等。

四、数据标准化

数据标准化就是将原始数据按比例缩放，去除数据的单位限制，将其转化为无量纲的纯数值，数据标准化便于不同单位或量级的指标进行比较和加权。在大型项目的数据分析中，由于数据来源的不同，通常会导致数据的量纲、数据的量级产生差异。为了让这些数据具备可比性，需要采用标准化方法来消除这些差异。

1. 数据标准化的典型

数据标准化最典型的就是数据的归一化处理，即将数据统一映射到 ［0，1］ 区间上。标准化处理前后效果对比如图 8 – 2 所示。

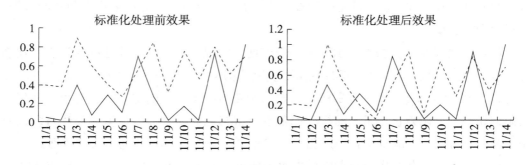

图 8 – 2　标准化处理前后效果对比

2. 数据标准化方法

目前数据标准化方法有多种，归结起来可以分为直线型方法（如极值法、标准差法）、折线型方法（如三折线法）、曲线型方法（如半正态分布）。不同的标准化方法，对系统的评价结果会产生不同的影响。目前，在数据标准化方法的选择上，还没有通用的法则可以遵循。

常见的方法有：离差标准化、log 函数转换、反正切函数转换、Z – Score 标准化等。

（1）离差标准化：是对原始数据的线性变换，使结果落到 ［0,1］ 区间，其中 max 为样本数据的最大值，min 为样本数据的最小值。但这种方法有一个缺陷，就是当有新数据加入时，可能导致 max 和 min 的变化，需要重新定义。

（2）log 函数转换：是通过以 10 为底的 log 函数转换以实现归一化，max 为样本数据最大值，并且所有的数据都要大于等于 1。

（3）反正切函数转换：是用反正切函数实现数据的归一化，需要注意的是如果想使用这个方法映射到［0,1］的区间，则数据都应该大于等于0，小于0的数据将被映射到［-1,0］区间上。

（4）Z-Score标准化：当然并非所有数据标准化的结果都需要映射到［0,1］区间上，这时就可以使用Z-Score标准化方法，该方法是SPSS中最常用的标准化方法。该方法使经过处理的数据符合标准正态分布，即均值为0，标准差为1。

第三节　大数据分析算法

一、分类算法

分类算法是按照某种指定的属性特征将数据归类。它需要确定类别的概念描述，并找出分类判别准则。分类的目的是获得一个分类函数或分类模型，也常称作分类器，该模型能把数据集合中的数据项映射到某一个给定类别。

分类算法的特点有以下两个。

（1）分类是利用训练数据集通过一定的算法来求得分类的规则，是模式识别的基础。

（2）分类可用于提取描述重要数据集的模型或预测未来的数据趋势。解决分类问题的方法很多，单一的分类方法主要包括决策树、贝叶斯、人工神经网络、KNN算法、支持向量机和基于关联规则的分类等。

二、KNN算法

KNN算法即K近邻法，是一种理论上比较成熟的方法。它的思路非常简单，即找到训练集样本空间中的K个距离预测样本x最近的点，统计K个距离最近的点的类别，找出个数最多的类别，将x归入该类别。

1. KNN算法的三个基本要素

KNN算法有三个基本要素，即K值选择、距离度量和分类决策规则。以下分别进行说明。

（1）K值选择，如果K值太小，分类结果易受噪声点影响；K值太大，近邻中又可能包含太多其他类别的点。

（2）距离度量可以降低K值设定的影响。K值通常是采用交叉检验来确定的，K

值一般低于训练样本数的平方根。距离度量选择，一般采用马氏距离或欧式距离。需要注意的是，高维度和变量值域对距离衡量存在显著影响，变量越多，欧式距离的区分能力就越差，值域大的变量在距离计算中往往起主导作用，因此应先对变量进行标准化转变。

（3）分类决策规则，投票法没有考虑近邻样本距离的远近，距离更近的近邻样本可能对最终的分类有更大的影响，所以加权投票法更合适。加权投票法中的权重随着样本间距离的增大而减小。

2. KNN 算法的优缺点

（1）优点。简单有效，容易理解和实现，并且重新训练的代价较低。由于 KNN 算法主要依赖周围有限的邻近样本，而不是靠判别类域的方法确定所属的类别，因此对于类域的交叉或重叠较多的待分样本集来说，KNN 算法较其他方法更为适合。而且 KNN 算法适合处理多模型分类和多标签分类问题。

（2）缺点。KNN 算法比一些积极学习的算法要慢，并且计算量比较大，需要计算所有样本的距离，这就需要对样本进行剪辑；样本不平衡会导致预测偏差较大，容易对维度灾难敏感；类别评分不是规格化的。

3. 模型评估

在完成模型构建之后，必须对模型的效果进行评估，根据评估结果继续调整模型的参数、特征或者算法，以达到满意的结果。评价一个模型最简单也是最常用的指标就是准确率，但是在没有任何前提下使用准确率作为评价指标，往往不能反映一个模型性能的好坏，如在不平衡的数据集上，正类样本占总数的95%，负类样本占总数的5%，那么有一个模型把所有样本全部判断为正类，该模型也能达到95%的准确率，但是这个模型没有任何的意义。

因此，对于一个模型，我们需要从不同的角度去判断它的性能。但在对比不同模型的能力时，使用不同的性能度量往往会导致不同的评价结果，这意味着模型的好坏是相对的，什么样的模型是好的，不仅取决于算法和数据，还取决于任务需求。例如，医院中检测病人是否有心脏病的模型，这个模型的目标是将所有病患检测出来，即使会有误诊（将健康检测为患病）；在警察追捕嫌疑人的模型上，该模型的目标是将嫌疑人准确地识别出来，而不希望有过多的误判（将无辜者认为嫌疑人）。所以不同的任务需求，模型的训练目标也不同，因此评价模型性能的指标也会有所差异。模型的评估一般经过测试集选取、定义效果指标以及指标呈现三个步骤。混淆矩阵能够比较全面地反映模型的性能，从混淆矩阵能够衍生出很多的指标，但查准率和查全率是一对矛盾的度量。一般来说，查准率高时，查全率往往偏低；查全率高时，查准率往往偏低。

通常只有在一些简单任务中，才能使二者都很高。$P-R$ 曲线的 P 就是查准率，R

就是查全率。以 P 为横坐标，R 为纵坐标，就可以画出 $P-R$ 曲线。对于同一个模型，通过调整分类阈值，可以得到不同的 $P-R$ 值，从而可以得到一条曲线。通常随着分类阈值从大到小变化，P 减小，R 增加。比较两个分类器好坏时，显然是查得又准又全比较好，也就是 $P-R$ 曲线越往坐标（1，1）的位置靠近越好。

若一个学习器的 $P-R$ 曲线被另一个学习器完全"包住"，则后者的性能优于前者。当存在交叉时，通过计算曲线围住的面积不太容易判断，但是可以通过平衡点（查准率＝查全率，Break - Even Point，简称 BEP）来判断。AUC（Area Under Curve）指标在二分类问题中的模型评估阶段常作为最重要的评估指标来衡量模型的稳定性。AUC 指标是一个概率值，随机挑选一个正样本及负样本，根据分类算法计算得到的 Score 值将这个正样本排在负样本前面的概率就是 AUC 指标，AUC 指标越大，当前分类算法越有可能将正样本排在负样本前面，从而能够更好地分类。

三、聚类分析

聚类分析是对具有共同趋势或结构的数据进行分组，将数据项分组成多个簇，簇之间的数据差别应尽可能大，簇内的数据差别应尽可能小，即最小化簇间的相似性，最大化簇内的相似性。聚类是一种无监督学习的方法，是许多领域中常用的统计数据分析技术。根据聚类的方式不同，大体可以将聚类分为基于划分的聚类、基于层次的聚类、基于密度的聚类、基于网格的聚类、基于模型的聚类五种，每种形式的聚类所对应的算法也是不尽相同的。本书主要讲解 K - Means 算法。

1. K - Means 算法

K - Means 算法也被称为 K - 平均算法或 K - 均值算法，是一种广泛使用的聚类算法。

其主要架构是首先将各个聚类子集内的所有数据样本的均值作为该聚类的代表点；其次把每个数据点划分到最近的类别中，使评价聚类性能的准则函数达到最优，从而使同一个类中的对象相似度较高，而不同类之间的对象相似度较小。

其基本思路是首先随机选择 K 个数据点作为聚类中心；其次计算其他点到这些聚类中心点的距离，通过对簇中距离平均值的计算，不断改变这些聚类中心的位置，直到这些聚类中心不再变化为止。K - Means 算法图像如图 8 - 3 所示。

2. 聚类算法的评估指标

聚类算法的评估指标，即聚类评估估计在数据集上进行聚类的可行性和被聚类方法产生的结果的质量。聚类评估主要包括凝聚度、分离度、轮廓系数、相似度矩阵、相关系数等，具体评估方法如下。

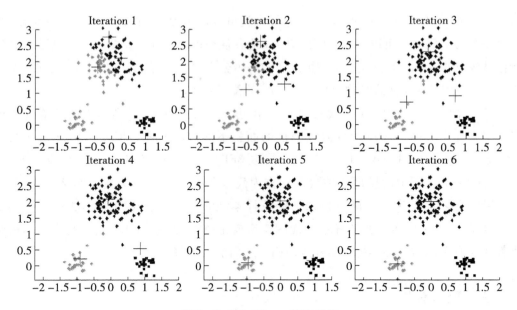

图 8 – 3　K – Means 算法图像

（1）对于给定的数据集，评估该数据集是否存在非随机结构。盲目地在数据集上使用聚类方法将返回一些簇，所挖掘的簇可能是误导。仅当数据中存在非随机结构，数据集上的聚类分析是有意义的。

（2）一个没有任何非随机结构的数据集，如数据空间中均匀分布的点，尽管聚类算法可以为该数据集返回簇，但这些簇是随机的，没有任何意义。聚类要求数据的非均匀分布。霍普金斯统计量是一种空间统计量，检验空间分布的变量的空间随机性。

（3）轮廓系数适用于实际类别信息未知的情况。对于单个样本，设 a 为与它同类别中其他样本的平均距离，b 为与它距离最近的不同类别中样本的平均距离，以此来计算轮廓系数，对于一个样本集合，它的轮廓系数是所有样本轮廓系数的平均值。轮廓系数的取值范围是［–1,1］，同类别样本距离越相近，不同类别样本距离越远，分数越高。

四、关联算法

关联算法，也称关联分析算法，即自然界中某种事物发生时会引起其他事物的变动，这种联系称为关联。反映事件之间依赖或关联的知识称为关联型知识，又称依赖关系。关联算法要求找出描述这种关联的规则，并用以预测或识别。

1. 关联分析的目的

关联分析的目的是找出数据集合中隐藏的关联网，是离散变量因果分析的基础，关联算法多用于发现商品之间的联系，最经典的就是购物篮问题。利用关联算法可以发现哪些商品之间存在具有实用性和有效性的关联属性，进而为某些决策提供合理依据。

举个常见的例子，通过发现顾客放入其购物篮中不同商品之间的联系，分析顾客的购买习惯，如哪些商品频繁地被顾客同时购买，这种关联的发现可以帮助零售商制定营销策略。例如，在同一次购物中，顾客购买牛奶的同时，也购买面包的可能性有多大？这种信息可以引导销售，帮助零售商有选择地经销和安排货架。例如，将牛奶和面包尽可能放近一些，可以进一步刺激顾客同时购买这些商品。

2. Apriori 算法

Apriori 算法是最基本的一种关联规则算法。它基于 Apriori 原理，用支持度做度量，迭代产生频繁项集；对频繁项集，使用置信度做度量，最后发现关联规则。Apriori 原理认为如果一个项集是频繁的，则它的所有子集一定也是频繁的；相反，如果项集是非频繁的，则它的所有子集也一定是非频繁的。所谓频繁项集是指发生频率超过最小支持度的项集。

下面描述一下发现频繁项集的步骤：

（1）第一步，扫描交易数据库，找出项数为 1 的频繁项集，即频繁的单项级，此时 $K=1$。

（2）第二步，从 K 频繁项集中生成 $K+1$ 候选频繁项集，扫描数据集，计算出每个候选项集的支持度，根据最小支持度的要求，从中筛选出 $K+1$ 频繁项集，直到 $K+1$ 达到用户指定的最大项数或者 $K+1$ 频繁项集为空，则算法结束，如果指定的最大项数为 K_{max}，则 Apriori 算法最多扫描数据集 $K_{max}+1$ 次。

3. 关联模型评估的意义

关联模型评估主要是识别有价值的关联模式，大致分为两种：一种是客观度量，另一种是主观度量。客观度量又分为对称度量指标和非对称度量指标，包括支持度、相关性、兴趣因子、集体强度、置信度、互信度、可信度因子等。主观度量主要是根据结果，基于主观兴趣、模板及认知度的度量。

第四节 大数据分析应用

一、提出问题

大数据分析首先是提出问题，对于门店智能化转型，很重要的一点就是智能，那么什么是智能呢？

举一个案例，一个顾客还没到店门口，店员就已经在门口准备迎接了，顾客刚一进门，店员微笑着说："张先生，您好！"张先生一愣说："你怎么知道我姓张啊？"店员说："您忘了吗，两个月前您在店里办理过业务啊，您还对我们的 VR 游戏机很感兴趣呢，需要我为您再介绍一下吗？"试想，这种场景下营销的成功率是不是会大大提高呢？

这个简短的案例中有两个关键的点，一个是店员真的记得这位顾客姓张吗？另一个是店员是怎么知道张先生对 VR 游戏机感兴趣的呢？下面是大数据分析在门店智能化转型方面的应用。

1. 零售行业领先的三家企业的转型经验

（1）天猫的新零售：以用户体验为核心，通过极好的用户体验，吸引顾客进店购买。

（2）苏宁的智慧零售：以用户为核心，针对用户进行精准营销，提高商品购买率。

（3）京东的无界零售：以物流配送为核心，通过降低门店库存，来增加门店商品流通速度。

以上三种营销方式看似无关，实际上有一个共同的特征，就是挖掘了零售行业的隐藏属性，即商品体验性、用户关联性、门店坪效性。因此我们要跳出传统思维，充分挖掘这些隐藏属性，借鉴业界经验，以互联网思维模式将大数据分析应用到实际生活和工作中。

2. 电信行业门店的现状

分析完零售行业的经验，我们再分析一下电信行业门店的现状。通过统计分析、聚类、调查等方法，将门店的问题做了如下总结。

客流不均在门店中大致有三种体现：一是进店客流小，门店空闲；二是客流量大，并且进店时间集中，形成客户等待；三是进店客流正常，但是商品购买率低。

针对以上痛点，我们可应用大数据分析，通过智能化转型的方式一一解决。

二、处理数据—数据来源

首先说明一下要分析的数据来源，我们提供了 19 家门店的订单信息和门店周边 5 千米内的用户画像，值得注意的是电信行业具有丰富的海量用户数据，如从网管平台提取位置、时序信息；从采集平台获得终端信息；从自然人提取身份信息、人脸图像信息；通过 GPRS 网关支持节点提取上网信息；从业务系统提取账单信息、话单信息、套餐信息；从新零售平台获取异业订单数据等。

结合繁杂的用户数据，经过不断的数据探索，我们就可以构建非常全面立体的用户画像，并且得到的用户画像绝不仅是浅显的统计归类，通过大数据分析，我们能够得到深层次的特征。比如，两个人的通话记录忽然增多，并且这两个人的位置信息经常重叠，再加上这两个人年龄相当，那么这两个人就可能是新晋情侣。另外，有了人像数据之后，我们就可以通过人像识别技术分析进店用户的身份，这也是以单个用户为维度进行选品推荐和精准营销的前提。

另外，我们还需要做的一件事是给商品画像，商品画像的意义在于可以对商品进行精准的定位，让不同的商品迅速匹配到不同地域、时间、偏好、阶层的消费者，进而优化用户和商品的匹配度。给商品贴上的各种"标签"可以直接驱动后端供应链的各种行为，如预测、补货、促销、库存、采购、生产、物流等，都要和这些标签相匹配，标签不同，模型不同，管理的模式也有所不同，而且一切都是动态的，这就是智慧门店中的智慧供应链的体现。

通过分析门店周围5千米内的用户画像，结合工作日、非工作日周边人群的不同，就可以给门店赋予不同的属性，这样通过用户、商品、门店的标签属性相互关联，实现三位一体，门店就可以精准地洞察顾客的兴趣、偏好、去留等，实现智能的商品陈列、补货、选品、销售预测等，更好地服务于消费者，达成门店智能化转型的目的。门店所销售的商品的选取也不再是被动的、想当然的、跟风的，而是主动的、多元化的、实时的、精准的。

三、预测模型

经过数据探索之后，再来构建大数据智能推荐模型，从数据输入模块，把各个渠道提取的原始数据经过数据处理、特征选取，送入核心算法单元，经过模型融合，最终输出用户画像、商品画像、门店画像以及"一客一策"的推荐结果和门店的上、下架精准建议。有了推荐结果，再通过门店的营销工具转换为最后的销售行为。同时进行订单归集，画像实时更新，形成门店的数据沉淀，重新评估优化大数据智能推荐模型。通过运营的循环，实现不断优化的、更智能的商品推荐策略。

如何应用分析模型，具体可以通过以下四个步骤来实现：

（1）首先根据大数据进行周边常住用户的分析；

（2）通过用户位置信息、周边人脸识别等获取常住用户，结合用户画像得到常住用户的推荐商品；

（3）通过电子围栏、红包权益发放等手段吸引用户；

（4）根据智能选品得到门店的商品上、下架建议，最终实现门店引流的目的。

将客户引流后，是如何进行主动营销的呢？

接下来回想一下前文提到的张先生，店员真的记得这位顾客姓张吗？答案是不记得，但是当这位顾客迈入门店的摄像头范围，他的图像信息就可以通过人脸识别平台进行精准识别，同时通过手机软件将客户画像以及商品推荐等相关信息推送到店员的手中，这样店员就可以游刃有余地对张先生做出精准营销。假如，这位张先生的太太生日马上就要到了，同时通过换机时间预测模型发现张太太的手机已经到了预计更换时间，并且预测张太太的推荐手机品牌是华为。这时店员是否能够以价格优惠的形式向张先生推荐这款手机呢？是不是可以考虑将 VR 游戏机跟这款手机进行组合销售呢？是不是可以推荐华为手机专属套餐呢？这些都是大数据分析带来的智能化的改变。

通过用户画像、商品画像及门店画像，同时结合他们本身的时间及空间属性勾勒出全方位、立体的数字化模型，通过这样的模型能达到一个什么样的效果呢？未来，在智能化转型的门店，消费者将体验到更智慧的商品选取、更精准的客户分析、更贴心的自助服务、更智能的营业模式、更成熟的商品展现以及更动态的供应链条。

第九章　区块链及其在新零售中的应用

【本章导读】

区块链源于比特币，有广泛的应用价值，并且区块链能更好地解决大数据时代信息繁杂、信任缺失的问题。区块链很好地解决了新零售自身不能克服的问题，为新零售的发展开拓了新的道路。

第一节　区块链概述

区块链的概念源于比特币。2015 年始，部分国家认识到区块链技术的巨大应用前景，开始从国家层面考虑区块链的发展道路，由此区块链成为全球各大监管机构、金融机构及商业机构争相研究讨论的对象。在区块链迅速发展的背景下，我国顺应全球化需求，紧跟国际步伐，积极推动国内区块链相关领域的研究、标准化制定以及产业化发展。这表明政府充分认可了区块链技术引领产业发展、激活实体经济的作用。至此，不管是科研圈还是最早嗅到先机的投资圈，区块链都已成为一个新的有待探索的领域。

2016 年 12 月，工业和信息化部发布《软件和信息技术服务业发展规划（2016—2020 年)》，提出区块链等领域创新达到国际先进水平等要求。

2017 年 8 月，国务院发布《关于进一步扩大和升级信息消费持续释放内需潜力的指导意见》，提出开展基于区块链、人工智能等新技术的试点应用。

2017 年 10 月，国务院发布《关于积极推进供应链创新与应用的指导意见》，提出要研究利用区块链、人工智能等新兴技术，建立基于供应链的信用评价机制。

2018 年，工业和信息化部发布《2018 年信息化和软件服务业标准化工作要点》，提出推动组建全国信息化和工业化融合管理标准化技术委员会、全国区块链和分布式记账技术标准化委员会。

截至 2018 年 3 月底，国内有北京、上海、广州、重庆、深圳、江苏、浙江、贵州、山东、江西、广西等多地发布政策指导信息，开展区块链产业链布局。

一、区块链的概念、分类及工作原理

1. 区块链的概念

对于区块链目前存在多种解释。其中中国信息通信研究院认为：区块链（Block-Chain）是一种分布式数据库技术。在典型的区块链系统中，数据以区块（Block）为单位生产和存储，并按照时间顺序连成链式（Chain）的数据结构。所有节点共同参与区块链系统的数据验证、存储和维护。

而《中国区块链技术和应用发展白皮书》则是将区块链视为分布式数据存储、点对点传输、共识机制、加密算法等计算机技术的新型应用模式。

通俗地讲，区块链就是一种去中心化的分布式（分布在多地、能够协同运转的）账本数据库系统。

2. 区块链的分类

按区块链的应用情况，可将其分为私有链、联盟链和公有链三类，如图9－1所示。

图 9 – 1　区块链的分类

（1）私有链（也称专有链）。使用范围一般控制在一个公司范围内，能够改善可审计性，但是不能完全解决信任问题，每秒1000次以上数据写入。

（2）联盟链。联盟链是授权公司和组织才能加入的网络。参与共识、写入及查询数据都可通过授权控制，可实名参与过程，可满足监管，每秒1000次以上数据写入。

（3）公有链。任何人都能加入网络及写入和访问数据，任何人在任何地理位置都能参与共识，保持每秒3~20次数据写入。

3. 区块链的工作原理

区块链区别于传统数据库系统的运作，任何有能力架设服务器的人在自己喜欢的地方部署了自己的服务器，并连接到区块链网络中，就可以成为这个分布式数据库存储系统中的一个节点；一旦加入该节点，即可享有同其他节点完全一样的权利与义务。同时，对于在区块链上参与价值转移的人，可以对这个系统中的任意节点进行读写操作，全世界所有节点会根据一种共识机制完成一次又一次的同步，从而实现区块链网络中所有节点的数据完全一致。

区块链是第一个试图自带信任化和防止篡改的分布式记录系统，其能够放在非安全环境中的分布式数据库（系统），采用密码学方法保证已有数据不被篡改，进而采用共识算法对新增数据达成共识。

二、区块链的特征

区块链主要的特征包括开放、共识，去中心、去信任，交易透明、双方匿名，不可篡改、可追溯。

（1）区块链的开放、共识的特征主要是指任何人都可以参与区块链网络，每一台设备都能作为一个节点，每个节点都允许获得一份完整的数据库拷贝。节点间基于一套共识机制，通过竞争计算共同维护整个区块链。任一节点失效，其余节点仍能正常工作。

（2）区块链的去中心、去信任的特征是由于区块链由众多节点共同组成一个端到端的网络，不存在中心化的设备和管理机构。节点之间数据交换通过数字签名技术进行验证，无须互相信任，只要按照系统既定的规则进行，节点之间不能也无法欺骗其他节点。中心化与去中心化示例如图 9-2 所示。

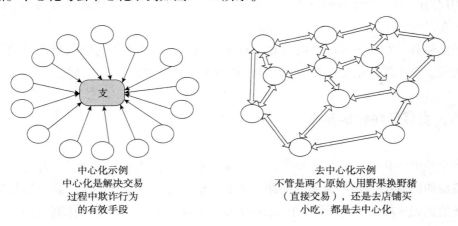

中心化示例
中心化是解决交易
过程中欺诈行为
的有效手段

去中心化示例
不管是两个原始人用野果换野猪
（直接交易），还是去店铺买
小吃，都是去中心化

图 9-2 中心化与去中心化示例

（3）区块链的交易透明、双方匿名的特征是由于区块链的运行规则是公开透明的，所有的数据信息也是公开的，因此每一笔交易都对所有节点可见。由于节点与节点之间是去信任的，因此节点之间无须公开身份，每个参与的节点都是匿名的。

（4）区块链的不可篡改、可追溯的特征则是由于在区块链中单个甚至多个节点对数据库的修改无法影响其他节点的数据库，除非能控制整个网络中超过51%的节点同时修改，但这几乎是不可能发生的。区块链中的每一笔交易都通过密码学方法与相邻两个区块串联，因此可以追溯到任何一笔交易的前世今生。

三、区块链的发展

区块链的发展最早可以追溯到2008年，中本聪在2008年发表了介绍比特币的白皮书，诞生了史上第一个区块链的应用，次年1月，中本聪制作了第一个创世区块。

2013年，Vitalik Buterin发表以太坊项目白皮书，定义以太坊为去中心化应用的区块链平台。以太坊在次年7月、8月进行了众筹，于2015年7月正式上线。

2014年区块链技术公司R3创立且与四十余家国际知名金融机构组成联盟，旨在深入研究区块链技术。

2015年美国的证券交易所NASDAQ（纳斯达克）启动了一项关于区块链技术的实验，目的是为金融行业提供高效解决方案。

2016年4月，The DAO项目启动，其以一系列合约形式存在，为基于以太坊的项目筹集资金。6月，The DAO被黑客攻击，该事件最终导致以太坊发生硬分叉。

2017年6月，区块链底层操作系统EOS（Enterprise Operation System）在网上公开预售代币。它使用了比以太坊结构更高效的石墨烯结构。

2017年7月区块链联盟宣布，首个可用于构建应用的产品级解决方案Fabric的正式版发布。

当然还有一些关于区块链的研究，而从2016年至2019年陆续有更多公司，如华为、腾讯、京东等开始发布关于区块链的白皮书，开发或推广区块链技术的应用。

四、发展区块链的意义

当今是经济共享和大数据时代，信息流通速度快、处理时间短，因此这些技术在迅速发展的同时也带来了一系列问题。例如，信息滥用、信任缺失、隐私泄露等。而区块链的出现解决了这些问题。区块链技术基于数学原理进行信用体制重构，去掉了中介担保过程，以点对点的方式让在线支付成为可能，从而实现了在一个开放式平台上进行远距离的安全交付。区块链技术的核心是分布式总账本技术。分布式账本跨越多个节点、区域和机构，保存着所有交易的历史记录，且网络中所有授权参与者都保存着一份完全相同的账本副本，一旦对账本进行修改，全部副本数据也将在几分钟甚至几秒钟之内全部修改完毕。

区块链应用范围广泛，在金融、医疗、税收、物流等各个行业都有应用，通过区块链技术可以优化资源配置、完善信用体系、促进经济全球化。

第二节　区块链技术的实践

一、区块链技术的概述

（1）狭义来看，区块链是按照时间顺序将数据区块相连而组合成的一种链式数据结构，是以密码学方式保证的不可篡改和不可伪造的分布式账本。广义来讲，区块链技术是利用块链式数据结构验证与存储数据、利用分布式节点共识算法生成和更新数据、利用密码学的方式保证数据传输和访问的安全、利用由自动化脚本代码组成的智能合约来编程和操作数据的全新的分布式基础架构与计算范式。目前，区块链技术被很多大型机构称为彻底改变业务乃至机构运作方式的重大突破性技术。同时，就像云计算、大数据、物联网等新时代信息技术一样，区块链技术不单是信息技术，它依托现有技术，加以独创性的组合及创新，从而实现以前未实现的功能。

（2）至今，区块链技术大致经历了三个发展阶段，第一个阶段是数字货币阶段，第二个阶段是区块链 1.0 阶段，第三个阶段是区块链 2.0 阶段。

第一阶段——数字货币阶段

数字货币阶段也就是我们熟知的数字货币应用，其中以比特币为代表。数字货币和传统货币一样，蕴含着支付以及流通等货币职能。但是与传统货币相比，它有着手续费更低、耗时更短等优势，可以直接在互联网上汇款交易且不用第三方介入。这也是数字货币最为大众所认可的地方——去中心化。比特币是最早出现，也是目前为止规模最大的加密货币。比特币所代表的是区块链技术的起源，是一种革新未来的力量。

在数字货币阶段主要依托 P2P 网络技术、非对称加密算法、数据库技术、数字货币。

①P2P 网络技术是区块链系统连接各对等节点的组网技术，学术界将其翻译为对等网络，在多数媒体上则被称为"点对点"或"端对端"网络，是建构在互联网上的

一种连接网络。不同于中心化网络模式，P2P 网络中各节点的计算机地位平等，每个节点有相同的网络权力，不存在中心化的服务器。所有节点间通过特定的软件协议共享部分计算资源、软件或者信息内容。在比特币出现之前，P2P 网络技术已被广泛用于开发各种应用，如即时通信软件、文件共享等。P2P 网络技术是构成区块链技术架构的核心技术之一。

②非对称加密算法是指使用公私钥对数据存储和传输进行加密和解密。公钥可公开发布，用于发送方加密要发送的信息，私钥用于接收方解密接收到的加密内容。公私钥对计算时间较长，主要用于加密较少的数据。区块链正是使用非对称加密的公私钥对来构建节点间信任的。

③数据库技术，数据库技术涉及计算机技术发展的大半段历程，是基础性技术，也是软件业的基石。数据库技术从早期的网状结构、层次结构发展到基于严密关系代数基础的关系型结构。关系型数据库用简单的二维表格存储真实世界的对象及其联系，SQL 语言被广泛地用于构建各种系统和应用软件。世界互联网产生的海量数据催生了以键值（Key – Value）对为基础的分布式数据库系统。在区块链系统建设方面，传统的关系型数据库和分布式键值数据库均适用。

④数字货币（Digital Currency）被称为电子现金（Ecash）或电子货币（Emoney），其被视为对现实货币的模拟，涉及用户、商家和处于中心化地位的银行或第三方支付机构。数字货币是电子商务和网上转账的基础。

第二阶段——区块链 1.0 阶段

2009 年初，比特币网络正式上线运行。作为一种虚拟货币系统，比特币的总量是由网络共识协议限定的，没有任何个人及机构能够随意修改其中的供应量及交易记录。在比特币网络成功运行多年后，部分金融机构开始意识到，支撑比特币运行的底层技术——区块链实际上是种极其巧妙的分布式共享账本及点对点价值传输技术，其对金融乃至各行各业的潜在影响不亚于复式记账法的发明。从其实质分析，区块链就是无须中介参与，也能在互不信任或弱信任的参与者之间维系不可篡改的账本记录的技术。

区块链 1.0 的典型特征如下。

①以区块为单位的链状数据块结构。区块链系统各节点通过一定的共识机制选取具有打包交易权限的区块节点，该节点需要将新区块的前个区块的哈希值、当前时间戳、一段时间内发生的有效交易等内容打包成单个区块，向全网共享。由于每个区块都是与前续区块通过密码学证明的方式连接在一起的，当区块链达到一定的长度后，要修改某个历史区块中的交易内容就必须将该区块之前的所有区块的交易记录及密码学证明进行重构，有效实现了防篡改。

②全网共享账本。在典型的区块链网络中，每个节点都能够存储全网发生的历史

交易记录的完整、一致账本，即对个别节点的账本数据的篡改、攻击不会影响全网总账本的安全性。此外，由于全网的节点是通过点对点的方式连接起来的，没有单一的中心化服务器，因此不存在单一的攻击入口。同时，全网共享账本这个特性也使防止双重支付成为现实。

③非对称加密。典型的区块链网络中，账户体系由非对称加密算法下的公钥和私钥组成，若没有私钥则无法使用对应公钥中的资产。

④源代码开源。区块链网络中设定的共识机制、规则等都可以通过一致的、开源的源代码进行验证。

第三阶段——区块链 2.0 阶段

2014 年前后，业界开始认识到区块链技术的重要价值，并将其用于数字货币外的领域，如分布式身份认证、分布式域名系统、分布式自治组织等。区块链 2.0 试图创建可共用的技术平台，并向开发者提供服务，极大提高了交易速度，降低了资源消耗，并支持多种共识算法。

区块链 2.0 的典型特征如下。

①智能合约。区块链系统中的应用，是已编码的、可自动运行的业务逻辑，通常有自己的代币和专用开发语言。

②分布式合约。包含用户界面的应用，包括但不限于各种加密货币，如以太坊钱包。

③虚拟机。用于执行智能合约编译后的代码。

在区块链的技术架构中包括数据层、网络层、共识层、激励层和智能合约层等结构。

二、区块链的应用场景

1. 区块链的应用范围划分

区块链的应用范围划分为 3 个层面，分别称其为区块链 1.0、区块链 2.0 和区块链 3.0。

（1）区块链 1.0：可编程货币。

区块链技术伴随比特币的产生而产生，其最初的应用范围完全聚集在数字货币上。比特币的出现第一次让区块链进入了大众视野，而后产生了莱特币、以太币、狗狗币等"山寨"数字货币。可编程货币的出现，使得价值在互联网中直接流通成为可能。

区块链构建了一种全新的、去中心化的数字支付系统，随时随地进行货币交易、毫无障碍的跨国支付以及低成本运营的去中心化体系，都让这个系统变得魅力无穷。这样一种新兴数字货币的出现，强烈地冲击了传统金融体系。

（2）区块链2.0：可编程金融。

受数字货币的影响，人们开始将区块链技术的应用范围在金融领域进行扩展。基于区块链技术可编程的特点，人们尝试将"智能合约"的理念加入区块链，形成可编程金融。有了合约系统的支撑，区块链的应用范围开始从单一的货币领域扩大到涉及合约功能的其他金融领域，区块链技术得以在包括股票、清算、私募股权等众多金融领域崭露头角。

目前，许多金融机构都开始研究区块链技术，并尝试将其运用于现实，传统金融体系正在被颠覆。

（3）区块链3.0：可编程社会。

随着区块链技术的进一步发展，其去中心化功能及数据防伪功能在其他领域逐渐受到重视。人们开始认识到，区块链的应用不局限于金融领域，还可以扩展到任何有需求的领域中。于是，在金融领域之外，区块链技术又陆续被应用到了公证、仲裁、审计、域名、物流、医疗、邮件、鉴证、投票等，应用范围扩大到了社会各领域。

在这一阶段，人们试图用区块链来颠覆互联网的最底层协议，并试图将区块链技术运用到物联网中，让整个社会进入智能互联网时代，形成一个可编程的社会。

区块链的应用生态圈涉及金融服务、供应链管理、智能制造、文化娱乐、医疗健康、社会公益、教育就业等方面，如图9-3所示。

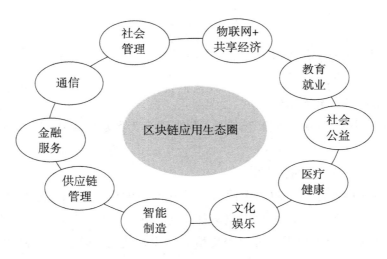

图9-3　区块链的应用生态圈

在金融服务方面区块链能够应用于支付、清算、贸易金融、数字货币、股权、私募、债券、金融衍生品、众筹、信贷、风控、征信；在文化娱乐方面区块链能够应用于视频版权、音乐版权、软件防伪、数字内容确权、软件传播溯源；在社会公益方面区块链能够应用于捐赠透明度、物资追踪、身份验证、智能合约；在社会管理方面区块链能够应用于代理投票、身份认证、档案管理、公证、遗产继承、个人社会信用、工商管理；在通信方面区块链能够应用于隐私保护、数据存储、国际漫游结算；在物联网＋共享经济方面区块链能够应用于物品溯源、物品防伪、物品认证、网络安全性、网络效率、网络可靠性提高、租车、租房及知识技能共享；在教育就业方面区块链能够应用于档案管理、学生征信、学历证明、成绩证明、产学合作；在医疗健康方面区块链能够应用于数字病历、隐私保护、健康管理等。

2. 区块链在相关场景中的应用

（1）区块链＋供应链。区块链应用到供应链的过程中能够将原材料制造商、贸易商、核心生产商、销售商等供应链参与主体的订单信息、发货信息、物流仓库、发票、融资放款、付款到账等信息建立共享账本，使包括消费者在内的各参与主体可以随时查看货物的来源地，并且跟踪物流信息，防止造假。

（2）区块链＋金融。区块链能够通过减少中间环节，降低交易成本，提高交易效率，简化手工金融服务流程以及提升数据安全性等解决金融服务中交易时间长及过程烦琐等问题。

（3）区块链＋旅游。区块链能够将游客与商户直接联结在一起完成货币兑换、证照办理、预定、保险等业务，实现旅游过程中消费款项透明，保险款项可以自由选择，避免旅行社欺骗消费者，出现额外收费的情况；同时将导游信息记录在链，根除宰客行为；不需要第三方代理，价格公开透明，避免商业欺诈。

（4）区块链＋医疗。多家医院可以依托区块链在取得相应权限的情况下对患者的就诊等进行记录并随时读取、研究、更新相应的内容，使病例数据真正的掌握者是患者自己，而不是某家医院或第三方机构，提高隐私性，并且方便病人跨医院就医和做健康规划。

（5）区块链＋公益。区块链能够实现项目捐赠情况公开透明以及善款用途可持续追踪。

（6）区块链＋政府税收监管。在传统的政府税收监管过程中由于各种原因可能存在虚开大额发票、伪造虚假交易发票等问题，而区块链能够确保政府在监管过程中对交易记录的真实性进行鉴别，交易数据与发票拥有公开、透明以及可追踪性，减少因人工疏忽导致错开发票的情况。

（7）区块链＋能源管理。在能源管理过程中区块链能够保证交易的整个流程不需要人参与，数据可信，随时交易，并记录所有交易过程，无法篡改，使能源管理更为快捷有效。

（8）区块链 + 游戏。由于端游、手游的种类繁多，游戏玩家的数量不断增加，传统情况下可能存在游戏玩家作弊行为或游戏商刷量制造火爆假象的问题。而区块链技术在游戏中的应用能够实现玩家行为可追溯，能够减少纠纷并杜绝游戏商恶意刷量，真实体现游戏内在价值。

三、区块链解决的实践问题

在区块链应用场景中，区块链的应用是为了能够解决实践中的一些问题。区块链多领域应用前后对比如表 9 – 1 所示。

表 9 – 1　　　　　　　　　　　　区块链多领域应用前后对比

主要应用领域	应用前	应用后
金融业	流程复杂；中心化数据存储；第三方担保	流程简化；分布式数据存储；安全性提升；无需第三方，成本降低
网络安全	中心服务器进行数据存储、转移和传递	信息传播路径改变，不可拦截
身份信息管理	信用卡身份识别过程复杂；身份信息易被盗用	识别过程简化；加强身份信息
公证	需要政府、公信力第三方提供背书	数学加密用作信用背书，自动完成公证；永久保留资料
投票	计票可能存在伪造；选民身份信息保护环节较弱	过程全网公开；投票可追溯；选民身份保密性好
供应链	低效；产品作假；低质量；风险高	供应链各环节诚信保证高；产品信息可追溯；质量可保证

区块链解决的核心和本质问题是：无可信中心机构时，如何在信息不对称、不确定的环境下，建立满足活动赖以发生、发展的"信任"生态体系。区块链第一个能解决的问题就是有效解决中心化所带来的负面问题，问题分为隐私问题、安全问题、数据滥用问题、信息封闭问题、践踏个人权利问题。

1. 隐私问题

我们每一次交易都被中心机构悄悄记录下来，某人在哪天去了哪、住在哪、买了什么东西，中心机构都能掌握，还会据此给用户打分。

2. 安全问题

我们的各种信息保存在别人那里，除中心机构人员有权审核外，还可能会有信息丢失的风险。

3. 数据滥用问题

中心机构分析我们的数据，自以为了解了我们的喜好，给我们推送我们未必感兴趣的东西，还按我们的点击次数收费，甚至形成信息茧房。

4. 信息封闭问题

Facebook、微信、银行都是封闭的系统。这些封闭系统制造了信息的孤岛，阻碍了信息的流动。

5. 践踏个人权利问题

中心化体系往往践踏个人的权利，如垄断企业在不断侵犯消费者权益。

四、大数据+区域链技术的共享经济

在新型经济环境下，共享经济已经成为当今时代的一个潮流。在大数据环境下，消费者的信息大多时候由运营商控制，消费者无法掌控自己的信息，运营商往往利用消费者的信息进行市场交易，这就会造成信息的盗用从而造成信任缺失。区块链技术与大数据的结合就可以很好地解决这一问题，利用区块链技术数据透明、不易篡改的特点，检验大数据收集来的数据真实性，可透视性强，检验结果清晰直观，有较强的可信度，能在一定程度上防止信息造假。与此同时搭建大数据信息共享平台，用来对区块链系统中的数据信息进行储存。

在区块链这一系统中，每一个单独的块节点都包含系统完整的信息，并且所有信息都有明确的来源，可以进行追溯定位。每一次信息记录都需要进行检验，读取时也需要检验，经过多次信息记录与读取才可以达到最终交易的目的。因此，将区块链技术融入大数据技术中，一方面能够使交易过程简单高效。区块链通过去中心化将给社会一个更自由、更透明、更公平的环境。另一方面能够有效降低信任的成本。区块链构建了一个低成本的信任方式 —— 机器信任，不需要相信语言和故事，不需要有钢筋水泥，也不需要担心制度会被腐败掉，只需要知道那些区块链上的代码会执行，就可以做到互相协作，低成本构建大型合作网络。机器信任其实是无须信任的信任。区块链有望使人类从个人信任、制度信任进入机器信任的时代。

第三节 区块链研究发展前景以及面对的挑战

一、区块链研究现状及内容

国外关于区块链的研究从 2013 年开始，SCI 检索上共有约 138 篇有关区块链的文章。国内发表的关于区块链的论文从 2014 年开始呈上升趋势，涉及企业经济、工业经济、农业经济、交通运输经济、市场研究等学科。

区块链的研究内容涉及区块链 + 价值创新、商品信用、溯源应用、云计算、大数据、物联网等多个方面。

1. 区块链 + 价值创新

区块链未来可能会重构大数据。所有的人工智能、创新和价值都来自数据和信息。数据和信息在哪里，价值和创新就从哪里产生。如果未来有大量的数据存在区块链中，那么所有的应用和创新都将基于区块链，区块链将重构大数据，并成为一切的入口。基于这些区块数据的分析和挖掘，会进一步降低成本。

2. 区块链 + 商品信用

由于区块链的不可伪造和无法双重消费特性，很容易建立起信用。区块链技术会改变消费者的信任研究，以往关于质量方面的研究很多是围绕提升消费者的信任度，来促进质优的商品提高价格。而区块链的出现直接实现了商品流通过程中的去信任化，因为商品是完全可信的，从这个角度切入可以研究区块链对商品信用成本降低的影响。

3. 区块链 + 溯源应用

区块链的应用成本主要根据上传信息的节点进行计算，涉及的节点越多，成本越高，根据节点数及数据量的大小进行成本计算，一般成本从几十元到几百万元不等。区块链本质上就是数据库，所以区块链应用落地后主要通过类似 PC 端数据库登录的方式进行数据上传、下载和查询。因此，不是所有企业都适合用区块链，也不是所有的事情都需要区块链去解决。

4. 区块链 + 云计算

区块链底层开发是高门槛工作，云计算具有低成本、快速部署的特质，两项技术融合，能帮助中小企业快速、低成本地进行区块链开发部署，加快区块链技术成熟，推动区块链向更多领域拓展。

5. 区块链 + 物联网

区块链和物联网的结合通常被称为物链网，可以通过区块链技术解决物联网系统面临的挑战，如数据安全、隐私保护、信任管理等。

6. 区块链 + 大数据

区块链 + 大数据的研究涉及基于区块链的海量数据存储技术及分析技术研究，基于区块链技术的数据的使用规范化、精细化及数据质量与数据挖掘效果评价研究，基于区块链的全球化的数据交易场景探索研究。

二、区域链的优势

区块链技术的基本优势是分散化、不变性、安全性和透明性。

（1）区块链技术允许进行验证，而不必依赖第三方。

（2）区块链中的数据结构仅附加，因此数据无法更改或删除。

（3）区块链使用受保护的加密技术来保护数据分类账。此外，当前分类账依赖于其相邻的已完成块来完成加密过程。

（4）在最大信任验证过程之后，所有事务和数据都附加到块，所有分类账参与者都对该块中记录的内容达成共识。

（5）交易按时间顺序记录。因此，区块链中的所有块都带有时间戳。

（6）分类账分布在区块链参与者的各个节点上。所以，它是分布式的。

（7）存储在块中的事务包含在参与该链的数百万台计算机中，因此它是分散的，丢失的数据无法恢复。

（8）发生的交易是透明的，提供权限的个人可以查看交易。

（9）可以沿着链跟踪任何分类账的原点。

（10）由于需要各种共识协议来验证条目，因此消除了重复输入或欺诈的风险。

（11）通过智能合约，企业可以预先设置区块链的条件，仅在满足条件时才会触发自动事务。

三、区块链面对的挑战

虽然区块链技术在跨境电商支付方面有很多优势，但其在技术、人才和法律等方面也面临着一些挑战。

一是数据信息的安全面临全新挑战。区块链可以进行信息追溯和信息共享，但在私人钥匙密码的保管、不同节点的权限设置、系统抗攻击性等方面也面临着全新挑战。例如，私人钥匙密码一旦忘记或者丢失，用户就会失去其在区块链上的资产的所有权，造成不可估计的损失。

二是有全面知识结构的队伍起到很大作用。在区块链时代，随着价值互换，实物主体、底层科学技术创造环境较之前不同，买卖主体拥有的知识结构层次的不均衡等因素都会对价值互换的方法构建与运行产生一定的影响。所以，由区块链、各行业的技术人员形成的全面人才团队才能做到明确地定位本行业最中心、最值得研究的事情，并有能力将先进的科技和创新的思考方式应用于区块链中，新颖地建设具有多种价值以及互换方式的交易方法和电子化合约，从而提升区块链技术在该领域的可实施性、简易操作性。

第四节　区块链 + 新零售

一、区块链对新零售的影响

（1）区块链能够确保新零售中重大数据的真实性。

数据在新零售中的意义重大。对于商家来说，要获得真实的数据并不容易，区块链去中心化、可追踪、可溯源、永久无法篡改的特性，既可以保证数据的真实性，又可以保护消费者隐私。

（2）区块链能够更好地实现新零售中消费者的高性价比消费体验，并能分享消费红利。

消费者在零售行业中的地位越来越重要。如今，口碑效应超过了广告。流量经济时代，吸引消费者的注意是一件极为困难的事。消费者之间的分享、转发和推荐，有时比广告的效果要好得多。但是如何让更多的消费者愿意分享？事实上，商家愿意为消费者的分享付费，消费者也愿意分享商品获得报酬，这样两相情愿的事，为什么无法顺利开展呢？主要原因就是诚信和透明度。在传统的技术手段下，数据无法溯源，商家很难准确监测消费者分享的频率和效果，也就无法给出相应的报酬，消费者也就失去了分享的动力。而一旦加入区块链技术，所有数据登记在链上，无法伪造、无法篡改且可以溯源，那么上述问题就迎刃而解。商家完全可以让消费者在获得高性价比消费体验的同时分享消费红利，从而让厂家、商家、消费者真正成为利益共同体。

（3）区块链可以通过智能合约为新零售提供诚信保障。

随着新零售的发展，线上线下的界限会越来越模糊，越来越多的交易将在线上进行，越来越多的合同将在线上签订。这时，诚信和安全就是首要问题。而区块链中智能合约的存在将简化诚信与安全的考量。由于区块链系统是一个去中心化的系统，任何一个节点被破坏都不会影响整个网络，所以可以保证合同的安全。

例如，2017 年 5 月，国内最大的 B2B（电子商务模式）平台——阿里巴巴 1688 大企业采购平台与第三方电子合同平台法大大（区块链相关企业）达成合作，在 1688 大企业采购平台正式上线第三方电子合同服务。引入电子合同后，1688 大企业采购平台用户能够在线签署电子合同，通过电子合同智能管理企业采购全流程，从而提升 1688 大企业采购平台交易的效率。不仅如此，在大宗商品交易过程中，交易各方可借助电子合同立即进行交易，合同的制定、调整、签订等均可在线进行，交易效率得到极大提升，并且确保了交易的安全、可靠，从源头上避免了因电子协议、口头协定等法律效力低下的传统模式带来的法律风险。

理想状态下，区块链可以做到一切数据记录在链上，互联互通，点链直达，高效透明，从生产到流通再到仓储，所有信息清晰透明，并且可以追溯，从而有望打通整个零售环节，让用户、终端、企业、市场等全产业链都实现互通互信。

（4）区块链能够简化新零售商品的溯源过程。

百度介入农业领域的方式是通过网络直播的方式养鸡。这种方式的核心思想是：人们愿意为优质产品买单，只要商家能让他们相信，提供的确实是优质产品。但最终效果并不理想，其中一个原因是：视频直播一只鸡的生产全过程，用这样的方式取信消费者，并不能让消费者完全信任。消费者依然有顾虑：我如何知道我不在线的这段时间里，鸡到底吃了什么？我如何知道你在打包的时候甚至是在打好包之后到底有没有调包呢？通过视频直播从鸡出生到送到消费者手里的全过程，几乎是无法操作的。而一旦加入了区块链，通过区块链溯源，这个问题就变得简单了。消费者能够使用他们的智能手机来扫描特定商品，然后查看这件商品从出厂到上架销售的整个历程。例如，消费者可以查看新鲜水果从农场采摘到上架销售的全过程，以及它们是否曾经冷冻保藏过。再例如，利用区块链技术，可以展示一件商品（如 T 恤）是在哪里、何时以及如何生产并运输到消费者面前的。区块链作为一种分布式账本，从供应商、制造商到运货商，为每一个产品清单来源添加可验证记录，区块链给供应链中这些操作的合法性提供了可能。同时，在奢侈品领域，区块链溯源的意义就更为重大。它将会让知名品牌的产品以假乱真变得困难，同时也让原产地标注和产品安全追踪变得更容易。

（5）区块链能够优化新零售供应链。

①减少新零售供应链中存在的腐败现象。引入区块链技术，能够将所有数据在网络内的全部节点共享，非常透明，数据不可篡改，这样就可以从根本上杜绝新零售供应链内部腐败。

②减少库存和产品过剩。传统技术手段下，无论仓管人员多么尽职尽责，即使是在所有产品全部计算机入库的情况下，依然难以保证每件商品的入库和出库都准确无

误。所以，在很多企业里，一些商品因为压箱底而错过最佳销售时间，甚至过了几年才被翻出来的现象并不少见。同时，在当前的环境下，供应和需求很难做到完全对等。区块链可以记录客户的消费习惯，由于这些数据是不可篡改且可以溯源的，因此准确度极高。通过这些准确的数据，就可以统计并分析更为合理的客户需求，更科学地了解市场，对市场的变化及时作出反应，避免出现产品过剩的现象。区块链技术使信息透明化，而且销售商与生产商直接联系将大大降低中间成本。

③减少恶性竞争。中国消费市场庞大而复杂，关系网络纷繁交错。由于市场的不透明性，存在一些分销商恶意削价、窜货、掺假等行为，整个零售业也呈现同质化和同行恶性竞争的局面。区块链的去中心化可以增加透明性，在一定程度上解决信息不对称的问题，减少恶性竞争。

④防伪。供应链防伪在新零售中至关重要，品牌商往往投入巨资进行防伪。有数据表明，奢侈品行业每年在防伪方面的投入大约是其营业额的 1.5%。例如，某知名品牌 2015 年的销售额约为 300 亿欧元，这意味着其在防伪领域的支出约为 4.5 亿欧元。目前防伪技术主要关注前端防伪，也就是二维码、RFID（射频识别技术）等，但由于商品信息只能从芯片或者中央数据库中读取，这些防伪技术也面临着芯片读取内容被复制和后端验证数据库被攻破的可能性。因而前端防伪技术只是提高了造假成本，却无法抵挡对奢侈品这样高附加值商品的伪造。新零售产品的供应链是商品生产和分配所涉及的所有环节，包括从原材料到成品制成再到流通至消费者的整个过程，可以覆盖数百个阶段，跨越数十个地理区域，而且，供应链的产品数据都分布在各参与方中，如生产、物流、销售等环节，信息都是割裂的。因此传统技术手段下，消费要进行数据追踪几乎不可能。而一旦有了区块链，只要给每个商品植入一个芯片，将商品注册到区块链上，使其拥有一个数字身份，再通过一个去中心化的账本来记录这个数字身份的所有信息，就可以达到验证效果，过程公开透明且无法作假。

⑤区块链实现新零售供应链的自动化管理。客户希望知道购买的商品的供应链信息，如食品的生产、加工、经销、仓储、运输过程以及原材料的来源等，整机集成商希望知道部件的厂商、渠道来源等。采用区块链，可以登记每个商品的出处，提供一个共享的全局账本，追踪溯源所有引起变化的环节。

例如，IBM（国际商业机器公司）将区块链应用于中国医药零售业。IBM 与禾嘉股份有限公司推出基于区块链的医药采购供应链金融服务平台，以提高供应链金融的安全性、透明性和可操作性。在中国，由于中小型药商自身信用体系不完善，以及传统金融缺乏针对中小企业的信用评估和有效风险控制机制，它们往往很难获得融资。药品经销商将药品按合同交付给医院之后，一般需要 60～90 天才能收到货款。中小型药商由于信用记录不完备，又无法提供符合融资标准的抵押品，因此难以从传统金融机构获得贷款支持。通过对药品的供应链全流程追踪以及对交易记录的安全加密，保证了业务数据的真实性，有效降低了融资机构贷款风险。总体来说，该平台大幅减少了供应链上下游的资金周转时间，缓解了中小型药商的融资困难。

二、区块链在新零售中的应用

1. 区块链在新零售中的应用特点

利用区块链技术可以将不同参与主体的供应链和区块链存储系统连接。其中包括生产商、渠道商、零售商、品牌商和消费者。使每一个参与者信息在区块链的系统中可查可看。

这种运行管理机制具有科学性和合理性。尤其是在食品行业，以牛肉为例，通过所购买牛肉的唯一溯源编码，消费者能清楚地了解所购牛肉的真伪，全程追溯信息，极大提升信任。同时，通过大数据舆情帮助企业开展品牌文化宣传等智慧营销活动，实现企业和消费者收益最大化。

基于零售行业天然具有交易数据碎片化、交易节点多样化、交易网络复杂化的显著特点，将商品生产、流通、交付等信息进行采集、存储和整合，这是端到端的新零售供应链管理的核心。

2. 区块链在新零售中的应用领域

①新零售物流的应用。区块链最明显的应用发生在物流领域。目前，全球已经成立一个"全球区块链货运联盟（BiTA）"，这是一家全球化的区块链教育和标准开发行业组织。目前已经吸引了包括通用电气运输集团、京东物流在内的多家全球公司的加盟。而阿里巴巴物流服务商菜鸟网络与天猫国际（天猫跨境电商平台）联合发布了基于区块链的防篡改的物流追踪数据。消费者在手机淘宝的物流详情界面，可通过底端的"查看商品物流溯源信息"按钮，进行商品溯源，即可查看购买商品的全部信息，确保商品来源真实可靠。

②新零售供应链的应用。利用区块链技术构建"数字化供应链"，也是新零售业的一项延伸性技术创新，尤其是在全球跨境的供应链管理和流通领域。区块链技术具有分布式记账功能，且不可篡改。其能够从根本上杜绝供应链过程中，因为多环节的信息孤岛带来的不确定风险，如贪腐风险。利用区块链技术，商品的全球链路可追踪技术会更加精准无误。分布式记录让商品的全链路过程，如汇集生产、运输、通关、报检、第三方检验等，全部得到加密印证，不仅不可更改，每个流程还能清晰追踪、监控。区块链在纸张作业数字化之余，还能解决不同系统之间信息孤岛的不对称屏障，大大简化新零售供应链环节的数据交换和作业流程。

③新零售交易端的应用。因为是去中心化分布式数据库，区块链的点对点交易和私密性，可能对现有零售业的整个业务体系存在颠覆性冲击。也就是说，从现有的"商品原产地（品牌商）——交易平台（零售商）——终端消费者"固有结构，直接跨过零售平台，达成从产地到终端的点对点交易。在新零售的产消直通（这里面的消指的是消费者）过程中，区块链能够缩减消费者和生产者之间的信息距离，并让个性化定制、针对性服务变成可能。围绕区块链这个自由、公开、安全加密的交易平台，零售平台中心连接消费者、完成商品最后的交付功能。

基于区块链营造的信息公开的环境，各服务商可以减少戒备，彼此增加合作的可能，实现区块链＋新零售系统中的每个个体都能为整体的发展做贡献，用户享受消费的同时也提供消费数据，服务商提供优质服务的同时也根据用户反馈的数据进行商品的优化，提供更好的服务，从而打造一个全新的商业生态系统。

第十章　阿里巴巴新零售

【本章导读】

本章就阿里巴巴提出的新零售方式展开讨论，以新零售的本质为基础，讲述了新风口 B2B 的变化。通过分析跨境贸易的市场趋势来展示我国电商贸易的现状，进而引出阿里新零售的概念以及在"一带一路"背景下阿里巴巴的具体布局。

第一节　新零售带来的新变化

一、新风口 B2B

1. B2B 的概念

B2B 是指进行电子商务交易的供需双方都是商家（企业、公司），他们使用互联网的技术或各种商务网络平台，完成商务交易的过程。电子商务是现代 B2B 的一种具体的表现形式。

2. B2B 的三要素

买卖：B2B 网站或移动平台为消费者提供质优价廉的商品，吸引消费者购买的同时促使更多商家入驻。

合作：与物流公司建立合作关系，为消费者的购买行为提供最终保障，这是 B2B 平台硬性条件之一。

服务：物流主要是为消费者提供购买服务，从而实现再一次交易。

3. 开启万亿市场 B2B 成新风口

互联网和移动互联网技术的发展，给企业级服务平台提供了良好的基础，而 B2B 平台的出现对行业而言，能够起到降低成本、提高效率的作用。第一，切入交易，B2B 平台提供一站式服务，即一站式的交易、金融、物流、仓储、加工、咨询等综合服务。第二，围绕 B2B 平台的"U 盘式"服务提供者，一方面，围绕购买者提供各种增值服务；另一方面，服务提供者之间，也可以产生信息流、物流和价值流。第三，随着

B2B 整个行业的兴起，将会产生供应链金融相关的商业机会。

二、新变化的层出不穷

1. 操作系统的变化

当今经济和科技飞速发展，以阿里巴巴、腾讯为代表的商业公司对经济发展起着重要作用。例如，杭州云栖大会的参会人数从最初的几百人到 2016 年的 4 万人，其规模和影响力逐年扩大，在 2016 年的云栖大会上，飞天（Apsara）已成长为中国自主研发、服务 200 多个国家和地区、拥有 230 万客户的一个操作系统。

2. 衣食住行的变化

如今，我们的物质生活已经极大地丰富，菜市场、超市、大卖场中琳琅满目的商品在网络上也全面覆盖。服装的花色、款式更加多样化，面料、质地也发生了很大变化，追求个性与时尚成为新风尚。高铁的兴建、网络购票使人们的出行更加快速、便捷。

3. 外贸的变化

（1）外贸 1.0 时代传统外贸：销售能力。

广交会（中国进出口商品交易会）创办于 1957 年春季，每年春秋两季在广州举办，由商务部和广东省人民政府联合主办，中国对外贸易中心承办。它是中国目前历史最长、层次最高、规模最大、商品种类最全、到会采购商最多且分布国别地区最广、成交效果最好的综合性国际贸易盛会，被誉为"中国第一展"。目前广交会贸易形式灵活多样，除传统的看样成交外，还举办了网上交易会，开展了多种形式的经济技术合作与交流，以及商检、保险、运输、广告、咨询等业务活动。

（2）外贸 2.0 电商平台（阿里巴巴）：电商平台的应用能力。

电子商务是互联网爆炸式发展的直接产物，是网络技术应用的全新发展方向。互联网本身所具有的开放性、全球性、低成本、高效率的特点，也成为电子商务的内在特征，并使电子商务大大超越了作为一种新的贸易形式所具有的价值，它不仅改变了企业本身的生产、经营、管理活动，而且将影响到整个社会的经济运行与结构。以互联网为依托的电子技术平台为传统商务活动提供了一个无比广阔的发展空间，其突出的优越性是传统媒介无法比拟的。

（3）外贸 3.0 新外贸：数据应用能力。

e–WTP 是由私营部门发起、各利益攸关方共同参与的世界电子贸易平台，e–WTP 可帮助全球发展中国家的中小企业更方便地进入全球市场、参与全球经济。"数字自由贸易区"源于马云提出的数字中枢（e–Hub）概念。在马云的设想中，在未来，由一个一个的 e－Hub 组成 e－Road，e－Hub 为中小企业提供一切全球贸易的基础设施，让全球买全球卖成为现实。为全世界中小企业打造一个真正属于自己的、可以自由、公平、开放贸易的平台。

第二节　跨境贸易的市场趋势

1. 飞速发展的中国跨境电商

随着"一带一路"倡议的深入和全球经贸一体化的深度融合，我国跨境电商发展势头迅猛，其中出口跨境电商成为振兴低迷的外贸市场、推动国家经济发展的重要手段。我国跨境电商交易规模始终保持较高的复合速度，远高于传统出口贸易的复合增速。2017 年，我国跨境电商交易总额达 8.2 万亿元，同比增长 22.3%。在整体跨境电商出口市场中，B2B 出口总额达 5.1 亿元，是出口跨境电商的主流。

2. 出口跨境电商发展的新机遇

一是国家持续出台出口跨境电商扶持政策，多城市设跨境电商综合试验区，基础设施全面完善。二是从"中国制造"到"中国质造"全面升级，亚非拉等新兴国家和地区对中国商品的需求旺盛。三是海外进口商、消费者购买习惯发生改变，越来越多的海外买家通过跨境平台进行采购。四是大数据、云计算、供应链金融、人工智能、虚拟现实新技术广泛应用，有效提升了成交效率。

3. 整体跨境贸易的市场趋势

整体跨境贸易的市场趋势呈现多国化、无线化、年轻化。

（1）多国化：在过去几年，东南亚的互联网经济出现了爆炸式增长。这一点在印度尼西亚最明显，除了电子商务、在线游戏、广告、订阅音乐和视频外，在线旅行和乘车、送餐服务等都受到印度尼西亚年轻消费者的欢迎。不仅如此，互联网经济也推动了整个发展中国家的网络热潮，各国互联网渗透率整体上升。主要外贸出口国互联网用户渗透率如图 10－1 所示。

（2）无线化：2016 年全球移动流量首次超越 PC（个人计算机），无线成为人们访问互联网的首选方式。不论是全球移动端流量占比还是国内淘宝无线端占比都在逐年提高。

（3）年轻化：新一代跨境贸易群体趋于年轻化，新兴跨境买家增多，跨境贸易买家年龄如图 10－2 所示。

跨境采购与阿里巴巴的新用户占比居多，如图 10－3 所示。

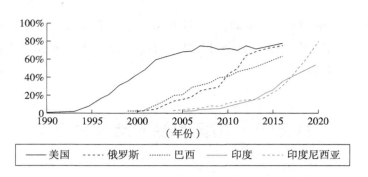

图 10 - 1　主要外贸出口国互联网用户渗透率

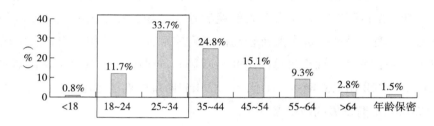

图 10 - 2　跨境贸易买家年龄

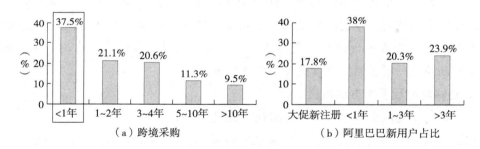

图 10 - 3　跨境采购与阿里巴巴新用户占比

在整个大环境下，新零售与跨境贸易的发展，发生了翻天覆地的变化，电商已是社会的大潮流。

第三节　阿里巴巴在"一带一路"倡议下的布局

一、"一带一路"的含义

"一带一路"是指"丝绸之路经济带"和"21世纪海上丝绸之路"，秉承的是共商、共享、共建原则。"一带一路"充分依靠中国与有关国家既有的双多边机制，借助既有的、行之有效的区域合作平台与丝绸之路沿途国家分享优质产能，共商项目投资、共建基础设施、共享合作成果，具体内容包括道路联通、贸易畅通、货币流通、政策沟通、民心相通"五通"。"一带一路"的建设不仅不会与上海合作组织、欧亚经济联盟、中国—东盟（10＋1）等既有合作机制产生重叠或竞争，还会为这些机制注入新的内涵和活力。

二、联合国贸易和发展会议

第 8 任联合国秘书长潘基文曾亲自签发任命书，宣布马云受邀出任联合国贸易和发展会议青年创业和小企业特别顾问，包括时任世界银行行长金墉、时任 WTO（世界贸易组织）总干事阿泽维多、时任联合国贸易和发展会议秘书长基图伊在内的多位全球组织领导者在对话中纷纷点赞马云，并期待马云用出色的领导力帮助中小企业和年轻人更好地融入全球化进程，创建包容性的世界经济。受邀担任联合国贸易和发展会议特别顾问后，马云引领创新项目，使年轻的创业者和中小企业，特别是发展中国家的上述群体，更加便捷地参与全球贸易。马云还为联合国贸易和发展会议带来了专业化的发展规划。

成为联合国特别顾问意味着马云成为正式的联合国官员和全球公民。同时，为方便马云在全球各地为中小企业全球化奔走，联合国还特意为马云颁发联合国红色特别通行证。马云说："我是全球化的坚定支持者，全球化到目前为止才发展了 20 年到 30 年，还是一个婴儿。现在是完善全球化的最好时机，只有最好的全球化，才能实现普惠、可持续、健康和快乐。e－WTP 就是为了这一目标而构建，e－WTP 将不仅推动小企业全球化，更将推动理念和基础设施的全球化。"马云走过了大部分"一带一路"的国家，而阿里巴巴的商业发展动作也在东南亚、俄罗斯、阿联酋、荷兰等地开展，包括收购东南亚 6 个国家拓展业务的电子商务公司、与俄罗斯政府旗下大型银行开展合作。

三、阿里巴巴在"一带一路"的具体布局

受惠于"一带一路"倡议，阿里巴巴及全球速卖通不仅帮助中国商品"走出去"，还帮助海外企业在全球速卖通上实现"卖全球"。支付宝在线下也已经覆盖到除中国大陆以外的 40 多个国家和地区，全球已有 9 个支付宝本地钱包，支付宝及其伙伴们服务全球超过 10 亿名消费者。通过与 100 余个海内外合作伙伴的深度合作，菜鸟已接入遍布全球 250 多个跨境仓，服务覆盖 224 个国家和地区。目前，中国到全球主要城市端

到端的物流效率从 70 天缩短到 10 天。阿里研究院发布的《建设 21 世纪数字丝绸之路——阿里巴巴经济体的实践》报告指出，共建"一带一路"国家的商品持续受到中国消费者欢迎，通过天猫国际进入中国的共建"一带一路"国家的商品总销售额 2018 年同比增长 120%。

共建"一带一路"国家的 1000 多个品牌通过跨境电商平台"天猫国际"进入中国。以泰国、以色列、新加坡领衔的共建"一带一路"国家的商品总销售额持续快速增长，2018 年同比增长 120%，与 2017 年的同比增速（68%）相比，已经翻倍。同时，阿里巴巴在"一带一路"沿线的投资也可谓全线出击，在电商平台、在线支付、线下物流和数据中心四个方面动作频频。短短几年内，阿里巴巴就收购了东南亚版淘宝 Lazada，蚂蚁金服战略投资了印度版支付宝 Paytm，菜鸟网络在"一带一路"沿线开通了 14 条邮路、16 条跨境专线，布局了 17 个海外仓。其中，阿里云的布局显得更为特殊，因为其同时占据了阿里巴巴未来三大战略中的两项（全球化和云计算）。随着布局的深入，阿里云真正奠定了云计算领域"3A"成员的地位，国际云服务商必将成为阿里巴巴的新标签。放诸更宏观的维度，阿里云受惠于"一带一路"的成功，极大地改变了中国企业海外拓展的刻板印象和方式形态。更重要的是，阿里云全球化的基础设施布局为中国企业规模化出海提供了平台和技术。中国企业不需要 IDC（互联网数据中心）机房等重资产模式，可以直接采用阿里云在当地的技术支持，大幅节省成本和时间，从而直接进入当地市场，如《苏丹的复仇》是阿拉伯地区最受欢迎的游戏之一，但该公司在中东没有机房和技术人员，而是采用阿里云服务。据介绍，阿里云带动超过 10 万家中国企业规模化出海，未来 3 年内生态规模有望达到上万亿元人民币。经过多年发展的阿里云，在关键性海外市场的数据中心的开服，标志着中国云计算服务商对全球主要市场云计算基础设施的覆盖。毫无疑问，国际云服务商将成为阿里巴巴的新标签。

四、"一带一路"成为外贸新动力

1. 进出口额与外贸增长

从 2018 年中国与五大贸易伙伴间的进出口额来看，欧盟仍为中国第一大贸易伙伴，与其全球贸易领跑地位相当，美国竖起贸易壁垒，在全球贸易和中国对外贸易中所占比重逐年下降。2018 年，中国—东盟与中国—美国之间的贸易差已不足 8%，东盟 GDP 总量只有 2.9 万亿美元，约为美国的 14%，出口导向型明显。在中国主要贸易伙伴中，日本增幅最小，与其 GDP 的低增幅相匹配。韩国虽然 GDP 只有日本的 1/3 左右，但其在全球贸易中的影响力与日俱增，正逐步挤掉日本贸易地位。具体如表 10 - 1、表 10 - 2 所示。

表 10-1　　　　　　　　　　　　　2018 年中国与五大贸易伙伴间的进出口额

	进出口贸易总额/亿元	占比/%	增长/%
欧盟	45041	14.80	7.90
美国	41797	13.70	5.70
东盟	38788	12.70	11.20
日本	21616	7.10	5.40
韩国	20669	6.80	—

表 10-2　　　　　　　　　　　　　　2018 年净出口贸易增长

共建"一带一路"国家	13.30%
主要拉丁美洲国家	15.70%
主要非洲国家	16.40%
俄罗斯	24.00%
沙特阿拉伯	23.20%
希腊	33.00%

2. 时代的改变

消费习惯的改变引发了 B2C 的转型升级，贸易习惯的改变引发了 B2B 的转型升级。新流量入口的打开让中国的互联网企业有了跨出国门的冲动。马云表示，全球性的经济衰退并没有放慢金砖四国——中国、印度、俄罗斯和巴西逆势增长的步伐，阿里巴巴的国际化突围策略，着力点就放在金砖四国市场上。2018 年的全球经济危机对阿里巴巴来说是个很好的机遇，这场危机让更多中小企业客户选择投向电子商务。阿里巴巴海外买家拓展如图 10-4 所示。知名电子商务专家表示，在当前经济不景气的情况下，全球数以百万计的中小企业只能转用网上交易市场来寻找国内和海外商机，对尚处于发展中国家的金砖四国更是如此。例如，阿里巴巴与印度此类新兴国家市场融合，意味着电子商务平台将成为新兴经济体间的最大产业集散平台。这是一个令人兴奋的市场格局，意味着全球一半以上的人口、70% 左右的制造产业将第一次在电子商务手段下实现共同提升。

3. 新媒体的力量

Pop Up Start Up 是阿里巴巴国际站联手全球最大商业电视台 CNBC（美国消费者新闻与商业频道）打造，由国际一线导演操刀制作的全球首档跨境贸易和创业文化的真人秀节目。在全球 105 个国家和地区播出，节目共 6 集，全球电视观众透过镜头全方位

图 10 - 4　阿里巴巴海外买家拓展

地见证了设计师所面临的各类冲突的呈现、升级、演变和最终解决。全片着力体现了全球在线 B2B 市场及"互联网＋"的概念，向全球受众展现了当代中国供应商的新形象，呈现了中国制造业的蓬勃发展。这也体现了阿里巴巴在商业中的推动力，其打造了一个适合全球的自由贸易平台，将中国制造的供应商精神带出了国门，为每个人提供实现创业梦想的机会和渠道，树立了创业榜样。

第四节　阿里巴巴国际站交易体系及主要产品介绍

一、新交易模式——信用保障体系

1. 什么是信用保障体系

阿里巴巴服务全面升级，携手供应商和买家构建诚信市场，开启全球网上贸易的时代。阿里巴巴根据每个中国供应商在网站上的行为以及其真实贸易数据综合测算信用保障额度，用以保障贸易过程的安全。

2. 什么是数据业务化

数据业务化是指在数据整合的基础上，将数据进行产品化封装，并升级为新的业务板块，由专业团队按照产品化的方式进行商业化推广和运营。其本质是数据的产品化、商业化与价值化，主要强调产品化、新业务和专业化运作。

数据业务化是业务数据化的自然延伸，也可以说是一种升华，即将收集的数据用于业务或产品本身。这里主要包含两个层面：一是数据智能，二是数据创新。前者主要利用大数据技术提升产品体验，如推荐系统、信用评级等。后者主要是利用积累的数据开展新业务。

在信用保障体系下带来的是真实可靠的贸易信息，这会让买家更放心。

3. 大数据时代的企业信用

随着经济与时代的发展，信用不仅对于个人来说非常重要，对于企业来说更是如此。可以这样说，企业的信用直接影响着企业的发展。

对于企业来说，企业信用是企业获得商业信任、促成交易的基础，任何的投资商在合作之前都会事先调查合作企业的信用情况。所以企业信用好是企业发展的根本，企业信誉好，才会有更多的合作伙伴。中国企业信用网积极助推社会信用体系建设，在全国各地成立了信用建设工作委员会，其目的就在于让各地中小企业把握大数据时代下的机遇，将自身企业信用数据积极完善，拥有自己成型的信用记录或信用报告，积极加入国家企业信用信息数据库的入库工作，从而更好地迎接未来的挑战与机遇，为中小企业未来信用发展打牢坚实的基础。

二、阿里巴巴简介

1. 国际站

阿里巴巴国际站（Alibaba.com）成立于 1999 年，是阿里巴巴集团的第一个业务板块，现已成为全球领先的跨境贸易 B2B 电子商务平台。

阿里巴巴国际站可以帮助中小企业拓展国际贸易并提供出口营销推广服务，它基于全球领先的企业间电子商务网站——阿里巴巴国际站贸易平台，通过向海外买家展示、推广供应商的企业和产品，进而获得订单，是出口企业拓展国际贸易的首选网络平台之一。阿里巴巴国际站提供一站式的店铺装修、产品展示、营销推广、生意洽谈及店铺管理等全系列线上服务，帮助企业降低成本、高效率地开拓外贸市场。阿里巴巴国际站的业务走过了三个阶段：第一阶段，国际站的定位是"365 天永不落幕的广交会"，为大宗贸易做产品信息的展示；第二阶段，国际站收购一达通为商家提供通关等方面的便利化服务，并在这个过程中开始沉淀数据；第三阶段，将此前沉淀的数据形成闭环，数字化重构跨境贸易。

多年来，阿里巴巴国际站持续位居 Alexa.com 国际贸易类、电子商务类、贸易市场类、进出口贸易类网站全球排名第一位，连续 8 次被美国《福布斯》杂志评为"全球最佳 B2B 网站"。阿里巴巴国际站以数字化格局技术与产品，重构跨境贸易全链路，精准匹配跨境贸易买卖双方业务需求，为其提供数字化营销、交易、金融及供应链服务。

阿里巴巴国际站秉承客户第一的原则，始终伴随客户需求与跨境贸易发展趋势，是全球企业拓展跨境贸易蓝海的在线平台。

2. 金品诚企

金品诚企是阿里巴巴的外贸服务市场，"赢信任，促成交"是它的标语。其旨在塑造一个值得海外买家信赖的供应商。金品诚企是阿里巴巴根据买家采购习惯推出的综合性推广服务，旨在帮助企业快速赢得买家信任，促进交易。使用金品诚企服务，除了享有基础会员服务外，企业关键信息还将由第三方国际权威认证机构进行认证，再通过阿里巴巴平台多渠道曝光，全面地展示企业实力。数据显示，金品诚企客户上线后，较上线前，点击量月平均增长 33%。询盘订单月平均增长 47%，且有 28% 的客户增长超过上线前的 100% 以上；高意向询盘的回复率平均增长到 129%；当金品诚企客户的认证视频被查看或认证报告被下载预览后，高意向询盘的回复率更是平均增长到 149%。

3. 外贸直通车

外贸直通车是一种 WBS 整合营销方案。外贸直通车是天天贸易网结合"企业营销网站 + B2B2C 平台 + 全球搜索引擎推广"三位一体的营销理念，面向国内中小企业推出的一种海外推广服务。外贸企业通过申请成为外贸直通车会员，可以拥有属于自己的企业营销网站，可以在全球各大知名搜索引擎排名，同时还可以在天天贸易网及海外知名 B2B 平台上进行推广，达到通过多种渠道进行整体推广的目的，让更多的国外采购商能够找到企业的营销网站，做企业自己长远的电子商务。

外贸直通车的特点如图 10－5 所示。

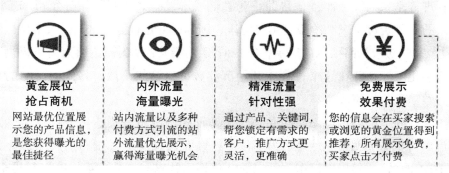

图 10－5　外贸直通车的特点

三、阿里巴巴外贸企业整体解决方案

直白地说，"外贸企业整体解决方案"就是阿里巴巴国际站为外贸企业提供的从招人、找买家、了解行情、贷款、融资、接订单、出货跟单、企业成长、专业服务等外贸全流程的产品和服务。

（1）外贸企业通过从培训、认证到招聘的一站式人才解决方案进行人才培训；

（2）人才认证、人才招聘；

（3）通过金品诚企寻找买家；

（4）通过海关、海量行业数据找对产品；

（5）快速贷，网商贷，无抵押、无担保、快捷简易；

（6）网站精准营销，让企业曝光，吸引众多目标客户，并主动出击，根据买家需求进行报价，提升订单转化率，积累信用，彰显实力；

（7）第三方代运营，产品代发、优化排名、询盘增量；

（8）信用保障、线上交易、在线批发、海外仓、人工翻译服务、多语言询盘、代运营、旺铺装修、海外市场；

（9）订单融资，财税、物流、通关、外汇、退税、融资一站式外贸综合服务；

（10）软件服务、财税服务、海运综合服务；

（11）通关、退税、外汇；

（12）人员成长培训、成长机会、名师舞台、商圈商会；

（13）个人生态圈，外贸企业整体解决方案顾问；

（14）上市。

第五节　阿里巴巴国际站的双赛道模式

一、外贸进入 4.0 时代：数字化渗透全链路的新外贸

2018 年，阿里巴巴启动"数字化出海"计划，通过提供数字化定向流量引入、海外精准流量匹配，整合生态三方优质资源，帮助企业零门槛迅速上线，以及提供专有的跨境贸易金融服务支持及全球化、多元化物流解决方案等数字化外贸解决方案，基于数据提升买卖双方的准确匹配、商家选品的精细化分析、品牌推广的精准定向以及售后履约和资金流转的高效运营，助力企业开源、提效、节流。

二、海外买家的变化

1. 海外买家的需求变化

买家趋向无线化、年轻化。通过对比 2017 年与 2018 年用户使用智能手机采购的情况，可以看出年龄低于 35 岁的买家占整体买家的 49%，62% 的用户使用智能手机采购。

2. 海外买家的采购场景变化

定制类买家在传统领域（OEM/ODM）市场，占据全球 B2B 采购平台的 90% 以上，依然是阿里巴巴国际站的核心消费群体，快速交易类买家快速增长，开拓了订单碎片化、下单周期短、利润率高的蓝海市场。2018 年，快速交易品市场增长 270%，市场空间巨大。

3. 海外买家的结构变化

对于微型创业新网商群体来说，阿里巴巴是重要的采购渠道，其优点是现货为主，一件代发，快采快销，零库存，可以开发明星产品，但是容易选品不佳，抗风险的能力弱。

对于小型零售电商和批发商来说，阿里巴巴是其重要采购渠道之一，其优点是发展产品线，优化产品组合，产品质量好，口碑好，但痛点是采购效率低，产品交付时间不确定。

对于中大型买家群体来说，其订单量大、周期长、供货稳定。阿里巴巴是补充的采购渠道，其优点是易于开拓新市场，开发新品类，可寻找长期合作的供应商，产品质量优且价格低。海外买家结构如图 10 - 6 所示。

微型创业新网商群体	小型零售电商和批发商	中大型买家群体
• 现货为主，一件代发 • 快采快销，零库存 • 可以开发明星产品	• 发展产品线，优化产品组合 • 产品质量好，口碑好	• 开拓新市场，开发新品类 • 寻找长期合作供应商 • 产品质量优且价格低

图 10 - 6　海外买家结构

三、双赛道

1. 定制赛道与现货赛道

赛道分为定制赛道与现货赛道。定制赛道（Customization）主要针对大型买家，根据买家需求进行大批量生产；现货赛道主要针对中小型买家，生产规格化产品，买家可以直接在平台上下单，平台会公示运费，卖家 15 天内发货，交易周期短。

2. 深度定制品与快速交易品

深度定制品买家需求主要体现在与供货商的匹配、与卖家的沟通时效性以及卖家的履约确定性上。而快速交易品的买家需求则更多体现出多快好省的特点，卖家提供多元化的产品以及快速的订单发货与确认，买家只需在线下单，这一类交易品大多数是性价比很高的产品或低折扣产品及品牌产品。对于深度定制品与快速交易品，根据买家需求及产品定位不同，供应商画像和供货商画像的异同如表 10 - 3 所示。

表 10 - 3 供应商画像与供货商画像的异同

供应商画像	供货商画像
研发能力	推出新品/打造爆款能力
设计能力	多场景营销能力
生产能力（认证/专利/品牌）	品牌塑造能力
24 小时报价	快速发货能力
生产可视化	商品在线交易确定性（价格/属性/物流/交期）
售后服务能力	在线交易履约能力

四、现货赛道

现货赛道（Ready To Ship，RTS）是精准流量引入引擎。站外精准现货类流量引入，通过联盟模式以展示广告、搜索广告、多媒体投放等形式精准引入新客户。

现货赛道进行全球买家引入。全球批发频道上线后，通过联盟模式展示广告、搜索广告，精准引入新客户，投放到海外搜索引擎/海外媒体，搭建营销活动、垂直行业及综合频道等场景，将新客户转化为买家，买家主要来源于美国、加拿大、英国、西班牙、墨西哥、意大利、德国、澳大利亚、法国、韩国、印度尼西亚等。

RTS 全链路频道上线，频道域名为 https：//www. Alibaba. com/bulk。RTS 精准流量引入引擎如图 10 - 7 所示。

图10-7　RTS精准流量引入引擎

频道独享额外流量。在主站流量外，将通过联盟方式进行额外引流，商家有机会获得更多流量。

频道特色场景有 Weekly Deals、包邮、热销/热搜榜单等。而商品进入频道的门槛也最大限度地放低，只要发布的是满足要求的现货赛道商品即可。

第十一章　京东无界零售

【本章导读】

本章介绍了京东零售业的发展历程，借此提出京东无界零售的布局。京东通过开放、共生、互生、再生的理念积极开展产业布局，向"零售＋零售基础设施的服务商"转型。本章结尾展示了京东在无界零售中取得的阶段性成果，并对无界零售未来发展态势进行了积极展望。

第一节　何为零售

零售是指向最终消费者直接销售商品和服务，以供其作个人非商业性用途的活动；零售是商品经营者或生产者把商品卖给个人消费者或社会团体消费者的交易活动。每笔商品交易的数量比较少，交易次数频繁。出卖的商品是消费资料，个人或社会团体购买后用于生活消费。交易结束后商品即离开流通领域，进入消费领域。

零售即大批量买进并小批量卖出。例如，超市能以 50 箱为单位购入啤酒，再以瓶为单位卖给消费者。但零售企业并非拆装（Break Bulk）商业实体，批发商也可以大批买进，并向消费者小批售出。但将零售企业与其他分销贸易商区分开的是消费者类型，零售企业的特征是向最终消费者出售，而批发商则是向零售企业或其他商业组织出售。

一、零售的特点

（1）交易对象是为直接消费而购买商品的最终消费者，包括个人消费者和集团消费者。消费者从零售商处购买商品不是为了用于转卖或生产，而是为了自己消费。交易活动在营业人员与消费者之间单独、分散进行。

（2）零售贸易的标的物不仅有商品，还有劳务，即还要为顾客提供各种服务，如送货、安装、维修等。随着市场竞争的加剧，零售提供的售前、售中与售后服务已成为重要的竞争手段。

（3）零售贸易的交易次数频繁，每次成交额较小，未成交交易占有较大比重。因为零售贸易本身就是零星的买卖，交易的对象是众多消费者，这就决定了零售贸易的每笔交易量不会太大，而较少的交易量不可能维持持久消费，与之相适应，零售贸易的发生频率特别高。由于零售贸易平均每笔交易量少，交易次数频繁，因此，零售商必须严格控制库存量。

（4）零售贸易受消费者购买行为的影响比较大。零售贸易的对象是最终消费者，而消费者的购买行为具有多种类型，大多数消费者在购买商品时表现为无计划的冲动型或情绪型。面对这种随机性购买行为明显的消费，零售商要达到扩大销售的目的，要特别注意激发消费者的购买欲望和需求兴趣。为此，零售商可以在备货、商品陈列、广告促销等方面下功夫，把生意做活、做大。

（5）零售贸易大多在店内进行，网点规模大小不一，分布较广。由于消费者的广泛性、分散性、多样性、复杂性，为了满足广大消费者的需求，在一个地区，仅靠少数几个零售点是不够的。零售网点无论从规模还是布局上都必须以满足消费者需求为出发点，适应消费者购物、观光、休闲等多种需求。

（6）零售贸易的经营品种丰富、有特色。消费者在购买商品时，往往要"货比三家"，以买到称心如意、物美价廉的商品，因此，零售贸易一定要有自己的经营特色，以吸引顾客，备货要充足，品种要丰富，规格应齐全。

二、零售市场

零售市场与国民经济的发展息息相关。1978—1992 年，零售业对外开放以前，社会消费品总额的增幅在大部分年份超过 GDP（国内生产总值）的增幅，这说明此时中国零售市场供不应求，对新企业的进入具有吸引力，此时零售市场竞争激烈，零售业发展也较快。但是 1992 年零售业对外开放以后，尤其是 2001 年加入 WTO 后，绝大部分年份的社会消费品零售总额增幅低于 GDP 的增幅，且社会消费品零售总额对 GDP 的贡献率出现了下滑，这说明零售市场对于新企业的进入已经存在障碍，供过于求，这在一定程度上反映出中国零售市场已成为非完全竞争市场。百货零售业以及超级市场零售业成为最主要的购进商，其购进额与其他各类零售业的差距不断扩大，买方垄断势力不断加强，对制造商、供应商的控制能力不断加强。2014 年中国零售产业竞争份额统计显示，我国加入 WTO 后，零售业成为跨国企业来华投资的热点，大型超级市场占据了零售业大量的市场份额，成为中国零售业的龙头。

专业店是一种以经营某一大类商品为主的零售业态，具备专业知识丰富的销售人员和适当的售后业务，并且所经营的商品一般为价格比较昂贵的品种，如家电、玩具、汽车、奢侈品等。另外，汽车、摩托车、燃料及零配件专门零售业市场，这类市场与其他市场相比较为特殊，因而本文不对专业店做专门研究。此后，百货零售行业经过发展成为又一垄断性的买方零售企业。可以说中国零售业形成了两大领头羊争相竞争、边缘零售企业不断寻求市场份额的情形。

三、流通业的差距

我国流通业与发达国家相比，与国家的要求和人民的期待相比，仍然存在很大差距。中国流通业的差距主要表现在四个方面。

（1）消费率与人均消费水平低。长期以来，我国消费率一直偏低，多数年份徘徊在60%上下，最低年份仅为53.6%，远低于70%左右的世界平均水平。

（2）企业规模小。2010年我国"零售百强"商品销售额合计为1.66万亿元，占社会消费品零售总额的比重为10.6%；而美国零售业百强销售额（包括在美国本土以外市场的销售额），占全美商品零售总额的比重一直稳定在40%左右。

（3）主要经济指标差距大。我国流通业在组织化程度、流通效率、物流成本、商业防损以及人才队伍方面的差距也很明显。以组织化程度为例，欧美发达国家商业流通业已经进入连锁经营时代，连锁经营销售额约占全部销售额的60%以上，美国已达80%，而2010年我国限额以上连锁零售企业零售额仅占社会消费品零售总额的17.2%。

（4）地区与城乡消费差距大。从中国商业联合会提供的我国近几年"零售百强"企业区域分布上看，东部地区企业占大多数，西部地区入围企业不到10家，销售额所占比重仅为3.3%。

四、零售业趋势分析

我国零售百货行业发展的着力点不在于追求更高的增速，而在于正确处理好增长速度与结构、质量、效益、环境保护等的重大关系，改善和提升产业整体素质，着力提高技术创新能力、国际竞争力和可持续发展能力。2011年国务院正式发布了《工业转型升级规划（2011—2015年）》（以下简称《规划》）。这是我国改革开放以来第一个把整个工业作为规划对象，并且由国务院发布实施的综合性中长期规划，是指导未来五年我国工业发展方式转变方向的行动纲领。

随着行业竞争的不断加剧，大型零售企业间并购整合与资本运作日趋频繁，国内优秀的零售企业越来越重视对行业市场的研究，特别是对产业发展环境和消费者购买行为的深入研究。正因如此，一大批国内优秀的零售品牌迅速崛起，逐渐成为零售行业中的翘楚。

第二节　京东集团发展历程

京东，中国自营式电商企业，旗下设有京东商城、京东金融、拍拍网、京东智能、O2O及海外事业部等。京东于2013年正式获得虚拟运营商牌照。2014年在美国纳斯达克证券交易所正式挂牌上市。2015年，京东凭借高成长性入选纳斯达克100指数和纳斯达克100平均加权指数。2016年与沃尔玛达成深度战略合作，1号店并入京东。2017年1月，中国银联宣布京东金融旗下支付公司正式成为银联收单成员机构。2017年4月，京东集团宣布正式组建京东物流子集团。2017年"中国互联网企业100强"榜单发布，京东排名第四位。

一、产品品牌

1. 京东商城

京东商城在完成内测后，正式与消费者见面，用户可在京东上购买食品、饮料、调味品等。京东将超市搬到线上，也是京东在"一站式购物平台"战略布局上的又一次发力。让消费者足不出户，就能轻松实现打酱油、买啤酒等日常生活购物需求。京东商城首次上线的商品有5000多种，涉及休闲特产、纯净水、粮油、调味品、啤酒饮料等多个产品品类。这些品类都与消费者日常生活息息相关。与以往的打包出售有所不同，在京东商城中一罐可乐、一瓶酱油，消费者都可零买。京东送货到家、货到付款等服务，真正帮用户实现了购物的"多快好省"。

2. 京东金融

2015年4月28日，京东金融宣布将网银钱包更名为京东钱包，京东金融还提出围绕京东支付体系，为用户提供全方位金融解决方案。京东金融主要有两大拳头产品，分别为京东众筹和京东白条。

3. 京东云

依托京东商城的电商优势开发的京东电商云平台，是基于其产业链优势构建的一个庞大的电商云生态系统，该应用将推进云计算落地的真谛演绎得淋漓尽致。2013年京东集团已经形成了以"京东宙斯""京东云鼎""京东云擎""京东云汇"四大解决方案为核心的技术体系，完整的电商云服务链条已经形成。

四大解决方案分别向合作 ISV（独立软件开发商）和个人开发者，提供了京东系统开放接口、服务交易市场、电商应用云托管平台、应用开发云平台、社区生态环境等电商云服务，初步形成了一个完整闭环的电商云服务链条。

4. JIMI 机器人

JIMI（JD Instant Messaging Intelligence）是京东自主研发的人工智能系统，它通过自然语言处理、深度神经网络、机器学习、用户画像、自然语言处理等技术，能够完成全天候、无限量的用户服务，涵盖售前咨询、售后服务等电子商务的各个环节，堪称京东用户的购物伴侣。

5. 京东房产

2018 年，我爱我家与京东房产正式签署战略合作协议。双方充分发挥了各自的资源及渠道优势，着力推进二手房、租房、长租公寓等数据共享，致力解决房产交易中信息不实、流程繁杂等行业难题。京东房产还在当天宣布正式上线二手房业务，我爱我家也成为京东二手房业务的首批重要合作伙伴之一。

6. 京东农牧

在 2018 京东数字科技全球探索者大会上，京东宣布京东金融品牌升级为京东数字科技，旗下子品牌京东农牧正式亮相，并成立京东农业研究院，利用人工智能技术推动养猪业升级。京东农牧还通过与中国农业大学、中国农科院等机构合作，自主研发并推出京东智能养殖解决方案，并联合中国农业大学建设丰宁智能猪场示范点。

二、无界零售的前世今生

2017 年于京东而言是无界零售的元年。这一年，刘强东在内部邮件中提到了无界零售："过去的一年，是京东集团历史上承前启后的关键一年。我们正式确立了'无界零售'的战略宏图和'积木赋能'的未来，通过开放、共生、互生、再生的理念开展产业布局，积极向'零售＋零售基础设施的服务商'转型。"

"人＋货＋场"是零售的本质。在无界零售的变革中，三个要素会发生巨大变化。

（1）场景无限。场景无限一共有两个含义：一是消除空间边界，未来的零售场景是无处不在、无所不联的；二是消除时间边界，未来的零售场景是无时不有、无缝切换的。

（2）货物无边。未来的商品不会拘泥于固有的形态，商品、内容、数据、服务等会彼此渗透，商品就是内容，内容就是数据，数据就是服务。卖出一款商品，既能增加用户需求，也能增加生产。

（3）人企无间。消费者会更深入地参与设计、制造、运输、分销、售后等价值链中。同时，企业更有温度，企业和消费者之间会互相信任。

要想提高效率，就要打破场景界线、货物界线、人企界线，联通各场景，在不同场景之间建立起衔接，通过"线上下单、线下取货""移动端领券、实体店消费"等，将各场景的作用充分发挥出来。

无界零售建立在互联网基础上，但远超互联网，必然会引发强大的颠覆性。在互联网电商领域高速发展的背后，是消费者对价格的不满。互联网革命出现后，信息呈现扁平化趋势，消费者可以看到其他人卖多少钱、网上卖多少钱。消费者虽然都想到线下触摸、感知、体验、跟销售人员互动，可是这里还涉及一个价格问题。经过互联网革命，渠道裂变为线上和线下，所有的价格问题都会直接出现在人们面前，消费者会做出更多、更好、更符合自己需要的选择。

在"消费者为王"的时代，消费者的购物体验会变成：从线上入口到线下体验，然后选择线上支付、线下交付，最后选择线上的售后服务。在整个购买过程中，消费者都会在两者之间自由跳跃。这种销售模式是未来消费者的最终选择，线上和线下零售企业间会产生更多的合作。

电商不仅是一种销售渠道，更是一种全新的基础设施，线上线下不仅是竞争关系，还应该是一种共生关系。下一个 10～20 年，零售业必然会迎来无界零售革命。这场革命不仅会改变整个零售业，还会对零售的基础设施造成巨大影响，使其极具可塑化、智能化和协同化，继而推动无界零售时代的到来。

如今，科技创新正把零售业推到风口浪尖，创新的智能技术应用正在突破零售生产率边界，实现体验和成本、效率的同时升级，在零售系统内实现资金、商品和信息流动的不断优化。如此，不仅可以降低营销成本，消费者也能在信息流中发现自己真正感兴趣、想了解的信息，促使消费体验得到提升。

无界零售的概念从诞生之日起就具备了全新的零售基因，只有从业务逻辑、购物体验、消费升级等维度发力，推动无界零售的顺利发展，才能让旧有的零售功能实现再升级，变得更专注、更穿越。

三、无界零售的连接逻辑

无界零售是京东对行业的终极判断，是整个零售界和相关产业的合作者共同拼接起来的一幅图景。在这幅共同绘制的愿景中，我们能够很容易地看到一个无边界的商业生态，行业与行业没有了距离，涌现出无数值得涉足和探索的新领域。

看似无边界的零售活动，背后是由三条主线串联起来的："场景联通""数据贯通"

"价值互通"，要建立起无界零售下不同业务之间的强化关系，必须不断思考如何用这三条线串起原本散落的各个业务，并形成合力。无界零售的逻辑串联如图 11-1 所示。

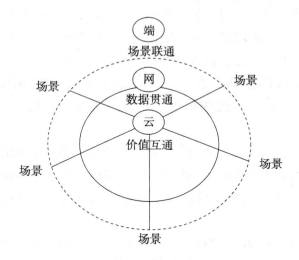

图 11-1　无界零售的逻辑串联

1. 场景联通

第一条主线是"场景联通"。"场景联通"是指通过在场景之间建立连接，增强不同场景之间的相关性，从而提高整体的吸引力。无界零售的场景无处不在，无论是品牌商还是零售商，都不满足于局限在某个特定的场景，其追求的是全渠道、全域的触达。但是，提高触达率仅是多场景运营最浅显的好处。更重要的是，通过场景之间的联动，能够形成巨大的磁场。场景联通的第一种方法是"无缝切换"。通过地理位置定位、消息推送、二维码、拍照、人脸识别等，建立不同场景（如实体与虚拟场景、移动与固定场景）之间的衔接。场景联通的第二种方法是"功能互动"。例如，"线上下单、线下取货""移动端领券、实体店消费"等，使不同场景发挥互补的功能，形成合力。场景联通的第三种方法是"共同烙印"。例如，不同的终端都采用相似的设计、连接同样的内容、使用同一个虚拟助手等，给消费者带来熟悉感和亲近感。

2. 数据贯通

第二条主线是"数据贯通"。"数据贯通"是指将不同场景沉淀下来的数据进行聚合、分析，并进一步分发给其他需要的对象。

每一个零售场景都包含丰富的数据——不仅是场景本身，还包括场景涉及的人（消费者）和货（品牌商）。因此通过对场景数据的积累和解读，能够逐渐实现"知人、知货、知场"，即了解每一个人的偏好，了解每一件商品的特点，了解不同场景的属性，从而进行精准的匹配。在这里，"精"代表的是市场细分的颗粒度；"准"代表的是用户价值的实现。零售商作为连接品牌端与消费端的中间环节，有责任将数据进行分享，以降低信息不对称带来的效率损失，帮助整个供应端更及时、到位地满足消费者不断变化的需求。例如，对品牌商来说，通过数据分析可以非常精确地预测北京的某个地区在什么时候、需要多少双、什么款式的运动鞋。除了产业链前后端，在相邻业务（如零售、金融、科技、内容等不同产业）之间进行的数据贯通也能够极大地增强人、货、场数据的丰富度和完整性。这样，整个供应端体系的成本降低，供应链的效率提升，在消费端的客户也能够及时获得符合心意的商品和服务，体验感大大提升。

3. 价值互通

第三条主线是"价值互通"。"价值互通"是将不同场景下的用户关系和资产进行融合。例如，通过会员体系的整合，使用户在不同场景下享受到相似的权益。会员体系的打通，相当于绑定了不同场景的权益，能够极大地提高用户对整个价值体系的忠诚度。

例如，亚马逊通过 Prime 会员体系，连接起了一系列业务——电商、流媒体服务、电子书、物流、AWS（云平台）等。Prime 提供的产品服务越多，用户越愿意续费亚马逊会员，购买更多的东西。京东 PLUS 会员体系也通过一系列的合作将自身和业务伙伴的场景纳入同一个生态系统中，包括 PLUS 与物流服务（运费券）、PLUS 与金融服务（金融会员）、PLUS 与线下店（如山姆会员店）、PLUS 与视频网站（如爱奇艺）、PLUS 与单车服务等。

通过会员价值的互通，不同场景可以相互依存、相互助推。因为每增加一个新场景的权益，就会提升系统内其他场景权益的边际收益，在不同场景间形成 $1+1>2$ 的协同效应，用户黏度自然也就增加了。

"场景联通""数据贯通""价值互通"之间并不是非此即彼，而是相互强化的。无界零售的形式千变万化、没有定型，但是这三条准绳是每个企业必须牢牢把握的。未来的自身业务和合作伙伴可以多元化，但背后不能失去整体的逻辑和主线：业务与合作之间的连接点是什么？"行有界"的"界"是什么？在"场景联通""数据贯通""价值互通"这三个维度上贯彻得越全面、越彻底，在无界零售时代的根基就越扎实，这个原则对所有徜徉于无界零售时代的企业都适用。

第三节　京东无界零售布局

京东作为自营电商，积累了很多核心能力：物流时效体验佳，定义了物流行业的标准，海量用户和交易数据积累，大数据、人工智能等科技能力。

1. 智慧门店

智慧门店：以 IT 为抓手开放京东各项能力，帮助门店打通线上线下会员信息等。

京东与优质的软件厂商合作，向品牌商、零售商提供基础设施能力。其基础设施能力包括物流、供应链、云计算等，支持模块化输出。

京东开放输出先进的生产力系统。此系统以 SaaS（软件运营服务）为桥梁，打通门店线上线下的会员信息、库存数据、交易数据，统一线上线下会员权益，统一线上线下门店前置仓和中心仓库存。

过去零售产业 IT 体系运营的核心关注点是门店和货。互联网时代，IT 体系运营的核心关注点是用户。如何提升复购率、提升用户生命周期是运营的关键点，这方面全新的 SaaS 化 CRM（客户关系管理）系统可以做到。

2. 智慧供应链

智慧供应链：开放智慧选品、计划、补货和动态定价等技术能力，实现零售"五好"。

零售商的另外一个命脉是供应链能力。没有优秀的供应链支撑，零售商就没法盈利。京东曾是自营平台，500 多个仓库中存放着上百万乃至千万的库存，每个采销工作人员平均管理 5000 到 10000 自营 SKU（最小存货单位），没有高智能化的运营系统（包括大数据、人工智能的帮助）是做不到的。长时间的实践积累形成了京东独特的供应链能力。

京东供应系统的特点总结起来一共有五点，即好商品、好价格、好计划、好库存、好协同。

（1）好商品。智能系统在海量的商品里最优化选品，找到最优的商品组合，自动区分走量的商品和获取毛利的商品，并进行最优组合。

（2）好价格。面对大量的用户和商业竞争，京东需要动态调整价格，在不同的营销组合下实现不同的商业诉求。比如，为同时满足库存和销量压力，找到并调到最优价。京东绝大部分的商品已实现自动定价。

（3）好计划。根据历史销售数据可预先制订营销、补货计划，预测未来一个月、一个季度的销售数字，把销售计划落实到不同的商品组合、SKU 组合和不同的价格段组合中。

（4）好库存。京东管理了几百万 SKU，超过 50% 为自动补货。

（5）好协同。一些京东平台的自营商家正在部分使用京东的供应链系统，使用后周转和销量显著提升。现在京东把这套系统开放给了所有品牌商、供应商。

3. 智慧物流

智慧物流：通过"无人车""无人机""无人店"和"无人仓"实现履约全程自

动化。

长期来看国内人工成本刚性上涨，但按照摩尔定律，机器成本将持续下降。在美国，机器成本远低于人工成本，因为机器可以24小时连续不断地工作。京东正在探索用无人化科技来优化成本、效率和用户体验。其无人机、无人车等项目，正在试验和运营中。

（1）无人机。京东正在尝试用无人机实现"最后一公里"的运输，在边远的地区已实现了无人化试运营。

（2）无人车。2017年，京东在清华大学等进行了无人车的试运营工作，发现整个流程基本可实现无人化运营。2018年，京东投入了更多的无人化资源，进行了更大规模的商业化测试。未来机器人取代快递员送货成为可能。

（3）无人仓。无人仓是京东的核心竞争力之一。京东使用交叉带、堆垛机等自动化设备，以达成"双11""618"大促的高效履约配合。目前，京东已经部署了很多小机器人，来实现无人化的运输和分拣。无人化仓库有很大的想象空间。

（4）无人店。京东已布局了无人超市、无人便利店、无人售货机等无人业态。未来将投放更多业态。

4. 智慧金融

智慧金融：开放金融能力，赋能行业伙伴。

京东智投是依托第三方平台与业内众多银行、保险、基金、信托等传统金融机构做对接，对用户行为、市场、产品等进行详细的分析，为客户智能推荐多元化的投资组合。

5. 京东金融

京东金融是京东数字科技旗下的独立子品牌，包括先进的支付系统、消费金融（如分期支付产品：白条）、征信风控能力、供应链金融服务、金融云等。

在数据获取能力方面，京东金融背靠京东集团超过2.4亿个的活跃用户，拥有几十万个合作伙伴的基础数据，以及交易数据。同时，通过投资和合作的形式，丰富了数据资源。在数据技术能力方面，以大数据为基础，进行学习、人工智能、图像识别、图谱网络、区块链等技术应用。在数据模型产品能力方面，开发出风险量化模型、营销模型以及用户洞察模型等。京东金融集团通过领先的大数据应用技术，建立起风控体系、支付体系、投研体系、投顾体系以及DaaS（数据即服务）平台等一整套金融底层基础设施。

6. 平台生态

京东累计服务了20万家小微企业，累计放款近5000亿元，与400多家银行、60多家保险公司和100多家基金公司合作。在风控方面，有着自动化的风控模型，可以极大降低征信的成本和风控的风险。

7. 风控能力

京东拥有 500 + 风控模型，5000 + 风险策略，30000 + 风控变量，已对 3 亿个用户进行信用风险评估，具有较强的风控能力。

8. 一体化赋能

一体化赋能打开了各项业务间的强耦合关系，将各项能力"积木化"。

京东超市与品牌商共同成立"品牌价值共同体"，将自身的协同创新力、新型的场景聚合力、高频的用户连接力、速捷的智能驱动力，全面开放给合作伙伴。

京东充分发挥业态布局优势及积木型组织的模块化协同效应，建立以品牌为中心的全方位赋能体系，打造更全面的开放能力，带动品牌实现全渠道高速增长。

从一体化构建走向一体化开放赋能，京东内部做了许多调整。起初京东的职能、业务系统仅服务于自己，现其业务产品之间的强耦合关系被打破。京东将系统能力模块化，包括 API（应用程序接口）化、SDK（软件开发工具包）化、平台化，因此，这些能力可输出并对外赋能，最终和零售产业共融共存，共同发展。

京东已有许多开放赋能的案例。以京东对外开放的开普勒轻商城产品为例，轻商城的 GMV（成交总额）取得了几十倍的增长；京东云 CRM（客户关系管理）最近也有一些大动作，如在京东和腾讯共同发布的京腾无界零售解决方案中，品牌商和零售商可以将自己的数据与京东的交易数据和腾讯的数据糅合在一起，在整合的流量体系里面精准拉新，通过微信和京东 App 的通道唤醒老客户，实现会员自动化运营。

一、京东无界零售阶段性成果

（一）手段方面

1. 京 X 计划

京 X 计划是指京东与媒体深入合作，通过数据打通、场景打通，触达互联网用户，赋能品牌商。京东联合腾讯、今日头条、百度、360、网易、搜狗、爱奇艺，推出"京腾计划""京条计划""京度计划"等。

移动互联网时代，消费者要获取信息，就绕不开上述公司的各种产品。京 X 计划是无界零售线上场景打通的关键。

2. 7 FRESH

与盒马鲜生一样，7 FRESH 是京东无界零售的排头兵。它是超市、餐馆，也是电商线下体验店，但它不是简单的线下零售店的复制，而是升级演化，其更好地践行了人企无间。比如，线上线下数据打通，某区域线上卖得好的产品会精准地出现在该区域的 7 FRESH；利用区块链技术溯源，保障产品品质，当你拿起一个水果，放到指定区域，就可以在头顶的屏幕上看到这个水果的信息，包括产品特色、产地、含糖量、食用方法等。

3. 京东之家

京东之家是京东 3C 事业部的线下门店，主营京东 3C 类产品。在 3C 品类里，消费者购买决策中的搜索方案环节、方案评估环节、购买环节（若线上线下价格一致）都更适合线下。

4. 与传统零售商的深度合作

无论是新零售还是无界零售，线上线下的各场景深度融合势不可当。我们可以看到，京东和很多零售巨头正在探索合作。例如，京东与中石化合作布局 30000 家智能门店、与沃尔玛的深度合作、与毅德控股合作打造无界商贸城等。

无界零售不可能由某一家企业独自完成，它一定是各零售商的通力合作。另外，还有京东的无人超市、百万便利店等无界零售项目。2017 年被称为"新零售或无界零售元年"，而 2018 年春节线上线下融合的趋势更加明显。

（二）技术层面

前三次零售革命（百货商店→连锁商店→超级市场）基本是商业模式的进化，而第四次零售革命除了消费习惯的变化外，还有一个重要的驱动因素就是技术。

首先，从战略层面上来看，在 2017 年确认了"技术引领"的方向；其次在 AI、大数据等领域引进世界顶尖人才：原微软亚太科技董事长、人工智能领域资深科学家等高端人才，相继加入京东，京东的硅谷研发中心已有数百位科学家和研发人才。京东与斯坦福人工智能实验室启动了京东—斯坦福联合 AI 研究计划，站在了 AI 研究的世界前沿。

无界零售不仅是零售业态在商业模式上的演化，这一次的零售革命也融入更多的高科技。本质上说，它是人们消费理念的变化和技术的飞速发展双重驱动的结果，它带来的更多改变是零售业态背后的基础设施升级。

任何公司都无法独自满足消费者的无界需求，因此，无界零售一定是"合作的生态"，即电商平台和传统零售商的合作、零售商与品牌商的合作、高新技术与制造业的合作、企业与消费者的合作。

（三）成果案例

成果案例：京东新通路升级"开放 + 智能"平台。

京东新通路致力于打造更加开放和智能的 B2B2C 平台。从试验到实践，京东新通路聚焦"开放"与"智能"。

2018 年，京东新通路首次发布无界零售战略，分别从供应链、场景、营销三个层面进行零售基础设施的升级，经过一年的落地试验，新通路已搭建起更优质的零售基础设施平台，与用户及合作伙伴实现了共同成长。

新通路联合仓开放、高效的特性吸引了更多品牌厂商，新通路的合作品牌已经超过 5000 个。

（四）七大通路解决方案，锻造更开放的"新通路"

在传统销售模式中，人员、仓储、车辆、现金流是品牌商的四大成本要素，也是痛点所在，由于四大要素的限制，品牌商难以做到成本、效率、体验的兼顾。而京东新通路宣布打造 7 大模块化通路解决方案，品牌商可基于自身在品类、品牌、区域和发展阶段的考量，按需选择更为开放、高效、经济的通路模式。例如，自身仓配能力或者区域经销商仓配能力非常成熟的品牌商，可分别选择厂商直接服务小店或者授权经销商服务小店，而自身仓配能力和经销商仓配能力尚未成熟的品牌商，则可选择京仓 + 京配或者新通路联合仓配体系服务小店。

京东新通路还搭建由省仓、城市仓、城市群仓和联合仓组成的一体化 B 端仓配网络，强化 B 端汽车运输，进一步提升服务水平，降本增效。其中，作为一体化 B 端仓配网络的重要组成部分，联合仓有效提升了配送效率，降低了配送成本，以最小颗粒度服务终端门店，并将在未来继续发挥重要作用。

目前，京东新通路已经率先在全国范围内成为贯通 1～6 线、深入 3 线以下市场，并着力实现全渠道覆盖的百万用户级 B2B 平台。2019 年，凭借 7 大模块化通路解决方案和结构更加完善的一体化 B 端仓配网络，新通路会帮助品牌商将通路走远、走深、做精，缔造更加完备的供应网络。形成零售基础设施科技升级，打造"千店千面" + 智能分销平台武装的智能通路。

无界零售时代，需求端的一系列变化对零售基础设施平台的智能化水平提出了更高的要求。依托京东的大数据与智能化优势，2019 年，京东新通路对一系列智能系统及数据产品进行了重磅升级。

京东掌柜宝在 B2B 行业中率先实现"千店千面"。据悉，"千店千面"基于京东 AI 算法体系，根据每一位零售终端用户的商品标签及店铺标签，精准匹配相应的专属个性化 App 界面，帮助小店快速找到更合适、更赚钱的商品，让小店拥有一位比自己更懂自己的专属 AI 业务经理。

新通路自主开发的智能分销平台京东分销宝链接品牌商与通路合作伙伴的需求，

将其原本在线下的履约过程数字化，通过线上系统实现从品牌商到小店全供应链的控区、控价，并为经销商、批发商等通路合作伙伴增加差异化商品，提升销售额及利润。

为帮助品牌商实现更高效的自主运营，新通路在原品牌馆的基础上升级为品牌自运营中心，通过数据打通和技术共享，品牌商可参与掌柜宝的品类管理、定价管理、营销管理、用户运营乃至最终消费者的粉丝运营等。

此外，基于供应网和科技力量，新通路将沉淀下来的大数据资产为品牌商、渠道商和零售商分别打造出慧眼2.0、巧管家、生意经等数据产品，其秉承数据闭环化、指标结构化、问题可视化、决策数据化、增长智能化的设计理念，充分考虑不同使用者的特点，精心打磨用户体验，通过挖掘通路上下游的数据生产力，打造出一条用数据武装起来的智能通路。

二、无界零售展望

1. 无界化成为零售终极形态

跨界是大家改变对互联网和电商传统经济运行方式的显著印象，从线上渗透到线下，从网购扩展到金融，从零售延伸到制造，以及商品交易和服务交易的相互渗透等，其目标都是希望吸引、服务更多的用户，其实质是跨越不同的场景和边界。

未来的零售是什么样的？

随着物联网、人工智能、AR/VR等新一代信息技术的应用以及消费升级，消费和零售场景开始变得多元化、碎片化、即时化，不再局限于电商网站、实体商店等特定零售场合。

在不久的将来，人们通过网络社交、媒体、影视作品、智能家居、无人商店，甚至平面广告、实物标签、照片等，都可以随时、随地、随心地触发并达成消费交易，零售将进入无处不在、无时不有的状态，也就是我们说的无界零售。

从跨界到无界，是一个从量变到质变的过程。改变的不仅是零售的形态，还包括零售的业务逻辑、能力要素和价值实现方式，可以说，从形式到内容、从主体到对象、从业务到场景、从企业到个人，都发生了重大变化。

2. 智能化供应链成为核心能力

供应链始终是零售业的核心能力，在工业经济时代，传统零售业供应链的最高水平是实现了数字化管理。

随着无界零售时代的到来，供应链的对象颗粒度会更细，即时性要求会更高，商品品类、数量、来源、权属、状态等会更加复杂，传统的供应链管理远远不能满足新的变化，而智能化是必然的路径。

京东是怎么做供应链的呢？

在过去的十几年，京东从软件、硬件两个方面持续对供应链进行大量投入。如今，京东在中国运营了几百个物流中心，在库的 SKU 有几百万种，而传统的零售商一般是管理 15 万种 SKU。而 SKU 的管理难度不是线性增加，而是指数增加。

京东库存周转天数是 30 天左右，未来可能更短。57% 的产品订单，从采购到仓库间的调拨，再到销售预测，都是由人工智能来完成，这是一套非常复杂的体系。京东未来的目标是 94%～95% 的 SKU 实现人工智能采购、定价及调拨、补货等。

京东在无人机、无人货车、无人配送车、无人仓等方面进行了大量投入。2017 年，京东在上海建成了全球第一个全流程、全系统、智能化的 B2C 无人仓库。2018 年，京东在西安成立了第一个无人配送站。

整个配送站上面飞的是无人机，下面是装配的机器人，里面全部是自动化的机器和智能装置。此外，京东的无人机已经在多个省市实现了常态化运营。京东无人机从载重 5 千克飞行 15 千米，到载重 200 千克的货物飞行 200 千米，其载重能力和飞行距离将不断提升。

京东无人机重点解决的不是给客户送包裹，而是解决偏远地区、农村地区物流成本高的问题。这些智能化设施和技术，是未来供应链最核心的基础设施，也是未来零售业提升效率、降低成本、满足用户消费体验的最根本来源。

3. 高质量成为基本特征

中国经济正在进入高质量发展阶段，对于零售业而言，也同样如此。零售的形态变得无界化，零售背后的供应链变得智能化，对于零售所传递的内容和服务来说，它会更加强调高质量。

这里的高质量，不仅是我们传统意义上所说的产品质量好，它还意味着所提供的产品和服务，可以更好地满足消费者对品质、个性、参与等多元化的需求。

为什么很多中国消费者去海外购物呢？不是说国内的生产能力不行，中国有全球领先的制造业，但我们的多数产品，要么千篇一律、缺乏细分，如衬衣，一个领围就一个尺寸，没有袖长差别。我国已经步入老龄社会，但市场上专为老年人设计的食品、用品却很少。

此外，在假冒伪劣产品的冲击下，大量生产企业被动进入低价、低质的恶性循环，宁愿牺牲产品质量也要保证低价，宁愿花钱买流量、买广告也不愿或不敢投入研发、提升质量，这是关系国计民生的重要问题。强调品质，既是消费者对美好生活的要求，也是国家经济品质提升的要求。

随着物质生活的改善，消费者愿意多花钱买高质量的产品，这种高质量的消费会带动上游生产高质量的产品，产生的溢价可以让品牌商有更好的利润，从而投入更多研发，生产更好的产品。高质量也意味着满足消费者更加多样化的需求。比如，消费者更加注重个性化，更愿意参与产品的设计、生产和销售过程。2017 年"双 11"期间，京东平台上的设计师品牌销售额增长了 170%，服饰定制品类增长了 260%。

利用新的感知技术和智能算法，可以更精准地掌握消费者的个性化需求，通过与上游品牌商协同实现定制化生产，个性化服务于消费者个体，使消费市场由"大众市场"变为"人人市场"。在这个过程中，零售商、生产商与消费者有了更多的互动，实现了价值共创。

高质量还意味着更高效、更精准的服务。比如，在交付环节，京东提供"211"限时达、次日达、京准达、京尊达等多种服务；在营销环节，京东借助人工智能技术构建智能卖场，针对消费者个人偏好，提供千人千面的专属服务；在售后环节，京东的人工智能客服快速发展，现在 52% 的服务是机器人在做，第二代人工智能客服可以分析消费者的情绪。这些基于智能技术、提升消费体验的各种服务，也都是高质量的体现。

无界零售将开启零售业的全面变革，给行业带来更加广阔的发展空间。在无界化、智能化、高质量的发展趋势下，京东将致力于智能化零售基础设施建设，用技术打造更高效的供应链服务体系，通过全面开放赋能，共同创造无界零售的新时代。

第十二章 苏宁智慧零售

【本章导读】

本章通过简要描述零售发展的三个阶段，进一步提出未来零售的概念以及苏宁对未来零售的理解，苏宁在未来零售的基础上结合自身发展的模式，创新性地提出了智慧零售的新概念。本章旨在介绍苏宁智慧零售的产业布局与产业内部技术升级和科技创新对整体未来零售的影响，以及苏宁在智慧零售的基础上提出的大开发战略。

第一节 零售发展的三个阶段

随着技术进步、消费升级，在近几十年，零售业主要经历了三种形态的变化。

一、实体零售——以实体空间为载体进行商品的交易

实体零售是古老的商业形式，随着商品生产的社会化和专业化，实体零售得到持续发展。

在长期的实体零售阶段，零售业呈现两个发展方向：其一是专业化方向，其二是连锁化方向。

专业化方向主要指围绕商品类目不断细分进行的专业化经营。从古代的摊铺到今天的超市、服装、电器、医药等专业店面，都是将实体零售的商品类目逐步细化产生的结果。

连锁化方向主要指以工业化、信息化等技术手段驱动的连锁化经营。企业进行连锁化经营，实质上也是企业越做越大的标志，一个企业有足够的经济、科技实力才能进行连锁化经营，当然连锁化也赋予了企业更多的活力和能量。无论什么实体行业，都存在着连锁化经营，如国内知名的大型食品专营连锁集团——好利来，拥有分布于全国80多个大中型城市的近千家直营连锁店，其经济实力和品牌影响力在烘焙行业有目共睹。

随着消费的升级，零售业态越发重视体验式消费，集购物、餐饮、住宿、休闲、娱乐和观光旅游于一体的"一站式"购物中心快速崛起，这是零售业发展的大势所趋，人们对购物的要求从开始的"买得到"到现在的"体验式购买"，不得不说实体零售的发展面临着大范围的转型升级。

二、电子商务——以互联网技术为创新渠道的交易

20世纪90年代，在互联网高度发达的美国，其网上购物主要有两种形态：一种是B2C形式，另一种是C2C形式。

B2C（Business to Consumer）是电子商务的一种典型模式，是指直接面向消费者销售产品和服务的商业零售模式。B2C电子商务的付款方式是货到付款与网上支付相结合，而大多数企业的商品配送选择物流外包方式以节约运营成本。随着用户消费习惯的改变以及优秀企业示范效应的促进，网上购物的用户不断增长。此外，一些大型考试如公务员考试也开始实行B2C模式，其基本需求包括用户管理需求、客户需求和销售商需求。美国B2C模式的代表是亚马逊公司，亚马逊的购物形态是将线下能够交易的商品搬到线上进行交易，这样极大地摆脱了地区对商品销售的限制，消费者足不出户就可以购买自己心仪的产品。随着亚马逊各项服务的完善，其成为美国最大的线上零售商。

C2C（Consumer to Consumer）：是个人与个人之间的电子商务，如一个消费者有一台计算机，通过网络进行交易，把它出售给另外一个消费者，此种交易类型就称为C2C电子商务。"电子商务"正逐渐发展成"商务电子化"。eBay（美国线上拍卖及购物网站）是开启一个时代的企业，企业的创业史就是行业的创业史，企业制定的规则就是行业的规则。它是一家线上跳蚤市场，主要的经营模式是消费者互相出售商品，绝大多数都是二手商品，因此它的二手交易占成交额的大部分。

国内早期的电子商务基本上都是抄袭和模仿美国的模式，但大多以失败告终，其主要原因在于中国的国情和美国有着很大的区别，一是由于当时的中国网络并不发达，计算机端昂贵且国内普及率低，这直接导致线上零售的群体数量极低，没有消费人群，线上销售难以运行；二是由于线上交易规则的不清晰，许多规则的设定并不符合实际，也难以完全执行，导致在出现实际问题时不能及时得到解决，难以赢得零售商和消费群体双方的信任。

1. 国内电子商务的发展历程

第一阶段：20世纪90年代末期B2B（Business to Business）模式兴起。这一时期，中国制造业崛起，但是缺乏高效便利的交易渠道解决过剩产品，同时中国的信息化程

度仍然偏低，企业间的线上交易仍然存在市场空白，这直接导致了 B2B 模式并不能面对海量客户，一旦交易双方的交易关系稳定后，就会变成点对点直接交易，从而使平台的边际效用呈现递减趋势。

第二阶段：2003 年前后 C2C 模式兴起。这一时期的代表产物主要是淘宝网和支付宝。淘宝网通过"免费"激发自身平台的活跃度，借助广告和竞价排名来获得盈利；而支付宝的创建，则是为了解决网购过程中彼此不信任这一痛点，支付宝作为第三方支付平台，同时保证了交易双方资金的安全性，也极大地提高了消费者对线上消费的信任度。淘宝网与支付宝这两个线上平台的共同运行，直接推动了 C2C 模式在国内的快速发展。

第三阶段：2010 年前后 B2C 模式兴起。在这一时期，苏宁易购正式进入大众视野，电子商务也进入主流零售领域，同时消费者的消费需求也日益提高，消费结构的升级对电子商务场景下商品的品质也提出了更高的要求，为适应消费结构的变化，线上零售商将在产品的质量把关环节投入更多的精力，而不仅是达成一个线上的数量交易。

从电子商务诞生开始，就以 B2B、B2C、C2C 三大主流模式为主，而 B2B 这种模式逐步退出历史舞台，中国最大的 B2B 平台绝大部分业务来自 B2C 交易，而非 B2B 交易。

中国主流的电子商务模式有两种，即 B2C 和 C2C。前者包括京东和苏宁易购等主流的被称为 B2C 的网站，后者就是占据统治地位的淘宝网和拍拍网等。

苏宁易购董事长曾表示："2012 年中国电子商务零售交易总规模达 1.2 万亿元，占社会零售商品总额的 7%。繁荣背后，电子商务行业面临着有关持续发展的诸多挑战。我国电子商务年交易量的 90% 是以 C2C 的形式从事 B2C 的交易，大量的交易存在严重的监管缺失、执法缺位现象。"

虽然淘宝网已经不是一个 C2C 网站，但 B2B 网站淘宝网的价值反而比 C2C 网站淘宝网要高了无数倍。C2C 模式向来以低价取胜，但理性的售价体系应该是"一分钱，一分货"，哪怕是商品通过网上卖出，也要确保质量。

C2C 只是一种初期的策略，不管是中国还是日韩欧美，C2C 模式都难以成为主流，这种模式的消亡恰恰反映了我国电子商务时代逐渐由无序走向文明。

2. 电子商务的特点与局限

电子商务和实体零售最大的区别就在于把购物的轨迹做了逆转。传统实体零售交易模式是消费者到购物场所去购买所需的物品，人、场所、物品三个要素缺一不可，才能完成一次交易。而电子商务则是一个相反的购买途径，消费者购买的物品通过物流配送到消费者手上，实现了从人找物到物找人的逆转。电子商务的兴起和普及摆脱了传统实体零售的局限，使大众的购物更加方便快捷，但同时也使社会人口福利逐渐减低甚至消失，减少了顾客在线下的体验性，一旦出现尺码、型号不符等问题，调换等售后处理也将带来不必要的麻烦。电子商务与实体零售的区别如图 12 - 1 所示。

图 12 - 1　电子商务与实体零售的区别

三、O2O——将互联网技术应用到线下消费场景

1. O2O 的定义

O2O，是 Online to Offline 的简称，即在线离线/线上到线下，是指将线下的商务机会与互联网结合，让互联网成为线下交易的平台。

2. O2O 的要素

O2O 电子商务模式应具备五大要素：独立网上商城、国家级行业可信网站权威认证、在线网络广告营销推广、社交媒体与客户全面在线互动、线上线下一体化的会员营销系统。

O2O 营销模式的核心是在线支付，这不仅因为线上的服务不能装箱运送，更重要的是快递本身无法传递社交体验所带来的快乐。但如果能通过 O2O 模式，将线下商品及服务进行展示，并提供在线支付预约消费，这对于消费者来说，不仅拓宽了选择的范围，还可以通过线上对比选择最令人期待的服务，以及依照自身的区域性享受商家提供的更近距离的服务。但如果没有线上展示，消费者很难知晓商家信息，更不用提消费了。另外，目前正在通过 O2O 摸索前行的商家，也常会使用比线下支付更为优惠的方式吸引客户进行在线支付，这为消费者节约了支出。

3. O2O 的发展阶段

O2O 在我国的发展可以分为三个阶段。第一阶段是 O2O 模式的出现，这一时期，服务行业线上团购兴起，零售业线上线下逐渐分业经营，实体与线上零售商各自为战，形成"百团大战"的局面。第二阶段是初步融合阶段，最初的线上团购平台向 LBS（Location Based Services，基于位置服务）平台转型，传统零售商也开始布局线上，零售商的代表是美团、糯米、大众点评等。第三阶段是全面融合阶段，这一阶段，线上线下发展已经达到高度成熟，价格同步，垂直式 LBS 平台井喷，大力提升各平台增值服务。O2O 发展的三个阶段如图 12 - 2 所示。

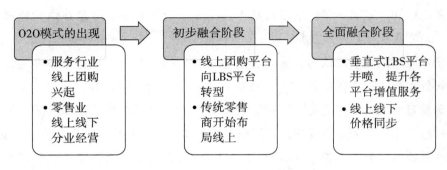

图 12 - 2　O2O 发展的三个阶段

第二节　未来零售

未来零售（智慧零售），就是我们在讲的新零售，新零售这种商业模式根植于现代市场营销学理论，从 4P 市场营销组合到美国国际市场营销学教授菲利普·科特勒的全面营销理论，再到与互联网时代相伴出现的关注顾客感受的 4C 整合营销理论，"新零售"就是为解决当前电商和实体零售业面临的严峻问题而做的进一步的营销理论探讨，是一种"以消费者体验为中心的数据驱动的泛零售形态"，它以加速零售行业的运行效能为核心，符合零售业大环境且满足未来发展要求，我们也称之为未来零售。在政策、技术的支持和消费者需求亟待满足的背景下，参考国家统计局在《新产业新业态新商业模式统计分类（2018）》中对现代零售服务的相关定义，本书将未来零售概括为利用物联网、大数据、人工智能等技术整合现代物流，重构供应链，推动线上线下等多方的跨界融合，强化用户体验，促进零售业态转型升级的一种新型零售形态。

一、苏宁外部和内部如何看待未来零售

阿里巴巴的创始人马云在 2016 年云栖大会上阐述，未来的十年、二十年将没有电子商务，取而代之的是新零售。只有将电商、实体销售和物联网、大数据结合在一起，

才会产生新零售，才会冲破当前严峻的发展形势。

京东认为未来的零售革命，改变的不是零售，而是零售的基础设施。零售的基础设施将变得极其可塑化、智能化和协同化，将会更加迎合消费者的消费习惯，给不同种类的消费者带来极大的消费便利。最终新零售将会达到"场景无限，货物无边，人企无间"的模式。

阿里巴巴和京东对新零售的看法从本质上是没有区别的，都是在强调通过线上线下融合，对零售业实现一次重构。

苏宁控股集团董事长认为，未来智慧零售时代线上线下边界越来越模糊，竞争要回归零售的本质，即谁能更高效、更优质地服务消费者。他认为，任何一家企业，都要始终深耕自身发展的核心能力，把握行业的本质，掌握时代的前沿技术，只有把握趋势并打造领先行业的竞争优势，才能服务好消费者、赢得市场，最终实现长远发展。零售的本质始终没变，不管在什么时代，零售业的创新永远要围绕商品经营，专业细分品类，提高供应链效率和提升服务品质。只有打造与商品属性最匹配的实体场景，才是最佳的零售业态创新，面对电商的分流，传统卖场和百货商场大量闭店，而生鲜超市和购物中心却逆势发展，越开越多，这就是由于后两者的实体经营是贴近消费者消费渠道的。不论线上线下，只有贴近用户的渠道和用户容易贴近的渠道，才是好渠道，未来要么是让实体渠道越来越贴近消费者，要么是让消费者越来越容易接近实体渠道。

新技术要为零售本质服务，各类创新要以消费者体验为核心，利用技术手段改变消费场景，为消费升级下的用户提供新的消费体验是未来零售的一大使命。他表示当前苏宁走的智慧零售之路，其本质就是数字零售，是建立在数据化管理与分析基础上的零售经营能力，在商品、支付、物流以及品类策略、地区策略等方面，都要通过数据驱动各项工作的开展。未来，所有渠道将根据商品品类、用户群体和体验特性在互联网、物联网的技术驱动下进行最佳匹配，满足不断升级的消费需求。他同时强调未来苏宁将继续加大在科技领域的布局。

中国的零售行业正经历"革命性"的转型期，互联网行业巨头布局零售市场，创新创业企业切分线下场景，线下传统中小型零售商面临冲击，线下龙头企业全面转型。零售业正式迈入智慧零售时代。

智慧零售的核心在于，在围绕消费者而产生的购买行为、场景体验、生产设计和跟踪服务中，融入数字化和智能化的技术和平台，满足企业对于观察消费者、管理供应链和场景布局的效益优化，打通线上线下流量，实现线上运营的精准化营销和线下店铺的获客、转化、提效。

二、消费升级和科技创新对未来零售的影响

零售业迈入智慧零售时代的驱动力，总体分为消费升级和科技创新（技术驱动）两类。技术驱动是技术对体验和效率的进一步提升，消费升级是由数量消费转向质量消费，两者共同构成未来零售的主题。

由于电商模式逐渐触及流量天花板，零售巨头和互联网电商逐渐开始探索创新的零售业经营模式。随着人工智能和大数据等技术的成熟，推动场景落地，分析消费者购买行为，提升用户的场景体验，创新技术和用户进行交互是智慧零售发展的必经之路。技术的驱动，总体来说是对"用户、商品、场景"三要素的升级，在整个过程中融入物联网、人工智能、VR、AR和大数据技术，通过多样的数据采集手段，让数据来源变得多维，再通过"数据+算法"围绕业务场景进行数字化、智能化的场景改造。技术水平的提升以及在不同场景的技术渗透，重塑了生产关系结构，提升了零售行业的经营效率，促进了零售要素的转型。

1. 技术水平促进驱动

从整体来看，物联网和人工智能毫无疑问是推动智慧零售时代到来的两个核心技术。物联网在供应链及线下场景都扮演着很重要的角色，如我们熟知的传感器技术、射频识别技术（RFID）及云计算平台等。人工智能也在不断发展和完善，应用于多行业、多场景，提升了信息生成和交互能力。

2. 技术渗透场景

技术渗透场景主要驱动了零售要素的升级。以"用户、商品、场景"为核心的零售要素，在不同场景应用创新技术的频率和丰富度，打造零售业的指挥体系。

技术驱动主要体现在数据的多维度、社交应用的普及以及支付手段的多样化，从不同流量入口对用户构建画像，利用人工智能等技术打造智慧零售。

技术驱动与消费升级如图12–3所示。

苏宁的智慧零售，实际上是将消费升级和技术驱动两种驱动力结合起来，基于对自身多年线上线下的零售积累，实现新技术的应用和场景体验的创新。场景的精细化运营是节省零售成本、提升效率、提高营业额的重要方法。苏宁在精细化运营的提升上，着重开发了以场景为切入点，布局用户周边多业态场景体验为主的运营模式。这些模式主要包括大型场景、无人场景和特色场景。

（1）大型场景。

大型场景的精细化运营，是为了提高运营效率、降低成本，主要体现在购物广场、大型商超和物流基地。在购物广场和大型商超中，入驻品牌商较多，展台商品繁杂，

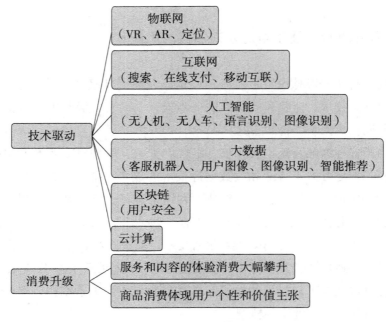

图12－3　技术驱动与消费升级

客户购物时需要对比商品参数，选择时间成本高。升级后的场景内，供应商和店家严格考核品牌商的商品数量和品类，高频商品合理摆放将有效降低运营成本。智能化分拣硬件能够合理解决物流基地分拣人员跑动多、拣货效率低等问题。

（2）无人场景。

无人场景凸显的是"无人零售"的概念，基于数字化和智能化技术，实现店铺无导购员和无收银员值守的智慧零售服务。

无人零售的价值不只是单纯地对线下门店进行改造升级，更是包括对供应链端、购买流程再到最终消费场景的全链条生命周期的改造。从买什么、在哪买、如何买三个问题切入，实现线上线下的流量闭环。目前市场上存量较多的无人零售实体形式分为无人便利店、自助贩卖机和便利货柜/货架。

无人便利店：多用于人流密集、流动性大的社区场景，多数利用图像识别技术取代REID（行人重识别）电子标签，用户购物时与商品信息的交换都会存储在图像识别后的数据库中。

自助贩卖机：提供精致的单品服务，商品以预包装食品、鲜食和日用品为主。鲜食对供应链及设备敏感度较高。

便利货柜/货架：相比便利店，便利货柜/货架能够满足办公室场景的零售需求。其参与者中互联网企业占多数，同质化程度较高。场景多以伴随白领八小时工作的上班场所为主，以货柜/货架＋收款码/小程序的方式，结合免密支付或人脸支付的结算方式，通过线下方式完成流量回收。

（3）特色场景。

线下消费渠道的多样，消费场景的布局，本质上是根据用户的生活习惯，在临近用户日常活动范围内开展符合用户"即时性购物"和"一次性购物"需求的实体店。

特色场景主要分为基于特色商圈的超市场景、用户居住区附近的社区场景，写字楼周边的新型便利店以及可供用户筛选高品质商品的精品店等。相比传统存量实体店商品老化、消费人群复杂、低效率的供应链等问题，新型场景的构建通过提高商品的流动率，将商品的供应链流程数字化、可视化，加快商品的流动率。顾客在选择购买的时候，会根据最迫切的需求选择最适合购买的场景进行消费。

第三节　智慧零售与大开发战略

一、什么是智慧零售

智慧零售就是运用互联网、物联网、大数据和人工智能等技术，将"用户、商品、支付"零售要素数字化，"采、销、服、用"零售运营智能化，以更高的效率、更好的体验为用户提供商品和服务。

二、苏宁智慧零售大开发战略

苏宁智慧零售的海量技术布局：在技术驱动和消费升级两大核心模块上，苏宁依据自身运营模式，形成了具有苏宁特色的技术布局，如图12－4所示。

苏宁的智慧大开发战略：一是打造适应消费升级的零售场景和业态创新；二是打造多平台的电子商务门户，包括垂直电商、本地电商和社交电商三大平台。垂直电商专门解决长尾和个性化的用户消费需求，互联网解决的是便利和个性化需求。如果能把内容引导和长尾经营有机结合，垂直电商的发展前景会一片光明。本地电商解决的是非标准化、高频、低价的消费需求，越标准化、低频，越适合综合平台，越非标准化、高频、低价值，越适合本地平台，通过苏宁小店做支点，将商品和服务进一步向用户拉近。而社交电商解决的是针对特定商品形成社群关系而产生的消费需求。

智慧零售的业态创新，具体来讲是零售业三要素"用户、商品、场景"的智能化

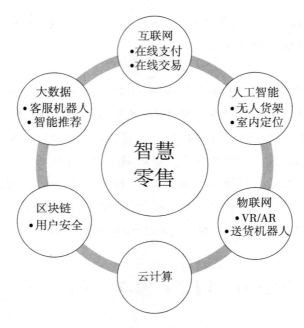

图 12 - 4　具有苏宁特色的技术布局

升级，对消费者、供应链和场景细化运营，实施全链条管理与控制。

　　苏宁通过将智能化、数字化的三要素有效与用户体验和用户需求结合，对零售业的原有产业结构重新调整，由单纯的买卖关系进化到以供应链管理为支持、以精细化运营来布局、贯穿消费者消费行为的新型零售体系。其中，对于消费者的洞察将贯穿始终，商品的流通、库存的合理布置、线下场景的搭建最终目的都是服务消费者。传统零售业在一定程度上弱化了消费者在各类消费之间的内在联系，而一味地寻求销量的提升和用户满意度。苏宁的智慧零售针对的是要素升级，自企业与用户建立联系的那一刻起，就对用户进行数字化的构建。苏宁对用户的每一个动作进行智能化的分析，记住供应链基础，帮助用户降低消费时间成本，通过客群分析打开新的线上流量缺口，不断与线下场景相互引流。

　　为打造适应消费升级的零售场景和创新业态，苏宁提出了"两大、一小、多专"的大开发战略。"两大"指苏宁广场和苏宁易购，将大店做大，强化场景服务和流量商品，丰富吃喝玩乐，优化汽车服务。苏宁广场和苏宁易购广场定位于一、二级市场的新城、新区及三级市场的核心商圈。智慧零售时代，苏宁对整体门店进行改造，渠道商的工作人员通过移动端链接后台程序可直接观察整个楼层及各个店铺的进店人数、停留人数、销售额等指标，渠道商根据指标可评估店铺整体效率，及时调整运营方向。"一小"指的是苏宁小店，将小店做近，做固定人群的高频交易，以无人货架等模式形成场景互联网。苏宁小店的定位是对终端控制能力更强的线下便利店，通过绑定苏宁会员体系，可以迅速地对比不同品类的贩卖频率，并通过支付系统了解用户的消费习惯。另外，为了满足用户24小时的消费需求，苏宁小店还配备了机械臂操作系统用以加工熟食类、饮料类以及冰激凌，丰富用户选择。而"多专"指的是苏宁旗下的多个细分方向，如苏宁酒店、苏宁影城等，通过细分各专业，将专业店做精来突出商品体验功能，适应个性消费的需求。

苏宁布局智慧零售，离不开苏宁自身高效的供应链系统，其优势主要体现在对线上订单的高效率协作。高效率协作是以苏宁云仓为主的物流基地的基础设施和连接不同场景的特色配送服务为基础展开的。而苏宁云仓的仓库自动拣选系统和分拣系统则是两个核心竞争力。

苏宁智慧零售的特色之处，在于将多业态门店尽可能多地集中在同一商圈的购物中心内。用户在消费过程中可以有目的性地进行消费，通过"颜值测评""重力感应货架"等智能交互产品互动获得体验提升。苏宁在不同场景为用户带来增值体验，结合物流仓储自动化与分拣辅助系统，利用物联网等技术完成对全流程的管控提升，借助互联网化的多业态场景提高智慧零售的整体用户满意度。苏宁智慧零售大开发战略如图12-5所示。

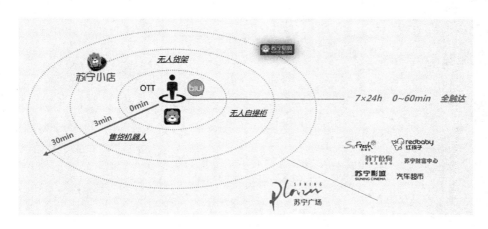

图12-5　苏宁智慧零售大开发战略

苏宁的零售产业并不是多元的，无论未来如何发展，苏宁都将坚持一元零售，所有产业的发展都是顺着零售主业一点一滴衍生出来的，所有产业的定位也都是围绕着零售的战略定位需求和核心能力进行建设的，全产业的工作都围绕着零售开展，各分支要做的是加强合作，共同打造苏宁这个大的同心圆。苏宁集团的发展和产业布局始终以零售为核心，全产业的发展都是聚焦零售，反哺零售，成为智慧零售的组成部分。苏宁布局的每一个产业都是智慧零售的重要构成，金融、物流、科技是智慧零售价值创新的基石；置业承载着智慧零售线下场景的建设；文创、体育则是智慧零售创新内容和服务用户的重要组成。

苏宁强调全渠道经营是零售发展的大势，全渠道不是简单的渠道相加，而是技术驱动下的融合发展、相互贯通，是智慧零售模式。

苏宁认为纯互联网企业缺少的实体渠道恰恰是其自身的优势，立体化的全渠道布局和全场景消费体验将为用户提供新的生活体验，未来苏宁将进一步输出零售云能力，同时加速孵化无人店、汽车超市等新零售项目，做到渠道与内容结合，场景与专业结合。

苏宁强调世界上一切事物都处于运动变化中，但在这运动变化中仍然有一定的规律可循。趋势取代优势是任何企业都逃脱不了的宿命，企业不怕选择艰难的道路，就怕迷失正确的方向。

聚焦零售、同心多圆是苏宁始终坚守的发展战略，这将是百年苏宁源远流长的核心和根本。不积小流无以成江海，条条江河汇聚到一起必然成为滔天巨浪，推动苏宁这座巨轮破浪前行。